Brasileirismos

Roberto DaMatta

Brasileirismos
Além do jornalismo, aquém da antropologia e quase ficção

Copyright © 2015 by Roberto DaMatta

Direitos desta edição reservados à
EDITORA ROCCO LTDA.
Av. Presidente Wilson, 231 – 8º andar
20030-021 – Rio de Janeiro – RJ
Tel.: (21) 3525-2000 – Fax: (21) 3525-2001
rocco@rocco.com.br/www.rocco.com.br

Printed in Brazil/Impresso no Brasil

preparação de originais: PEDRO VASQUEZ

CIP-Brasil. Catalogação na fonte.
Sindicato Nacional dos Editores de Livros, RJ.

D168b   DaMatta, Roberto, 1936-
          Brasileirismos/Roberto DaMatta. – 1ª ed. –
       Rio de Janeiro: Rocco, 2015.
       14x21cm

       ISBN 978-85-325-2945-9

       1. Crônicas brasileiras. I. Título.

              CDD–869.98
14-15549   CDU–821.134.3(81)-8

O texto deste livro obedece às normas do
Acordo Ortográfico da Língua Portuguesa

Mais uma vez para:
Luiz de Castro Faria,
Roberto Cardoso de Oliveira e
David Maybury-Lewis (*in memoriam*).

E a Richard Moneygrand pelo devotado diálogo.

Prefácio

Quando acabei de reunir as crônicas, semanalmente publicadas nos jornais *O Estado de S.Paulo*, *O Globo*, o *Diário de Fortaleza* e o *Zero Hora* eu as enviei para o meu amigo e mentor, o professor emérito da Universidade da Nova Caledônia, Richard Moneygrand, um "brasilianista" conhecido e de primeira hora – dizem os mais antigos que ele teria sido o inventor do termo – para que lesse o conjunto a ser enviado à editora e me desse sua sempre valiosa opinião.

Depois de exatas duas ansiosas semanas, recebi dele uma longa carta. Ei-la, mais ou menos na íntegra:

Meu caro DaMatta,

Li o conjunto de notas e, na realidade, de meditações instigadas pelo cotidiano e pela obrigação semanal de escrever, que você me enviou e tomei um susto. Tem muita coisa demais e muita de menos. Entre as coisas em demasia, há o uso da minha pessoa nem sempre de modo lisonjeiro e a tal ponto que eu pensei em lhe pedir coautoria e os devidos direitos autorais. Pensei, primeiramente, em não escrever nada. Aliás, foi exatamente essa a recomendação de minha querida amiga e ex-aluna Cindy, que tanto admira você e o seu trabalho. Mas eu me sinto obrigado a opinar porque, desde os nossos tempos do Museu e de Harvard, eu sempre me interessei pelo que você escreve e creio que o influenciei, obrigando-o à clareza e à simplicidade que usamos no inglês. Simplicidade que você nem sempre empregou em sua escrita porque você é sempre envolvido pelas emoções, mesmo quando deseja ser objetivo e analítico. Até quando você escrevia seus primeiros ensaios sobre "parentesco", um tópico que os antropólogos amadores chamavam de álgebra, você introduzia algum entusiasmo, o que lhe custou severas críticas.

Eu mesmo fui um dos seus algozes e hoje reconheço a severidade excessiva de algumas de minhas críticas. Mas sei também e – sei por experiência própria – como ficamos feridos quando os nossos textos, trabalhados com tanto esforço, são corrigidos ou tachados como irrelevantes. Ou, pior que isso, simplesmente não são lidos. Estou muito velho para magoar; e você, meu caro, muito velho para ser magoado.

Quem escreve põe a cara a tapa, de modo que eu não vou deixar de dizer o que penso desse seu livro. Começo observando que todo escritor precisa tanto do elogio quanto da crítica. Talvez porque o ato de escrever demande essas duas atitudes. E quem não tem a coragem de passar por elas, não consegue escrever.

Espero, pois, que você não fique muito melindrado com a sugestão de que alguns desses textos sejam publicados sob pseudônimo – caso você faça mesmo questão de publicá-los. Refiro-me às crônicas mais críticas e politicamente incorretas, pois conhecendo o Brasil como eu conheço, temo que a quota de má vontade para com você e o seu trabalho vá aumentar. Sei que ela sempre foi grande e sei muito bem como é duro publicar para não ser lido, usado e mencionado. Quem sabe um nome estrangeiro – Robert Forest, por exemplo – não ajudaria? Mas, falando sério, eu acho (e lamento) que algumas de suas crônicas-comentários mais academicamente pretensiosas, nas quais você usa as suas interpretações do Brasil e da modernidade tal como ela se realiza no Brasil irão, com toda a probabilidade, passar em brancas nuvens.

A experiência me ensinou que escrever com pretensões acadêmicas é como atirar pedras no fundo de um riacho caudaloso. Logo elas rolam água abaixo porque as ideias são corrigidas, os dados atualizados e as teorias substituídas. Faz parte da nossa profissão como sujeitos metidos a fazer "teoria sociológica" – essa pretensão à eternidade – aceitar que nossas ideias serão sempre criticadas, corrigidas ou simplesmente não lidas e, por isso, esquecidas.

A propósito, aproveito a ocasião para compartilhar uma impressão. Os jornalistas, que são os escritores que mais escrevem, têm, parece-me, uma visão mais humilde. Eles sabem que a coluna de hoje será esquecida amanhã, e que o fato indicativo de uma mudança radical de ontem foi inteiramente apagado por novos eventos que eles não tinham a menor suspeita de que iriam ocorrer. Do mesmo modo, os bons ficcionistas sabem que cada novela, conto ou romance são um risco e um oferecimento que podem ser recusados.

Podem ser apreciados e elogiados ou sequer lidos. Ademais, a maioria deles entende que tudo passa e nem por isso a literatura acaba e recomeça novamente com algum autor, porque esse movimento de ser popular e ser esquecido e, às vezes, ressuscitado, é parte integrante da própria literatura!

Mas nós, escritores universitários, achamos que um autor recria todo um campo ou até mesmo uma disciplina com um potente soco e assim supera, como ocorre nas ciências exatas e naturais, tudo o que havia sido escrito antes dele. Veja a diferença: Maupassant não escreveu contra Balzac ou Dumas; Hemingway não queria corrigir Melville ou O. Henry; Thomas Mann jamais se considerou uma alternativa a Goethe. A literatura dispensa linearidades.

O bom autor escreve *com* e não *contra* a literatura e é isso que abre novos caminhos. Imagine Bandeira escrevendo poesia contra o Drummond e ambos contra o Fernando Pessoa! Seria um disparate.

Mas semelhante asneira ocorre com muita frequência nas nossas chamadas "ciências sociais". Nesse ramo, como você bem sabe, escreve-se bastante contra os outros. Sobretudo quando existe a tal "certeza empírica": e a teoria surge como a mais "correta" e "avançada".

Receio que seus textos mais "antropológicos" serão lidos desta forma – como repetitivos e superados. Mas entendo, por outro lado, que seus textos mais intimistas e suas crônicas mais reflexivas serão apreciados pelo despojamento que é a virtude de quem, como você, se adaptou à escrita do jornal. No seu caso, o risco é voar muito alto e ser tomado como uma espécie de "oráculo de segunda classe" conforme alguém lhe disse num funeral.

Mas vamos ao que interessa: ao ler todos os textos, admirei sua decisiva inclinação pelo paradoxo e pela dúvida. Um certo remar contra a corrente, típico da sua antropologia social. Uma antropologia que, transformada em visão de mundo, duvida das crenças ou pelo menos tenta jogar sobre elas a prova e a luz do bom senso. Sua reticência em relação ao linear e ao progresso me é muito cara e foi uma das coisas que primeiro tentei lhe ensinar. As próteses que inventamos sem cessar – óculos, dentaduras, roupas, telefones, computadores, guindastes, carros e outras máquinas

– são apenas máquinas. Como ensinava Freud, não tornam quem as usa ou as tem à sua disposição mais ou menos feliz. Ajudam e resolvem, sem dúvida, mas também destroem e ampliam o sentimento de frustração. Existe coisa mais triste do que assistir a um vídeo de um ente querido que morreu? Qual é a melhor resposta: poder filmar ou simplesmente usar a memória? O filme nos torna superiores, e quem não tem essas máquinas de reproduzir partes do real?

Eu gosto dessa atitude. E penso que você deveria dar vazão ao seu lado de ficcionista, pois observo que tudo o que você escreveu é inventado; ou melhor, reinventado. Devo confessar que algumas das suas histórias me deixaram felizes. Mas não pense que estou lhe dando um "10 com louvor" como vocês dizem aí no Brasil. Muito ao contrário, o conjunto não é mau. Mas é, eu sinto dizer isso, ruim porque – como dizia o velho Dashiell Hammett – é apenas meio bom.

Boa sorte e sucesso,

Dick

– II –

Li essas apreciações do meu velho mentor. Realizando o quase impossível e sofrido esforço de ver a mim mesmo como um texto, percebo que ele tem certa razão.

Eu sou um dos milhares de "meio bons" existentes no mundo das letras. Sou o cara do anticlímax. Eu quase chego, mas não alcanço o píncaro. Como se diz em inglês, eu estou sempre errando o alvo – *missing the point* – que obviamente está em outro lugar ou é realizado por outra pessoa. Mas, em compensação, posso caminhar para todos os lados sem perder o pé.

Meu querido mentor, colega e amigo tem razão. Não sou ruim, sou um medíocre esforçado. Eu falo de "brasileirismos" e toco em assuntos do dia a dia, mas não faço jornalismo; uso um modelo interpretativo inspirado na socioantropologia, porém não chego a realizar antropologia; e – por fim, mas não por último – invento, sem no entanto chegar ao reino da ficção. É, pois, com a consciência de ter produzido um conjunto de semifracassos que ofereço a vocês, caros leitores, estes textos.

ROBERTO DAMATTA
Jardim Ubá, em 6 de fevereiro de 2014

Além do jornalismo: colunas com colunas

Redundâncias

Escrevo em jornal toda semana. De onde você tira os assuntos e o tom da escrita? Perguntam alguns amigos, colegas e conhecidos. Ainda outro dia, uma pessoa que graças ao que tem não precisa descobrir que o sapo não pula só por boniteza, mas por necessidade, confessou-me, com ares dramáticos, sua incapacidade de replicar minha "experiência jornalística". Era o modo brasileiro de admirar mas dizendo claramente nas entrelinhas: "a esse ponto de prostituição intelectual eu não chego."

Dessa consciência decorre uma questão: escrever ou não escrever sobre isso ou aquilo. E de que modo fazê-lo. É fácil bater em cavalos mortos, usar coroas de espinhos e renegar o lado mais podre do mundo, no melhor estilo apocalíptico brasileiro, que joga fora não só a água do banho, mas também a banheira e a criança.

Em vez de nos contentarmos com a constatação um tanto patética do óbvio ululante, deveríamos buscar o seu segredo: o que ele realmente representa e diz sobre nós mesmos – o que não é tão óbvio assim. Por isso, eu vivo uma redundância semanal: devo sustentar o bombástico gritante segundo o qual o Brasil é mesmo uma merda; ou devo tentar ver algo novo dentro do que os sábios alemães discerniam como "o eterno retorno"? Escrever quase sempre leva ao isolamento do mundo, necessário aos exames de consciência com suas redundâncias.

E eu – entre aulas, pesquisas, leituras e exercícios – venho para meu escritório entulhado de lixo e beleza, como ocorre com a minha própria vida, e escrevo uma coluna. Quando escrevo, sou instigado a pensar no papel do jornal e da imprensa numa sociedade democrática e liberal. Em um sistema parcialmente dinamizado pela competição e pelo mercado que salientam escolhas e desejos individuais, e não por simpatias ou afinidades por este ou aquele grupo, família ou partido. Como, pergunto-me, devo me situar semanalmente diante dos eventos que enchem as páginas dos jornais?

Quem não precisa botar a cabeça para fora sugere que eu escolha este ou aquele assunto ou pessoa como alvos de repulsa e crítica. "Se eu fosse você – admoestam – dava uma paulada em X, Y ou Z!" Esquecem-se de que existe uma coisa que quem tem a plena consciência do privilégio (e da responsabilidade) de escrever numa página de jornal jamais tira da cabeça. A saber: eu uso palavras, não um porrete ou chibata.

A força bruta recusa a mediação. Mas as palavras passam pelas pontes do olhar, da sedução da narrativa e da famosa educação que tanto queremos e rejeitamos. Ler não é igual a apanhar ou quebrar, e todos nós, depois de tanta fúria jornalística inútil com consequências nefastas, deveríamos ter aprendido melhor a lição.

O gato escondido sempre deixa algum rabo de fora. Cada máquina de fazer sentido enxerga certas facetas melhor do que outras. Não há quem possa ver tudo, pois para descobrir certos trechos da floresta, precisa-se da ajuda de algum "outro": um mapa, um jornal ou um opositor; alguém situado do outro lado, capaz de "cobrir" as vozes que não ouvimos e nos mostre as fotografias do que está oculto aos nossos olhos.

Nos escândalos dos abusos do poder pelos políticos, temos muito mais consciência da lei (ou da norma escrita e conscientemente estabelecida para corrigir), do que dos costumes (inscritos no hábito e inconscientemente institucionalizados como parte da vida diária). De um membro do Congresso Nacional que empresta seu celular funcional para a filha; de outros que transferem suas quotas pessoais de passagens aéreas para correligionários; das centenas de assessores, recursos financeiros e secretários postos à disposição dos nossos parlamentares, percebemos com clareza o chamado "desrespeito pelo dinheiro público". Mas ficamos cegos diante da demonstração, cada dia mais arriscada, de amor extremado pelos filhos e pelos companheiros que valem tanto quanto o recipiente do benefício.

A lei que deveria valer para todos ilumina apenas o rabo do escândalo, deixando de fora o redundante gato social que insistimos em manter escondido. Ou seja: a discussão do legal, cuja fronteira deve nos conter e cuja transgressão levaria a algum castigo, é muito mais politizada porque ela leva ao embrulho de um moralismo superficial com suas acusações e defesas, quando não mete criminosos e algozes no mesmo saco inocentando todo mundo.

Trata-se, contudo, do rabo do gato.

Muito mais complicado do que a lei positiva, é discutir as normas que fazem retornar não só as caras dos velhos coronéis e presidentes decadentes e já "impichados", mas a ética dos favores, das simpatias sindicais, dos laços de carne e sangue que obviamente racionalizam e legitimam num plano profundo e jamais discutido, os atos contra o civismo, dissolvendo a moralidade pública. Vociferamos contra a lei que manda punir, mas ficamos do lado dos costumes que fomentam a impunidade. Como tomar partido, onde está a verdade? Pior: quem quer ultrapassar as redundâncias somente para descobri-las e transformá-las em mudanças de comportamento?

Crônica ou parábola?

Quando dizem que a crônica é uma invenção brasileira, eu vejo meu amigo Richard Moneygrand me garantindo que a pizza foi inventada em Chicago.

A globalização põe tudo entre parênteses. Aquilo que os antropólogos antigos sabiam e nutriam como um segredo profissional – que o humano é em todo lugar reinventado, inclusive a noção do que é ser humano – foi desmascarado e, nele, viajar passou de aventura, turismo, exploração ou incumbência religiosa, política ou guerreira, a uma trivialidade.

As viagens que o maior antropólogo do século passado, Claude Lévi-Strauss, confessou, na frase de abertura do seu livro mais íntimo, *Tristes trópicos*, odiar não tem mais sentido em um mundo onde todos estão em movimento, sem rumo ou bússola e – parece – sem ter o que descobrir. Demos a volta em torno de nós mesmos, percorrendo muitas vezes a esfera terrestre.

E, no entanto, continuamos esquecidos de que um mundo esférico não tem início nem fim. Ele é infinito e, num sentido especial, inesgotável. O ponto de partida acaba em uma estranha fronteira: o próprio ponto de partida. Daí a constatação: se a pizza foi inventada em Chicago, a crônica é bíblica. E nós, brasileiros, dela gostamos porque preferimos os ensinamentos com uma "moral" a ser aprendida às narrativas que ensinam "como fazer".

Quando, em 1963, cheguei ao famoso Departamento de Relações Sociais da Universidade de Harvard onde ensinavam Talcott Parsons, Robert Bellah, Cora DuBois e George Homans, entre outros, eu esperava encontrar um prédio mais grandioso do que o do Museu Nacional de onde vinha e, no entanto, deparei-me com uma modesta e, eu tenho que ser franco, decepcionante casa de madeira. As tábuas da varandinha tremiam sob o peso do meu corpo, apesar da minha sensação de estar em pleno ar. Hoje, visito antes pela internet os lugares aonde vou. Sei o que me espera e penso que não tenho mais surpresas. Também não tenho mais um coração disparado por decepções, mas sou sempre enganado. Eis uma das atrações das parábolas. Como nas anedotas, você pensa numa coisa e ocorre outra. Tal como faz o governo, que tributa todos os produtos e não nos dá nada de volta. Retribuir o que se recebe é, sabiam os antigos, um belo projeto...

No livro *Ardil 22*, Joseph Heller fala de um certo coronel Cargill, um marqueteiro convocado para a guerra, cuja especialidade era causar prejuízos a empresas que queriam pagar menos imposto de renda. Ou seja, o marketing de Cargill, ao contrário de alguns de nossos mais bem-sucedidos políticos – esses marqueteiros do povo pobre – era vender fracasso num universo oficialmente marcado pela honestidade, pela competência e pelo progresso. Cargill perdia um tempo considerável planejando como fazer um empreendimento perder dinheiro para pagar menos imposto e multiplicava seu patrimônio porque, conforme se sabe, o fracasso – exceto, reitero, no submundo dos balcões que irmanam negócios e política no Brasil – não é fácil. Não é simples trilhar o caminho de cima para baixo. Ou seja: no tal "capitalismo avançado" e no mundo digital, armado em redes sem punho onde balançamos todos solitariamente em frenética comunicação com um falso-outro que obedece à nossa vontade, podendo ser desligado (ou deletado) a nosso bel-prazer, o fracasso deliberado pode ser o caminho do sucesso.

———

Uma biografia de Machado de Assis, esplendidamente reinventada pelo saudoso Daniel Piza, surpreende e se destaca pelos exemplos de um Machado nada "alienado" como um mulato precursor do politicamente correto (como seus críticos de "esquerda" cansaram de apontar e por isso não li Machado na faculdade). Escritor consciente do sentido da parábola, algumas de suas histórias são máquinas de supressão do tempo como dizia Lévi-Strauss ao falar do sentido profundo dos mitos. Em *Esaú e Jacó*, por exemplo, temos uma definição estrutural do dilema brasileiro nos heróis gêmeos Pedro e Paulo. Um, dir-se-ia hoje em dia, de direita (e aristocrático), porque monarquista; o outro de esquerda (e igualitário), porque republicano. Mas como não há na sociedade o impulso da decisão, pois o que se aspira é ficar sempre com os dois, não há a apoteose confessional que chega com a escolha. Movimento que equivale a tomar partido, admitir culpa e virar a página da história. Nossa revolução estaria na supressão dos adjetivos. Afinal, como diz Machado: "os adjetivos passam e os substantivos ficam."

———

Tal apoteose surge no caso noticiado pelo *Globo* e escrito pelo próprio autor no jornal *The New York Times*, mas lá, nos Estados Unidos. Refiro-me à confissão calvinista do jornalista ianque-filipino Jose (sem acento) Antonio Vargas, premiado com a maior láurea da imprensa americana, o Prêmio Pulitzer. Num texto à la Frank Capra, ele narra sua saga como um imigrante ilegal.

Um burlador das leis de americanidade que são mais severas do que as que governam a vida mais recôndita. Lá, dizem eles, existem duas coisas certas no mundo: pagar imposto e morrer. Dizem também que mentir é o pior caminho e que ser honesto é o melhor negócio. É o único país do mundo com um primeiro mandatário que jamais mentiu, pois tal é o mito que cerca a figura do seu presidente inaugural, George Washington. Hoje, com tanta água suja correndo por baixo da ponte, poucos ainda creem nisso, mas as apoteoses confessionais que dramatizam o mito do "somente a verdade e nada mais do que verdade" continua existindo. Afinal, todo grupo tem suas parábolas, suas causas perdidas e, por meio delas, faz suas crônicas. Ou o inverso. Como um modesto observador da vida social sei apenas que ninguém escapa dessas coerções que nos atingem como raios, de dentro para fora.

Um estado de coluna

Veja bem o leitor. Falo de um estado de coluna; não da coluna afeita ao Estado que retorna controlador por meio do lulismo e joga na nossa cara, dita democrática, um jornal, justo o *Estadão*, debaixo de censura.

Temos no Brasil uma enorme admiração pelo Estado cujo papel seria o de centralizar, educar, proteger, compensar, administrar e, como fonte exclusiva de virtude, de promover o salvacionismo nacional, manter a boa hierarquia dos que estão por cima e, no limite do cristianismo populista que se mistura com politicagem barata, conter as ambições ou – como dizem o presidente Lula e seus seguidores – "cuidar do povo" e não da totalidade dos seus cidadãos. Pois quem tem sucesso e fortuna não precisaria do Estado.

Disse num trabalho acadêmico que um dos traços mais marcantes da ideologia latino-americana era a estadofilia, a estadolatria, estadomania e a estadopatia. A ideia segundo a qual o Estado salvaria a sociedade de si mesma, como ocorreu em Canudos e em todos os chamados golpes – essa recorrência das Américas do Sul. No fundo, legislamos – como mostra Sérgio Buarque de Holanda em *Raízes do Brasil* – contra e para corrigir o mundo rotineiro, pois nada que preste pode dele vir, como – contrariamente – concebiam os protestantes em geral e os calvinistas em particular.

Isso pode parecer uma discussão de professores que – indignos de ganhar um salário comparável à quota de papel higiênico de um senador ou ministro de Estado – tapeiam as frustrações dos que ensinam porque não sabem, discutindo o sexo dos anjos e, nas horas vagas, falam de como o Estado é pensado no Brasil. Mas a verdade é que o debate retornou forte neste país que consolida sua democracia fingindo que não vê a censura imposta a um jornal de nobre e rara tradição liberal e, paralelamente, fala de um novo marco regulatório para a indústria do petróleo no qual o Estado terá mais poder, e – mais adiante e com um fôlego de tirar o fôlego – tenta retomar a velha CPMF e, pior que isso, legislar sobre a chamada "propaganda política" na internet, o que seria um atentado não apenas à liberdade, mas um crime contra o bom senso.

Aí está, nu e cru, o primeiro sintoma da doença que essa tradicional idealização do Estado promove, quando se acredita realmente que só o Estado é capaz de conter, inibir ou reformar a sociedade, deixando de lado – eis o ponto brutalmente crítico – a realidade irrevogável de que quem vai gerenciar esse Estado perfeito no desenho ou na intenção, não serão marcianos, escandinavos, franceses, prussianos ou calvinistas radicais na honestidade, mas nossos parentes, compadres, companheiros e amigos.

Podemos ter um Estado à francesa, mas não podemos esquecer que – com o devido respeito – ele será governado por brasileiros que não internalizaram nas suas consciências de ex-traficantes de escravos uma mentalidade institucional gaulesa. Tudo é perfeito no papel, mas os administradores – chamados de "políticos" – têm a lei apenas na cabeça. No coração carregam a penca de favores e de obrigações que devem aos seus netinhos.

A estadofilia, que acaba em estadopatia, vê a sociedade como desorganizada. Como uma mixórdia de raças inferiores e de aristocratas, mas sem hierarquia, princípio ordenador ou ritual (os antigos intérpretes do Brasil não conheciam o Carnaval, a Semana Santa, as Festas Juninas e os almoços de família etc.

etc. etc...). Esse meio tido como caótico, mas dinamizado pelo mais regrado escravismo e patriarcalismo, demandaria esse tal Estado forte, neofascista, que dele viesse "cuidar" com o necessário carinho comprometendo-se, primeiramente, é claro, com os pobres de Deus e o seu outro lado: os esfomeados de poder. Esses santos da política que, no Estado, desejam simples e humildemente revogar alguns princípios sociais perniciosos como a propriedade privada, a ambição, a liberdade de opinar, o mercado e mais modestamente ainda, o capitalismo como forma civilizatória, deixando de lado a arrogância e a onipotência típicas de quem imagina que pode haver Estado sem sociedade. Que ainda é possível continuar com um Estado regiamente sustentado pela sociedade. Com uma administração pública que pouco se lixa para o sistema sociocultural do qual faz parte.

Regular o mundo – o nosso mundo. Eis o que poderia substituir o nosso velho e nada verdadeiro "ordem & progresso" comtiano como o dístico mais adequado e reacionário da política nacional. Certos de que nada existe nos nossos corações, seguros de que nossos costumes não têm nenhuma força ou peso e que não seríamos mesmo organizados porque o mundo do qual viemos estava numa das fronteiras da Europa, nossos teóricos acabaram levando mais a sério do que os próprios alemães, ingleses, franceses, russos e americanos o que os seus ideólogos e estudiosos escreviam.

O grande Rousseau situou com precisão a dialética entre costumes e leis falando dos últimos como os hábitos do coração. E Alexis de Tocqueville, que sequer fazia parte das leituras locais, escreveu todo um segundo livro discorrendo sobre os reflexos das instituições democráticas americanas nos costumes, mostrando como a igualdade da lei estimulava a que operava na vida diária.

A questão não é ter mais ou menos Estado. O real problema é ter mais ou menos competência, canalhice e mais honradez na gerência tanto do Estado quanto da sociedade!

A coluna na academia

*"A realidade é desapaixonada exatamente
na sua qualidade de realidade."*
Thomas Mann

Como meu saudoso pai, eu sou um cultor dos "exercícios físicos". É certo que na academia que frequento diariamente e que não é a das letras pela qual, diga-se logo e sem ironia, tenho um enorme apreço, não existem livros e ninguém tem disponibilidade para filosofar. E, no entanto, é ali que, em plena atividade aeróbica, reflito sobre o profundo e dramático encontro entre corpo e alma. Penso que o tal *workout* consolidado pelos americanos, mas obviamente esperando pelo seu arqueólogo social, tem raízes nos conventos, monastérios e grutas onde monges, ascetas e os que escolheram ou foram chamados a abandonar o mundo, comiam bíblicos gafanhotos e repetiam ladainhas ou mantras que implicavam uma crise agônica do corpo para, com isso, encontrar o mais leve e puro êxtase dos aeroplanos na alma.

Dizem que isso se deve à produção de hormônios, mas a questão é por que alguém decide liberá-los por meio de um método tão trabalhoso e, no limite, banal e desapaixonado, vestido de calção e camiseta? Estaria o Céu misturado à Terra? Se está, a entrada se localiza na academia ali da esquina?

Embora mais ou menos convencido de que todas as grandes divisões foram superadas e substituídas por filigranas, pelas pequenas indistinções como as que existem entre os *arrondissements* da Paris dos filósofos, mesmo assim eu sei que há um mundo dos vivos e um mundo dos mortos.

Corpo e alma, real e ideal, transitório e eterno, os outros e eu são – dizem – meros enganos da mentalidade moderna. Mas apesar de todos os "anti" e "pós", as pessoas morrem e eu tenho um corpo e uma, já não digo alma porque não quero parecer tão *old fashion*, como diria o saudoso Paulo Francis, mas tenho uma mente que reflete o que está fora e dentro de mim, mesmo quando o meu corpo está parado. Quando, por exemplo, sonho e vejo coisas que não gosto ou não sei, ou sou visitado pelos meus mortos. Ou, acordado, quando eu corro numa esteira pondo esse aparato de carne e ossos para funcionar a todo vapor, mas mesmo concentrado no esforço do colocar o meu corpo em crise, a mente continua a me levar para lugares inusitados e a pensar em muitas outras coisas além do exercício que executo. Mesmo em solenidades e, sobretudo naquelas conferências que não dizem nada ou muito pouco, eu fantasio ganhar a Mega-Sena, comer a moça do lado, matar o conferencista e esses relâmpagos imaginativos dialogam comigo em mil conjecturas.

De qualquer modo, a mente trabalha furiosa, imperiosa e livre. Eu visito o Peru do frade Junípero e vejo ruir a ponte de São Luis Rey; estou ao lado de Hans Castorp ouvindo as aulas de Nafta e de Setembrini e, com ele, cheio da lama podre das trincheiras da Primeira Grande Guerra; estou cansado de conversar com Vasco Moscoso de Aragão, capitão de longo curso e de ouvir suas mentiras enquanto, simultaneamente, vejo, excitado, Bentinho beijar Capitu. No mesmo ritmo, eu testemunho a crucificação de Cristo, sou marinheiro naquele abril de 1500 e observo a queda da Bastilha. Estive também no set de *Cantando na chuva* com Gene Kelly e Donald O'Connor, ensaiando ao lado deles o número do "Moses Supposes", e ajudei o Watson Macedo a filmar *Carnaval no fogo*...

Minha imaginação tudo pode. Corri varias maratonas, visitei o sétimo céu, ganhei do Mike Tyson, fiz gol para o Fluminense, conquistei Ava Gardner e finalmente comprei aquele apartamento de quatro suítes por quatro milhões, na praia da Boa Viagem, aqui em Niterói. Mas o meu corpo...

Ah, caros leitores, o corpo é como o saldo bancário, ele não mente e tem a força de um tombo. Mesmo fazendo a mesma coisa a cada dia, ele insiste em revelar nervosos sentimentos, gostos desconhecidos e teima em comportar-se como um estranho. Até o tradicional cozido ou o mesmo exercício têm gosto e promovem reações diversas.

Muitas vezes, o corpo age como um malandro, falha quando dele se esperava uma atuação mecânica, tipo pestanejar que, dizem, tipifica o seu funcionamento. Com isso, a alma (e o desejo) somem. Pois se o corpo não ajuda, para onde vai (ou foi) a alma? Em outras ocasiões, ele opera em demasia e dá sinais de fome, fazendo a barriga roncar desavergonhadamente, como naquele coquetel com meus amigos ricos no Baixo Gávea ou no Alto Leblon... Rotineiramente, ele faz minhas mãos sentirem, pelo tremor, aquilo que minha "poderosa" mente deseja negar ou simplesmente aplainar.

Minha alma insiste que é eterna e, como o Antigo Egito, vai viver além dos cinco mil anos; mas meu corpo envelhece e tem limites palpáveis. A dor da alma pode ser disfarçada, a do corpo me obriga a usar muletas. Num caso a poesia resolve, noutro só um remédio. Como fazer?

Quem vai, finalmente, me matar? O meu corpo que, velho e confortável como um sapato vai um dia desligar-se como um bom interruptor; ou a alma que, deixando de voar para além deste pobre e miserável mundo feito de mentiras, covardias, desamparo, paixões irrealizáveis, livros que jamais sairão das nuvens, um dia vai me libertar? Libertar ou simplesmente deletar-me, como a fumaça dos velhos e gostosos cigarros que não faziam mal?

Uma ausência de modelo

Sou do tempo em que se discutia qual era o maior país do mundo. Éramos tão ignorantes e ingênuos que, mesmo neste vale de lágrimas, acreditávamos na existência de nações sem problemas.

Um sujeito dizia que a França era o cara; mas outro arguia que não: o lugar era dos alemães porque, além da excelência nas suas máquinas inquebrantáveis, tinham reinventado a religião, a literatura e a música. Já um terceiro lembrava que os americanos ganharam a guerra e que sem ter tido dissidências internas, que desembocavam no Terror ou no Nazismo, davam valor à iniciativa individual e inventaram o filme colorido e musicado. Mal dizia isso, porém, outro notava a velha Inglaterra da Revolução Industrial e do Estado de bem-estar social. O primeiro país a equilibrar democracia com aristocracia, criando ricos e pobres. Essas classes que em todo lugar viviam sem classe.

Era a deixa para alguém falar da União Soviética e situá-la como o modelo de um paraíso já em curso. Avassalador e irresistível como a manifestação mais clara das leis do progresso histórico liberada pelo Partido – esse instrumento da liberdade concreta e do fim do ardil burguês – do capitalismo condenado à morte pelo seu próprio funcionamento.

Tal era o debate nos meus tempos de juventude quando, numa praia de Icaraí sem poluição, eu ouvia o Pezinho, o Silvinho, o Enylton e o Moliterno, para ficar nos queridos entre os mais queridos, essas preocupações que se reproduziam na casa de vovô Raul quando meus tios discordavam sobre os melhores automóveis, navios, aviões e, creiam-me!, navalhas. Aliás, esse era o único assunto que fazia meu pai falar e introduzir no campo dos países exemplares a Suécia, pois ele somente barbeava-se com o inigualável aço de navalhas escandinavas.

Com a Suécia, surgia a Holanda. Uma Holanda conhecida pelos moinhos de vento pois nada sabíamos de sua trajetória cultural marcada pelo calvinismo, pelo grande Espinosa e pelas suas famosas putas em vitrines, como a confirmar o que freudianamente sobra quando se combate extremamente a sexualidade. Havia um imenso toque de provincianismo e de pós-guerra nesses debates, razão pela qual surgia o Japão como eventual bandido e a China como uma espécie de doente perdido e, imaginem, irrecuperável.

À nossa pátria – esse Brasil feito de lusitanos, índios e negros escravos – que era o lanterninha do mundo, cabia o papel de ator estreante cujas mal decoradas linhas não convenciam no palco onde brilhavam esses gigantes "adiantados" que por suposto e definição haviam dado certo e resolvido tudo.

Isso era tão verdadeiro que ouvi de um professor que a própria língua já determinava o lugar das "raças humanas", conforme era comum classificar as sociedades daqueles dias antigos e ferozes. "Tome o alemão. Só um sujeito inteligentíssimo pode dominar essa língua complexa, criativa e desenhada para a filosofia!", dizia ele. "E o português?", perguntou um colega. "Bem – respondeu o mestre sorrindo – a nossa língua pátria é boa para o samba, para a anedota e para o mais ou menos!"

Mais tarde, descobri que o professor havia tentado aprender alemão com um refugiado de guerra; um tal de Otto Folterer, e que o instrutor o havia feito desistir por "falta de inteligência". Quando timidamente eu perguntei do meu canto, como é que se explicava que na Alemanha as crianças falavam alemão, ninguém me deu atenção. Eram todos, como os gregos antigos, inteligentíssimos, tal como os holandeses que, não sei bem por que, teriam essa afinidade com os helenos e os germânicos. Segundo a lenda, os holandeses seriam capazes de entender todas as línguas, desde que o estrangeiro falasse devagar, soletrando as palavras.

Foi o que ocorreu com o Soares quando ele viajou para a Holanda. Sem saber uma vírgula de holandês, lembrou-se do detalhe e pediu ao esguio e atencioso garçom holandês um bife bem-passado com fritas e um chope gelado pronunciando cada palavra monossilabicamente. Minutos depois, chegou o garçom com o pedido. "Como você me entendeu?", inquiriu o Soares. "Eu também sou da terrinha...", disse o holandês devagar, detendo-se como ele em cada sílaba. "E por que diabos", explodiu Soares, "estamos falando holandês?"

Assim era o nosso mundo, feito de países de elite: grandes, adiantados, civilizados e resolvidos. Neles, nada faltava e por isso eram o oposto do Brasil onde faltava tudo, até mesmo uma língua inteligente e um conflito brutal, mas indispensável ao progresso.

Quando eu olho para a crise europeia, apavoro-me com o radicalismo político americano que paralisa o governo, vejo como a grande esquerda francesa e russa esboroou-se, eu tenho uma certa nostalgia desse nosso Brasil inocente, mas que também faz espionagem, explora os médicos cubanos, derruba viadutos, sonha com censura e que, de fato, tem uma língua tão ou mais complicada que o alemão.

Essa língua que os nossos políticos já estão falando por conta das eleições...

Ética e poder = papéis e atores

Recebi de uma grande atriz, Arlete Salles, uma mensagem lembrando que ao classificar como ator um ministro mentiroso, eu ofendia a classe artística. Ela teria razão caso não tivéssemos em mente que as artes foram engendradas pela vida e não o contrário. Como diz Ferreira Gullar: a vida não é suficiente (e por isso precisamos das artes).

A "vida real", com seus papéis (e funções) bem marcados como o de rei, rainha, bispo, plebeu, pai, mãe, trabalhador, ministro, marido, político, professor etc. existe como o "aqui e o agora" do qual não podemos escapar. Esse foi o "princípio de realidade", que simultaneamente desenvolveu a dança, a música e toda a dramaturgia que permite ver a vida como ficção: como alguma coisa que possibilita renascimento, compaixão, redenção e plenitude. No teatro, mente-se quando se representa um papel; mas um ministro mentir, um presidente abusar do seu cargo ou um delegado mandar matar não ocorrem num palco onde a peça se repete todo o dia e na qual os mortos (que fingem morrer) voltam a viver porque aquilo não é coisa de verdade, mas de novela. No drama, há um início, um meio e um fim; mas a vida só termina para os mortos: os que deixam o palco definitivamente.

Insisto em falar de atores e papéis para focalizar um tema fundamental da democracia. A velha oposição entre esquerda e direita acabou; a segmentação petista clássica entre nós, os do bem, e eles, os do mal, se liquidou com o mensalão e toda essa mentirada ministerial envolvendo as ONGs como indústria. Hoje, o desafio é superar o muro entre transparência e obscuridade; entre o legal e o moral; entre a ética que enobrece e o poder que brutaliza. Entre o Estado e a sociedade para fazer com que ambos tenham como referência exclusiva o Brasil como um todo, transcendendo vaidades pessoais e escusos interesses partidários.

Estamos fartos de testemunhar picuinhas do poder, motivos do poder, desculpas e blindagens partidárias do poder que secam oceanos de dinheiro e tornam inimputáveis certas pessoas e cargos. O que dizer quando a presidente decide bater de frente com a sua Comissão de Ética?

Queremos uma coletividade integrada e íntegra. Nela, o Estado fala com a sociedade por meio de uma máquina administrativa, guiando-a nos seus projetos e conflitos; mas ele também ouve a sociedade quando ela quer legislações (Ficha Limpa, por exemplo), deseja apurar custos e, acima de tudo, quando ela demanda bom senso.

Queremos que sociedade e Estado estejam submetidos a um mesmo código de ética. Não é mais possível conviver com uma máquina estatal cujas engrenagens e atores estão acima do bem e do mal. Não precisamos de pais e mães, exigimos um governo de presidentes, senadores, deputados, governadores, magistrados, prefeitos, procuradores, policiais, ministros e corregedores responsáveis – conscientes dos seus papéis e enredos.

O Brasil precisa mais de um projeto que integre pessoas e papéis do que de planos mirabolantes e óbvios, porque são inexequíveis. Um país rico é, sem dúvida, um país sem pobres e famintos, mas é sobretudo um país no qual as instituições destinadas a liquidar com a indigência e a fome trabalhem com afinco e sejam dirigidas por gente honesta.

Estou falando no deserto? De modo algum. Numa importante entrevista ao jornal *Estado de S.Paulo* (em 28 de novembro de 2011), José Eduardo Martins Cardozo, nosso ministro da Justiça, toca em alguns destes pontos com clareza e veemência, quando se refere – entre outras coisas – a um alegado conluio das corregedorias. O corporativismo que "blinda" e eventualmente produz corrupção, nada mais é do que a apropriação pelos atores de papéis que pertencem ao Estado e à sociedade a qual ele deveria servir.

O segredo do bom desempenho de um papel está na consciência dos seus limites. Não se pode "fazer" Júlio César usando um relógio de pulso. O papel não pertence ao ator, mas ao autor e ao drama. Por isso a observação feita pelo ministro Cardozo segundo a qual "é mais fácil modificar um governo do que uma cultura" é não somente correta, mas importante como um tema a ser profundamente debatido.

Do mesmo modo, o papel de ministro não é de X, Y ou Z, mas do governo e do Brasil. Todo mundo distingue teatro de política, embora haja teatro na política e vice-versa. Mas quando Hitler manda exterminar judeus ou um governo autoritário persegue opositores, isso não é teatro. No teatro, salvo acidente, ninguém morre de verdade.

Papéis sociais permitem muitas inovações. Mas aqueles que são corporativos e outorgados através de uma investidura (ou investimento – aquilo que "veste" seus ocupantes que não são atores), sobretudo os que são obtidos por nomeação ou eleição competitiva e liberal, esses fazem com que seus ocupantes sejam seus "cavalos" e não os seus cavaleiros. Numa sociedade de massa, globalizada, na qual a informação circula em tempo real; numa democracia cuja bandeira é a liberdade e a igualdade exige-se um mínimo de coerência institucional e essa coerência é regulada pelo ajustamento entre as demandas dos papéis e as capacidades das pessoas que os ocupam.

A abolição da hereditariedade de papéis públicos é o fato mais básico das democracias modernas. O outro é a sujeição à regra da lei de todos os seus membros. Não são as pessoas que mandam nos papéis, mas o justo oposto.

Sem distinguir papéis e atores ficamos prisioneiros de maquinações. A pior foi mencionada pelo ministro da Justiça. É, de fato, impossível acabar com a corrupção, desde que não se abandone a luta contra ela. No centro deste combate está a obrigação de não confundir pessoas com papéis.

Abrindo o caminho

Como é que a gente puxa conversa com um desconhecido? Com aquele outro que atrai e causa nervosismo, medo ou aversão? Os triviais e inseguros "como vai?", "você viu o jogo do Flamengo?" ou "que calor...", um tanto confrangedores são aberturas frequentemente infalíveis, ao lado de comentários vagos sobre o tempo e o escândalo político. É a partir dessas trivialidades que fazemos do estrangeiro um amigo, às vezes, íntimo, quando não o descobrimos – ora vejam só! – como um parente distante.

Nos Estados Unidos, os bares são espaços de abertura para as mais variadas sociabilidades. Como os velhos portos, cujas pedras têm testemunhado a morte e as mais agradecidas ressurreições daqueles que, um dia, partiram e retornaram mais velhos, mais experientes e mais amorosos. A oferta de um drinque para quem está ao lado é legítima em qualquer bar, mas é acentuadamente positiva e irrecusável nos balcões americanos, onde o paralelismo dos bancos que nos obrigam a olhar para nós mesmos nos espelhos das prateleiras entupidas de garrafas coloridas pode ser rompido quando alguém diz: "Posso lhe pagar uma bebida?" E, logo depois, você retribui, o que conduz a uma cadeia de reciprocidade instantânea com a consequente perda do seu voo, como ocorreu comigo uma vez em Los Angeles.

O problema é como começar. Como abrir o caminho. O que dizer de positivo neste início de ano, quando todo mundo está empanturrado de fatos, de festas, e de um período de transição que, como todo limiar, nos coloca um tanto tontos "entre" espaços e sentimentos. De um lado, o ritual de passagem é realizado para assegurar um feliz ano novo; por outro, porém, tudo o que vemos – mais uma guerra! – é brutalmente negativo. Mesmo quando jornais e governantes ainda estão de ressaca.

Um bom comentário para qualquer começo é asseverar a sua negação. Descobrimos, no Brasil, anos que jamais terminaram, o que é equivalente a dizer que os velhos problemas continuam, mesmo depois que alcançamos a maioridade. Quando fiz 18 anos, no meio da comemoração, na qual, aliás, tomei um estúpido porre, uma burrice jamais repetida, descobri, logo depois, que era o mesmo rapazinho inseguro. Pode uma entidade viva engavetar em compartimentos estanques, etapas de sua vida? A Idade Média terminou definitivamente com a descoberta da América, ou ela continua em algumas instituições e na boca de religiosos, filósofos e políticos? De onde vem a concepção dos "pobres de Deus" que tão bem prezamos no Brasil? De onde vem a ideia, pouquíssimo discutida, de que o país tem mesmo um responsável maior e exclusivo na figura de um presidente da República? Um sujeito que, supomos, pode mesmo afundar ou salvar a pátria? De que etapa histórica vem a ideia de que não temos preconceito racial? Ou que as mulheres são mesmo inferiores e as crianças não têm vontade? Que os americanos têm todos parte com o Demônio? Ou que todo alemão é nazista e todo argentino é um "gringo": um sujeito metido a sebo? Diz Thomas Mann que demarcar o tempo é como passar uma faca na água. Ademais, como é que conseguiríamos dar conta desse "o ano que não terminou" se não tivéssemos vivido a passagem para o outro ano? Afinal, só há consciência de mudança a partir de um ponto situado relativamente fora do fluxo de transformação.

Se você não acredita nisso, pergunte a si mesmo, com Shakespeare: "Quando eu me pergunto quem sou; eu sou aquele que pergunta, ou aquele que não sabe a resposta?" Quando transitamos de 2008 para 2009, o que mudou? Os impostos, certamente; o quadro político-institucional, sem dúvida, pois há coisas que não fazíamos (e pagávamos) em 2008 e que vamos ter que fazer (e pagar) em 2009. Mas é preciso não confundir mudanças legais, no papel, com transformações no comportamento que, pelo visto, quando chegam, vêm a passo de tartaruga. Aprendi que existem grandes transformações. Os movimentos "revolucionários" (de direita e esquerda) são definidos por mudanças, nas quais tudo é colocado de ponta-cabeça, mas – note bem – no plano do chamado desenho do Estado que, até hoje, é – para muitos – o centro exclusivo de progresso, justiça e bem-estar social. O problema maior é quando mudamos tudo, mas continuamos na mesma. A proclamação da República não mudou o nosso comportamento aristocrático, hierárquico e fundado na desigualdade. Abolimos a escravatura, mas não o sistema cultural por ela engendrado, conforme percebeu Joaquim Nabuco.

O presidente Lula produziu uma frase lapidar nessa entrada de 2009. Ao se deparar com a beleza de Fernando de Noronha, ele declarou com aquele seu radical e lúcido realismo: "Isto aqui é mais que o paraíso. Você não precisa morrer para vir ao paraíso, você vem vivo." Do mesmo modo e pela mesma lógica, não se precisa matar ou destruir uma sociedade ou uma etapa do tempo para mudá-la ou ultrapassá-lo. Basta estar vivo. Mas consciente de que o desejo de mudar está com você e dentro de você. De nada adianta mudar as leis ou virar a folhinha se não nos prepararmos para assumir a mudança que, afinal, não cai do céu. Amém.

Goteiras

"Casa sem goteira é casa sem alma", dizia um velho amigo de meus avós. A goteira é um ponto de fuga, um vazamento, uma revelação. Como as meias furadas e os atos falhos e o sujo dos lençóis. Um dia, você é pego pela mãe da moça em pleno beijo na boca, mas existem goteiras maiores e muito mais vexaminosas...

———

O nosso sistema político tem muitas goteiras. Você poderia falar em esgoto – uma goteira ao inverso. No meu caso, quando penso em "política" penso logo naquilo que dá ao esgoto a sua permanente e humilde função, mas não vou elaborar em respeito ao leitor. Se é preciso recuperar o Zé Dirceu, é preciso também liquidar a dupla personalidade do Parlamento, curando-o de sua constitutiva e patológica dubiedade.

———

Existem conceitos universais exatamente porque há uma brutal concretude e uma simplória particularidade. De longe, tudo é belo e, de perto, nada – exceto, entre outras coisas, as rosas e as bolas de gude – é perfeito ou normal. O ditador do Egito confessou-se cansado do cargo e largou-o depois da pressão de uma multidão enfurecida e de desagravos da Europa e dos Estados Unidos.

Todos os ditadores e candidatos ao papel de mandão se dizem cansados, sacrificados e agora, como faz prova José Sarney, transparentes quando no poder. O velho tédio cantado por Cole Porter ataca não apenas compositores dispostos a casuais ("one of those things"...) dissipações boêmias, mas atinge igualmente cleptocratas e velhos parlamentares com a transparência dos rinocerontes de Ionesco. Incrível essa melancolia produzida pelo poder que, acima de qualquer outra coisa, torna um sujeito inimputável e acima das leis, dando-lhe o direito (e eu diria mesmo, o dever!, de não cumpri-las) justo porque está acima de todas de todas as normas; ou seja – dos limites e do bom senso. Revolta o estômago ver um José Genoíno condenado cujo refrão no poder era: "O PT não rouba e não deixa roubar!" entrar num carro oficial nas comemorações do aniversário do partido. O partido que prometia se diferenciar pela lisura com a coisa pública e honrar as normas republicanas! Uma outra coisinha: adoram pintar o cabelo e muitos usam base.

Vou ao um enterro de uma pessoa muito amada e respeitada num lindo domingo de sol. Não digo o nome porque não sou invasor de intimidades. Falo apenas que foi a sogra de um amigo íntimo, o dr. Atam, um especialista em generalidades e palpites. Teve doze filhos, perdeu um deles num terrível acidente na varanda de sua casa. Jamais reclamou ou se queixou da perda. Aceitou-a, porque tudo cabia no seu nobre e grande coração. "Foi uma grande amiga e como genro, dela recebi", disse-me o amigo com a voz entrecortada pelo soluço, "um formidável presente: minha esposa, a mãe dos meus filhos." Devo dizer ao leitor que o dr. Atam teve um longo e feliz matrimônio. "Essa sogra sem língua de sogra", continuou, "aceitou-me tal como sou: contraditório, nervoso, irritante, inseguro, cheio de opiniões. Enquanto muitos me viam assim, ela me olhava com os olhos benevolentes dos que acreditam em Deus e têm a serena paciência dos escolhidos." "Quisera", falou o dr. Atam, "prestar a ela uma homenagem justa e digna."

— Eu vou tomar a liberdade de transcrever um pouco dessa conversa na minha próxima crônica, falei carregando na dose.

— Mas você não é pautado por algum editor?

— Não sou pautável nem por mim mesmo...

Em consonância com o sofrimento do mundo, com o mundo e pelo mundo; com a nossa enorme indignação para com os cleptocratas que abundam na colorida paisagem da política nacional, recebemos também uma enorme capacidade de tolerar, justificar, legislar, afastar, abafar, compreender e esquecer, sobretudo esquecer...

Nossos corações são enormes, nossas almas, gigantescas. Nelas cabe tudo. Como não pensar nas perdas terríveis diante desta prova definitiva de que todos temos um fim? Como não voltar àquele caixão quando se segura na alça deste outro que também transporta um ente amado?

Eis que dois velhos falavam do sentido do mundo num bar, bebericando e deixando suas almas saírem um pouco da segurança protetora dos seus corpos. Cada corpo aprisiona uma alma, louca para dele escapar. Os santos e os poetas aprendem a soltá-las. São goteiras do espírito porque escapam dos limites do mero aqui e agora, desse presente poderoso, urgente e gozoso que nos aprisiona nas atenções do instante. A palavra é a chave da cadeia. É ela que força portões, cerra as grades e, abrindo as cabeças, solta as almas que sobem rapidamente para o ar puro e invisível que nos cerca.

———

Romário fez o primeiro discurso de sua vida como deputado e se confessou nervoso. Como eu sempre afirmei, o futebol é um grande professor de democracia liberal porque se baseia no desempenho (e não na cor da pele ou no nome de família ou no partido político), na obediência às regras, no respeito aos adversários e aos torcedores (que não podem deixar de gozar da liberdade de escolher). Ninguém pode se eleger goleiro ou atacante do Flamengo ou do Corinthians. Se pudesse, seria o fim do futebol. Tivesse o governo criado um Futebolbras, e jamais teríamos sido campeões do mundo. O critério político substituiria o talento. Na política, entretanto, vale tudo. Ou será que um parlamentar não precisa ter um desempenho igual ou maior do que o de um jogador de futebol? A reunião dos dois numa só figura, como é o caso do Romário, permite a pergunta que não visa ofender. Não seria por isso que os estádios estão cheios de cobranças e os parlamentos vazios, exceto de interesses inconfessáveis?

Livros, leitores e antileitores

Uma secretária do departamento onde trabalho anunciou:
— Professor, tem um padre da Universidade Federal de Cruzes Rosadas querendo falar com o senhor, posso passar a ligação?
— Sem dúvida, disse eu, pegando no fone com a atenção e a curiosidade de sempre.
— Professor Roberto, boa-tarde. Aqui é o padre Ranolfo, professor Roberto. Estou ligando para convidá-lo a tomar parte numa discussão sobre agricultura e "tecnovilas". O senhor aceita?
— Sim, reverendo, se entendesse do assunto mas, infelizmente, dele nada sei.
— Modéstia sua, professor. Como é que um homem que escreveu um livro intitulado "Tecnovilas" diz isso? É claro que o senhor entende.
— Padre, meu livro não é sobre "tecnovilas", é sobre o pequeno cotidiano americano: o meu dia a dia de docente expatriado na Universidade de Notre Dame, em South Bend, Indiana, Estados Unidos. O título não é "Tecnovilas", é *Tocquevilleanas*, uma humilde homenagem ao estudioso e político francês que, acompanhado do seu amigo, Gustave de Beaumont, viajou pelos Estados Unidos entre 1831 e 1832 e escreveu um livro clássico sobre o estilo de vida americana, intitulado *Democracia na América*. Me desculpe pelo título que o confundiu!, concluí.

Tal como as pessoas, os títulos dos livros enganam leitores, bibliotecários e autores. Um sujeito bem-vestido e falante, quando devidamente aberto, revela-se uma toupeira ou um Evereste de empáfia. Um nobre ministro surge como um chefe de quadrilha feito por ONGs que desviam dinheiro público para um partido cujo nome remete a abnegados e virtuosos.

Meu colega e amigo, o cientista político Eduardo Raposo, ouviu de seu primo Lobinho, a seguinte história: um sujeito chega a uma biblioteca e pede um livro de botânica. O funcionário prontamente lhe apresenta com um sorriso alvar *Raízes do Brasil*.

———

Quando eu selecionei as crônicas que iriam compor o livro *Tocquevilleanas: Notícias da América*, telefonei ao meu editor e amigo, Paulo Rocco. Na euforia daquele momento especial, pois a empreitada de escrever um livro nos envolve de todas as maneiras e, como disse melhor do que ninguém, Thomas Mann, trata-se de uma tarefa equivalente a uma "batalha, perigo no mar ou risco de vida, e nos aproxima de Deus em busca de auxílio, benção e misericórdia", eu mencionei um título: *Notícias da América*. Paulo Rocco adorou. Terminei a ligação ouvindo dele os augúrios de sucesso.

Coloquei o manuscrito no forno por uns dias, como sempre faço quando se trata de escrever para publicar – uma tentativa frequentemente inútil de evitar monstruosidades – mas, ao retomar a obra, um anjo do mal meteu na minha cabeça que eu deveria homenagear o grande Alexis de Tocqueville. Se Heitor Villa-Lobos, disse-me a entidade, fez suas "bachianas" pensando em Bach, porque eu não poderia fazer umas "tocquevilleanas" pensando num autor desconhecido das ciências sociais brasileiras; um intérprete maior de problemas contemporâneos, mas que não é citado em nenhum dos clássicos nacionais, justamente para falar dos contrastes entre o Brasil e os Estados Unidos? E, assim, devidamente impregnado pelo anjo, reli *Democracia na América* – como havia feito em 1974-79 – enquanto escrevi *Carnavais, malandros e heróis* – e inventei o tal "tocquevilleanas" imaginando (graças ao malefício do anjo) que minha mente era o mundo e que todos sabiam de sobra quem era Tocqueville.

Ledo engano!

Publicado o livro, descobri que as pessoas sequer sabiam pronunciar o título que – conforme me revelou um profissional da imprensa com sua saudável mistura de inocência e autoritarismo jornalístico – era "muito complicado". Foi quando descobri a mais crassa verdade pós-moderna: se a obra tem um título impronunciável, você não lê o livro. Vira um antileitor. Resultado: numa segunda edição, que em breve chega às livrarias, suprimi o solene "tocquevilleanas". Ganhou Tocqueville, que não precisa de minha homenagem e, imploro aos deuses, ganham os eventuais leitores. Pois debaixo do título *Notícias da América* não há como confundir nenhum entendido, leigo ou jornalista.

Na esteira dos antileitores, voltei ao Raposo e ele relata que seu primo Lobinho havia feito uma grande descoberta. Na tal biblioteca onde *Raízes do Brasil* está na estante de botânica; *O idiota* surge na de psicologia; *A interpretação dos sonhos*, na de esoterismo; *Sobrados e mucambos* está catalogado como engenharia e *Montanha mágica* como astrologia. Já *Memórias póstumas de Brás Cubas* entra como kardecismo; *Lolita* vai na lista de livros para moças; *A guerra das salamandras* em história militar; *Cem anos de solidão*, na prateleira de geriatria; *O cru e o cozido*, na de culinária, e *Hamlet* na de receitas inglesas. Já *Madame Bovary* surge na de pornografia; *Os Maias*, na de etnologia centro-americana; *As neves do Kilimanjaro* no setor de clima e ecologia; *Viagens de Gulliver* no de turismo; *O poder e a glória*, no de política; e, por fim e para encurtar uma infindável história, *Carnavais, malandros e heróis*, inclassificável por não ser lido, é listado tanto nas obras devotadas às Escolas de Samba, quanto na prateleira de fraudes e contravenções.

Tentei interpelar a diretora da instituição, mas desisti. Ela é "blindada"!

Macumba

Em dias de Quaresma e ressaca carnavalesca com direito à renúncia de um papa e à passagem de meteoros!, vale pensar na macumba. Na arte da bruxaria ou magia negra. "That old black magic that you weave so well" (aquela magia negra que você trama tão bem) que, mesmo em tempos de "racionalidade", traz de volta o poder de atingir e ser atingido pelos outros. Tal como faz o amor, e por isso me vem à mente o verso desta velha mas maravilhosa canção de 1942, de Harold Alen e Johnny Mercer.

Sinatra canta com aquela energia interpretativa que faz você pensar em quantas vezes não fomos enfeitiçados. "Todos nós temos na vida/Um caso, uma loura/ Você, você teve também. Uma loura é um frasco de perfume"...

Ao lado do Silvinho, do Ronaldo e do Levy eu ouvi, outro dia, a voz de Dick Farney e me lembrei do Lúcio Alves – um desses macumbeiros de carteirinha. Bruxos incríveis. Dick Farney era um pianista de primeira categoria e um cantor do naipe de Sinatra. O outro tinha um instrumento musical dentro da garganta. Seria, talvez, um saxofone-tenor. Era um portento e vale ouvi-los.

Mas voltando à macumba, digo logo de cara que é uma palavra de origem africana, do quimbundo. Uma língua banto dos bundos ou ambundos-andongos bundos e dongos-quindongos de Angola.

Do ponto de vista social, macumba tem tudo a ver com visões gerais, com relações e afetos – esses elementos centrais dos sortilégios, das preocupações e do vodu. "That vodoo that you do so well" (aquela bruxaria que você faz tão bem), diz Cole Porter, depois que o cantor recita: "You do, something to me/ that nobody else could do" (você faz uma coisa comigo que ninguém faz igual). Isso depois de garantir que a amante tem o poder de mistificá-lo e hipnotizá-lo. Amor ou macumba? Amor é macumba?

A macumba traduz a real mistificação de todo relacionamento porque somos indivíduos e somos também feixes de elos e sentimentos que temos com todo mundo, sobretudo com os que amamos e nos tocam e nos tocam porque são amados. A ponto de incorporarmos as histórias dos outros como se fossem nossas. E deixarmos que os outros roubem nossas narrativas.

Fiquei assombrado com o que li de mim mesmo (mas escrito por outros) sobre este Carnaval – essa macumbeira brasileira que, já dizia Lamartine Babo, marca a descoberta do Brasil "no dia 21 de abril, dois meses depois do Carnaval". Esses relacionamentos cruzados, imbricados, híbridos (eu sou você hoje e amanhã, mas sou também você ontem...). Tudo isso é pura macumba.

Tomemos a cena clássica. Faço uma imagem sua e nela vou fincando agulhas. Duvido que você não sinta nada se não ficar sabendo. É como o Carnaval, que hoje todos dizem que faz bem ao Brasil e que eu aprendi como sendo o maior ópio do povo. Alienante e alienador, diziam, como uma macumba.

―――――

Três antropólogos profissionais – com livros publicados, marxistas, evolucionistas, funcionalistas, pré-estruturalistas e naturalmente ateus convictos, prontos a renegar toda crença em

Deus – andam de madrugada pelas ruas desertas de uma Copacabana de 1950, um lugar ainda seguro no qual os amigos raramente voltavam para casa de táxi. Numa encruzilhada, topam com um despacho para Exu – o grande mensageiro e tomador de conta dos caminhos cruzados; lugar onde as surpresas ocorrem e mensagens vão e voltam com declarações de amor ou guerra – essas duas atividades nas quais tudo é válido.

No asfalto, jaz uma galinha assada, farofa com azeite de dendê, uma garrafa de cachaça, um par de copos embaçados. Do lado, um charuto mata-rato e fósforos Fiat Lux. Tudo pronto para o espírito do desejo, do movimento, da vaidade e da incerteza saborear e, com isso, realizar a macumba de fazer alguém feliz por alguns dias ou meses.

Os três cientistas sociais descreveram os objetos falando do culto. Citam orgulhosos seus colegas estudiosos do assunto – Arthur Ramos, Bastide, Verger, Herskovits, Edson Carneiro, Fulano, Sicrano etc. – mas eis que um deles, um baixinho ousado, abriu a garrafa de pinga, tomou um vasto e prazeroso trago e, em seguida, comeu um pedaço do frango com farofa. "Está muito bem temperado", disse debaixo dos olhares estupefatos dos colegas, que arguiram primeiro uma matéria de higiene, depois de veneno e de luta de classe (os pobres negros e mulatos macumbeiros fazem isso como uma armadilha para nos liquidar! É uma sublimação da opressão, disse o mais esquerdista) e, finalmente, num inútil apelo relativista, falaram: você está profanando e desacreditando um rito religioso, uma oferenda sacrificial afro-brasileira aos deuses dos pobres e ex-escravos explorados!

Enquanto davam as lições saídas do medo e da sua mais profunda ambiguidade relativa à macumba – exatamente igual à que temos com o Carnaval e com a corrupção – o colega baixinho, tinhosamente refestelado de galinha e farofa, fumava fagueiro o charuto. E ria, dizendo: "Vocês não são antropólogos, são crentes. Não na antropologia, mas em macumba!"

Ouviram, então, um estrondo igual ao raio que caiu na Capela Sistina quando o papa renunciou. Mas o baixinho continuou fumando e bebendo até chegar em casa. Na despedida, os colegas evitaram apertar sua mão. Quem estava mais enfeitiçado?

Medida de coluna

A vida social é uma medida. Não existe sem classificações, rótulos e categorias. Seus pontos de partida são múltiplos e, eis uma contribuição importante da antropologia social para a chamada civilização ocidental, arbitrários.

Existem sistemas de crença transcendentes mas sem um ponto de partida exclusivo, tipo: a infraestrutura material é mais "real" que o resto; ou: isso é mais verdadeiro do que aquilo. Seja porque não têm escrita e, consequentemente, livros sagrados, seja porque sua gênese não foi feita por uma só criatura num ato solitário e indecifrável de vontade e onipotência, como o Deus judaico, cristão e islâmico, pois há muitos costumes, muitas variantes, mas não há fundamentalismo. O que, obviamente, facilita conversões rápidas e aparentemente definitivas.

Essa ausência de base ou fé irrevogável, e de mandamentos, torna complicado ver em sociedades chamadas de simples, primitivas e selvagens algum tipo de "religião". Donde o elo provável entre fé e exclusão por meio da sacralização de uma versão única. A crença de que, no universo bíblico, somos responsáveis pela separação entre este mundo e o outro, cujas medidas e escalas antes da expulsão do Paraíso eram idênticas, é uma dimensão desta tremenda culpabilidade como a contrapartida da possibilidade da salvação e do risco de fazer escolhas.

Na maioria das sociedades conhecidas, a medida do universo foi modificada pelos deuses, ancestrais, heróis ou por algum animal. Entre nós, porém, um erro e uma expulsão para um mundo de sofrimento e de morte instituíram essa visão do mundo como sendo feito de coisas certas ou erradas.

―――――

Uma jovem antropóloga de origem lusa visitava um esplêndido museu naval em Lisboa. Um professor-curador local a acompanhava, grave e solícito, comentando com indisfarçável orgulho, as mais diversas miniaturas de todos os tipos de embarcações que seu povo havia fabricado ou usado, salientando como esses modelos representavam a grande contribuição dos portugueses ao conhecimento espacial deste nosso mundo, antes dominado pelos oceanos. A jovem professora seguia cheia de respeito pela exposição que, na medida certa, revelava as razões que deram a Portugal a primazia dos descobrimentos marítimos (e culturais, como acrescentava com um olhar rútilo de altivez o curador) que eram a base desse nosso universo de perspectivas e medidas paralelas, competitivas ou contrárias defendidas, aqui e ali, com tanta indiferença quanto com surpreendente fé ou mortal fundamentalismo.

Na saída, ao apresentar os detalhes técnicos da miniatura de um último navio, peça que, em escala reduzida, promovia o prazer de ser vista como um todo pelos olhos humanos que o navio real devorava, o professor reiterou seu orgulho no glorioso universo humano feito de escalas e medidas com o seguinte desfecho: "Mas note bem a senhora professora que está óbvio que todos esses barcos não são do tamanho normal!"

Dizem que ao ouvir o riso de um colega brasileiro, a professora ficou – usemos um termo civilizado – fula da vida!

―――――

Essas escalas nos remetem a um assunto que, volta e meia, discuto neste espaço: que tamanho deve ter o Estado em relação à sociedade? É mesmo possível ter um estado tipo Tocantins, com uma previsão estrutural de 35 mil cargos em comissão? Ou seja, um Estado canibal e supostamente atuante, no sentido lulista do termo, capaz de vigiar e "cuidar" de todos os seus cidadãos com um conjunto esmagador de aspones – todos do mesmo partido ou família? Como, eis a contramedida, essa sociedade proveria essa formidável máquina de funcionários públicos que servem primeiro a si próprios e, depois, ao chamado povo que, embora muito pobre, paradoxalmente, paga seus enormes salários e mordomias?

No *Livro dos insultos*, num artigo escrito em 1924, intitulado "Trabalhar para o governo" (uso a excelente tradução de Ruy Castro), o jornalista e acadêmico frustrado, Louis Henry Mencken, fala das monarquias imorais do continente europeu que, entretanto, sabiam lidar exemplarmente com os corruptos, então rotineiros na América, sobretudo no estado de Nova York onde ele vivia.

Na sua "abominável Prússia" (que Weber obviamente toma como modelo da dominação burocrática), os funcionários corruptos estavam sujeitos a leis criminais e a tribunais especiais. Donde, o viés ianque-prussiano de estabelecer fianças altíssimas ou de simplesmente suspendê-las e condenar a penas mais duras, quando o flagrado em corrupção é juiz, presidente, governador, senador, policial, ou celebridade já que, em virtude de sua posição e responsabilidade, eles deveriam servir de exemplo para a coletividade da qual se destacam pelo cargo. Nesta medida (ou nesta ética), a honra (pública) do cargo deve contaminar a pessoa e não o contrário, como é o caso do nosso amado Brasil. Na Prússia – Deus nos livre! – um funcionário poderia ser advertido, rebaixado de escalão, suspenso, transferido, expulso, multado e mandado para a cadeia. Podia também ser obrigado a indenizar qualquer cidadão a quem tivesse prejudicado ou pedir desculpas em público. Em época de reforma eleitoral, fica registrada minha aceitação de um "Estado forte", vigilante mas honesto na mesma medida humana (e ética) da sociedade.

Grandes ideias

Para Celso Lafer e em memória de Vilmar Faria

Diz o folclore que num encontro entre o poeta Paul Valéry e o físico Albert Einstein, o primeiro declarou ter muitas ideias. Após ouvi-lo, o físico declarou: pois eu, ao contrário, tive apenas uma!

Um criador de galinhas verificou que suas aves estavam morrendo. Aplicou os remédios tradicionais, mas mesmo assim as aves morriam. Na sinagoga, recomendaram-lhe contar esse evento excepcional para o rabino.

– Mestre, minhas galinhas morrem apesar de todas as precauções. Que devo fazer?

– Filho, respondeu o rabino, por que você não troca as janelas do galinheiro?

Assim fez o criador, mas as galinhas continuavam a morrer.

– Troque os poleiros, sugeriu o mestre.

Assim foi feito, mas as galinhas morriam do mesmo jeito.

– Por que não mudar a grade do galinheiro?

E assim foi feito, mas as aves continuavam a morrer. Finalmente, um desconfiado rabino perguntou:

– Filho, me diz uma coisa: você tem muitas galinhas?

– Milhares!

– Ótimo, rematou o rabino, porque eu tenho muitas ideias!

No primeiro mito, encontramos o tema corriqueiro do poeta com muitas ideias em levistraussiano contraste com o físico genial que muda a concepção do mundo com apenas uma iluminação.

No segundo, temos um criador de inúmeras galinhas em isomorfismo com um rabino com muitas ideias. Nos dois casos, temos o Brasil: muitos problemas com uma única ideia para resolvê-los (liquidar o neoliberalismo, por exemplo) ou muitas soluções e muitos recursos mas com tudo terminando nas contas bancárias dos nossos amados governantes cuja integridade dura tanto quanto as galinhas do criador infeliz.

A questão manifesta nessas mitologias é a nostalgia das grandes ideias. Vale lembrar que o século passado foi pródigo de ideias definidas e salvadoras – comunismo, nazismo, stalinismo, fordismo, nacionalismo, racismo – que levaram a duas guerras mundiais, a um holocausto e a bombardeios atômicos...

O que ocorre quando existem muitas ideias e inúmeros crentes? Surge a fragmentação das receitas e começa o fim de um mundo onde os mestres são sábios, os poetas são tolos e as galinhas não morrem. Mas todos são felizes e vivem por cima do arco-íris, como na canção de Arlen e Harburg. Nelas, não há pobres nem prisioneiros políticos, mas também não existem imprensa livre nem competição. Suprime-se a agonia das dissensões. Em todas as utopias uma ideia grandiosa, única e exclusiva domina a história. A propaganda do governo, que permeia as nossas televisões e revistas, é um bom exemplo da natureza desses sonhos transformados em realidade.

Utopias são a moldura de princípios tomados como receitas para redimir e curar o mundo. Uma delas é a da democracia das multidões na praça. Outra é a da realidade do indivíduo livre de peias e com o direito de buscar a sua felicidade.

Suponha que, para ser feliz, você tenha que todo dia matar um pedestre desconhecido, como na história do Rubem Fonseca. A morte no trânsito é tão rotineira e impessoal que virou um símbolo perfeito do poder abusivo e de um abuso do poder de quem não consegue viver a igualdade. Pois quem a culpa é sempre o fraco sinônimo do "outro". O superior não erra e continua inimputável porque ele não se sente culpado e, no máximo, pode sentir – se for descoberto ou pego em flagrante – um tiquinho de vergonha. Daí vem o horror a uma imprensa livre.

O símbolo do abuso nesta quinzena é o do ciclista que precisa ser "educado" para transitar no meio dos nossos automóveis, respeitando quem não tem o menor respeito! Na época da escravidão e dos barões – que transitaram do café para a Petrobras, para as Agências Reguladoras, para a Casa Civil, para os ministérios e para os altos escalões dos três poderes – quem estava por baixo sabia que era mesmo inferior e não ousava transitar em certos lugares. Se o fizesse, seria – exceto no Entrudo ou em alguma procissão – castigado ou morto.

Neste Brasil totalmente vertical, a utopia tinha muito pouco ver com a busca da igualdade (que os nossos utópicos dizem ser impossível até mesmo como utopia) – e muito mais a ver com o restabelecimento das velhas hierarquias da sociedade por meio do Estado. Um sistema de "homens bons" (e de "gente boa"), todos com uma grande ideia que assegura como os grandes podem resolver e "cuidar" dos pequenos. O mal-estar do Brasil atual tem a ver com o fim das utopias onde todos sabiam dos seus lugares e com o nascimento de uma igualdade mundial que a todo o momento esbofeteia a nossa cara quando atropelamos um ciclista ou assistimos passivamente ao roubo dos nossos recursos por um Estado canibal – predador da sociedade. Ou vemos a Europa e os Estados Unidos em crise. Nunca foi mais claro para nós mesmos, o nosso viés aristocrático materializado pelo aparelho estatal que resiste ao empreendedorismo e ao capitalismo dissidente e globalizado, em dúvida consigo mesmo e – precisamente por causa disso – muito mais aberto à democracia.

───────

A dúvida, porém, abre as portas para a humilde narrativa de um mundo sem verdades. Um planeta aberto à incerteza, que é o Avatar da igualdade. Uma igualdade pela primeira vez consciente de que é parte de um todo.

    Será que estamos descobrindo outra grande ideia? A de saber que no mundo do humano não existe – afora a morte – nenhuma grande ideia que seja exclusivamente única e boa?

Como não perder no futebol?

— Qual é o maior problema do "nosso" futebol?
– Todos! Não ganhamos nada!
– Mas exportamos o futebol do Brasil para todo o mundo. Todos jogam como nós.
– Tudo bem... Mas por que não conseguimos ganhar?
– Precisamente por causa disso. Todo sucesso vira fracasso. Quem ganha perde...

Ouvi isso na barca indo para o Rio, eu que continuo insistindo em morar em Niterói. Ora, morar em Niterói é como não saber que o futebol sofre de um pecado original: o nosso time não pode perder. E, no entanto, se um time fosse eternamente ganhador, os estádios ficariam vazios.

Num espaço de tempo que hoje engloba uns 100 anos, contabilizamos muitos jogos e, em consequência, muitas perdas e ganhos. As derrotas, contudo, são mais lembradas porque nossa memória retém – como dizia Freud – mais a ferida e o sofrimento (o trauma) do que o gozo, o encantamento e a beleza de céu estrelado das experiências transitórias (aliás, Freud tem um belíssimo ensaio sobre esse assunto). O belo passa e o feio fica? De modo algum. Mas o bom é amarrado com teias de aranha, ao passo que o ruim deixa cicatrizes. Pensamos a vida como uma escada quando, de fato, ela é uma bola que gira sem parar e corre mais do que nós.

Notei em um ensaio presunçoso que, em inglês, existe uma diferença entre jogar e jogar. Entre *to gamble* e *to play*; entre ir a um cassino para apostar ou jogar tênis e tocar um piano. Num caso é necessário algum tipo de habilidade sem a qual não há música ou disputa, mas nos jogos de azar basta ter sorte. Mas além de *gamble* e *play* existe a palavra *match* para designar o encontro equilibrado entre dois adversários.

Veja o leitor. Na roleta não há um *match* porque as chances são da banca. É um jogo com aficionados, mas sem "atletas". Ninguém compete com uma roleta, mas contra ela. No mundo do esporte, porém, a disputa se transforma em competição. A igualdade inicial é um ponto central da dualidade constitutiva do esporte. Ora, a dualidade é o eixo sobre o qual gira a reciprocidade contida das fórmulas da caridade, das boas maneiras, da vingança e do dar-para-receber, como viu Marcel Mauss.

A palavra "partida" designa isso e antigamente era usada para se falar do futebol que retorna com a força das paixões recalcadas. Para nós, brasileiros, o verbo jogar engloba tanto o jogo de azar (como o famoso e até hoje milagrosamente ilegal "jogo do bicho" e as loterias bancadas pelo governo) quanto o encontro esportivo regrado e igualitário, essa disputa agônica constitutivamente ligada à probabilidade de vencer ou perder.

Mas se uma mesma palavra – jogo – junta o jogo de azar e a disputa esportiva – nem por isso lembramos que o futebol é imprevisível. Nossa leitura canônica do futebol é sempre a de uma luta na qual o time do nosso coração vai ganhar, daí as desilusões das derrotas. Podemos perder, sem dúvida, mas resistimos freudianamente a pensar nessa possibilidade. Temos perdido muito, sem dúvida, mas recusamos perpetrar a única coisa acertada diante da derrota: aceitá-la.

Surge, então, o problema cósmico do futebol no Brasil. Como admitir que perder e ganhar fazem parte da própria estrutura desse jogo, se nós – em princípio – não lemos na palavra jogo a possibilidade de derrota? A agonia e o prazer do futebol estão ligados precisamente a essa possibilidade, mas isso é afastado do nosso consciente. Quando vamos ao jogo, vamos à vitória e há motivos para isso. Um deles eu mencionei na semana passada: o futebol foi o primeiro elemento extraordinariamente positivo de uma autovisão que era permanentemente negativa. Como imaginar que um povo convencido de sua inferioridade natural como atrasado porque era mestiço pudesse disputar (e vencer) os brancos "adiantados" e "puros" que inventaram a civilização e o futebol?

Quando começamos a domesticar o futebol, dele fazendo um brasileirismo e um fato social total: algo com elementos econômicos, religiosos, culturais, morais, políticos, filosóficos e cósmicos – uma grande tela que projetava tudo – descobrimos que o que vinha de fora podia ser canibalizado e tornar-se nosso. Era possível inverter a lógica colonial. A digestão do outro pela sua incorporação ou englobamento sociopolítico no nosso meio é o pano de fundo do roubo do fogo dos deuses pelos homens.

No entanto, é preciso uma nota cautelar. Roubamos o futebol, mas não a vitória perpétua. Confundir a atividade futebolista com o sucesso permanente é infantil. Na política, isso surge com o vencer a qualquer custo ou, como diz um professor de poder no poder, o sr. Gilberto Carvalho, "o bicho vai pegar..." Ou seja: temos que vencer com ou sem jogo o que, lamentavelmente, mas graças a Deus, é bem diferente do futebol. Escrevi essas péssimas linhas antes da vitória de 3 a 0 contra a França! Somos de agora em diante somente vencedores? Um lado meu espera que sim...

Fantasias e realidades

A avalanche passou. Os fatos (sempre estranhos) foram canibalizados e assim transformados em sinais, sintomas, índices, tendências, retornos e nulidades. A sociedade tem suas estruturas que lutam contra, a favor ou apesar dos fatos. "Agora vai", pensamos, gritamos ou escrevemos, mas o mundo continua o mesmo.

Chávez morreu. Como outros heróis, ele morreu e, mesmo se for devidamente embalsamado, terá o destino de todos nós: um pouco mais ou um pouco menos de lembrança e o nobre esquecimento de uma paz enfim, perpétua. Entrementes, nesses tempos de renúncias e realinhamentos políticos, surgiu – graças aos volteios do Espírito Santo – essa figura mediadora entre a nossa permanente burrice e alguma coisa que nos faça voar e tentar ver mais longe – um novo papa. O tema nos pautou por algum tempo, mas já voltamos para a novela e para a tal "política" (sinônimo de novidade esperada) deixando de lado o inesperado da novidade.

Assisti a *Argo*, o ganhador do Oscar de melhor filme do ano. Para quem curtiu Preminger, Wyler, Clair, Ford, o velho Hitch, Wilder, Truffaut e Capra, é um "bom" filme. Mas a trama interessa: como sair do beco sem saída da realidade (ou de uma realidade sem saída) por meio de uma fantasia?

Americanos são reféns na casa de uma embaixada que pode ruir e eles serão mortos por uma onda descontrolada de radicais. Ora, o radicalismo é o outro da rotina social. Rotinas são programas que seguem uma ordem automática ou "natural". O sinal de trânsito deve funcionar, mas quando chove ele desliga. Então surge o radicalismo de uma rua engarrafada. Nervosos, vemos baixar, em cada um de nós, um espírito diferente. O estranhamento é a crise dos princípios: tenho pressa e o mundo me ordena não ser preguiçoso, mas os sinais deste mesmo mundo não me deixam passar.

Voltando a *Argo*. Um agente da CIA, órgão especializado em roteirizar anormalidades, descobre que o real pode ser salvo pelo mito. Num filme, inventa-se um filme para salvar os reféns. Mudando seus papéis sociais rotineiros de inimigos demonizados do Aiatolá, eles se transformam em produtores, diretores, fotógrafos e atores de um filme de ficção científica a ser realizado no Irã. Temos, então, um diálogo intenso do metonímico com o metafórico. Se os radicais acreditam na montagem, podemos salvar os reféns de um roteiro absoluto dado naquele momento revolucionário. Se nossa contraficção é bem contada, o filme vira sucesso e pode ser devorado por um prêmio Oscar. Aliás, deixe que eu diga nas entrelinhas: não pode haver nada pior do que ser consagrado. O prêmio é o fim. É o cemitério da criação.

O melhor do filme é quando no aeroporto em Teerã um agente desconfia do grupo, mas é envolvido na narrativa do filme de ficção que ficticiamente estaria sendo feito pelo grupo.

E como ninguém resiste a uma piada ou narrativa, sobretudo se ela não terminou, os agentes deixam passar o grupo tal como Sherazade viveu mil e uma noites, contando uma história para o sultão e marido traído que a condenou à morte.

Tentar ver o fim (ou em alguns casos chegar aos finalmente) é o que nos move. Eu escrevo sem saber o final. E, no final, revejo o milagre da superação da minha mediocridade por uma mediocridade escrita.

Ninguém seria capaz de viver sem uma narrativa – sem um início, meio e fim na barriga de um universo interminável.

———

Estou no aeroporto de Congonhas em São Paulo e tenho umas duas horas de voo até Brasília. Duas horas para matar! Sessenta minutos sem narrativa ou ficção. Vale dizer, sem foco ou fantasia. Tenho que "passar a hora". Vejo um caro BMW em conveniente exposição ladeado por uma bela jovem que me informa o que interessa em toda fantasia: o preço é de 150 mil paus. Nem pensar...

Caminho sem rumo dentro de um lugar absolutamente demarcado pelo utilitarismo. Dizem que seria um não lugar. Eu não concordo. Somos humanos precisamente porque, entre nós, tudo tem é um lugar. Se não há lugar, há a crise.

Ando em busca de um enredo. Vejo algumas pessoas assistindo, num comedor, ao jogo entre o Milan e o Barcelona. Todos matam o tempo, mas o futebol ressuscita o tempo com os gols de Messi e o seu infalível enredo. Rola o jogo e os passageiros viram torcedores, tal como em *Argo* e na vida, quando fazemos uma coisa por outra. De repente, um companheiro de torcida grita que perdeu o avião. O jogo ocasional englobou a viagem estabelecida. Voltou a si mesmo xingando-se por ter sido enganado por uma fantasia.

Por via das dúvidas, armei meu despertador.

Quem interpreta quem?

Em 1974, passei cinco dias no castelo do burgo Warteinstein, numa localidade próxima de Viena, Áustria, para tomar parte em um seminário patrocinado pela Wenner-Gren Foundation for Anthropological Research sobre "rituais seculares". Num muito acatado dia de folga das competições para ouvir – como é rotina nos encontros acadêmicos – quem tinha as melhores teorias sobre os rituais, inclusive a teoria de que o conceito de ritual era uma bobagem teórica, fiz algo inesquecível.

Acompanhado dos meus velhos e queridos amigos Victor Turner e Richard Moneygrand, fui ao Auersperg Palace para assistir à ópera *As bodas de Fígaro*, do grande Amadeus Wolfgang Mozart.

Chegamos cedo e como estávamos interessados em rituais, queríamos observar o que Victor Turner chamava, com sua imaginação habitual, toda a "curva performativa", que é parte das atividades humanas encapsuladas em tempo e espaço especiais, em contraste com a ilimitada e aberta vida diária, na qual não temos hora ou lugar para o que pode ocorrer conosco.

Moneygrand, motivador da nossa ida ao concerto, sabia tudo sobre Mozart e falava entusiasmado da vida e da obra do gênio com Turner, enquanto eu me impressionava com a orquestra que, no grande palco, afinava suas notas, retomava acordes e ensaiava pequenos trechos da peça a ser tocada, lembrando um jovem prestes a fazer vestibular ou um ator ensaiando o seu texto. Disso resultava uma tremenda confusão de sons que invadiam o ar sem nenhuma diretiva ou alvo.

Então, debaixo de aplausos, entrou dando passos altivos e largos o elegante maestro e com a sua batuta, fez-se o milagre. Num segundo mágico, surgiu em todo o seu esplendor a música de Mozart e o mundo fez sentido.

Moneygrand comentava o virtuosismo dos profissionais vienenses; Turner falava em liminaridade. Eu, acostumado àquelas tardes com mamãe tocando Ernesto Nazareth, Eduardo Souto, Franz Liszt, Cole Porter e Lamartine Babo no seu piano, pensava com os meus botões: é a orquestra que interpreta o Mozart ou, pelo contrário, é Mozart quem comanda tudo, interpretando a orquestra?

Em 2002, o famoso cantor e roqueiro, ex-jogador de futebol e coveiro, Rod Stewart, gravou o *Grande cancioneiro americano* e, com belos arranjos, cantou os clássicos de Irving Berlin, Cole Porter, George e Ira Gershwin, Rogers e Hart, Vincent Youmans e outros. Vendeu mais do que todos os antropólogos que conheci aqui e "lá fora" ganharam com todos os seus livros e economias. Tenho todos os seus CDs. Um deles me foi gentilmente presenteado pelo meu caro amigo João Emmanuel numa noite de autógrafos.

A voz é fraca, o modo de cantar não tem nem a técnica nem a dramaticidade italiana de Sinatra, Tony Bennet ou Dean Martin ou o toque mavioso ou solene de um Nat King Cole ou Billy Eckstine. Mas as músicas pegam. Sempre ouço com prazer todas essas canções na voz de Rod, pois elas têm o poder mágico de lavar a minha alma e enxaguar o meu coração.

Um dia, porém, entendi tudo. Quem cantava as músicas não era o Rod Stewart. Muito ao contrário, eram as canções que se cantavam por meio de sua voz. Afinal, quem canta quem? Tal como as análises dos mitos era, ela própria, uma mitologia, conforme ensinou Claude Lévi-Strauss, seu grande pensador, quem interpreta quem? É o estudioso que os interpreta ou são os mitos que, sendo estudados, inventam sua mitologia?

No número de 27 de fevereiro de 2012 a capa da revista *The New Yorker* traz uma ilustração intrigante do desenhista Bruce McCall. Eis um artista cujo trabalho tem um toque de criticismo surrealista e por quem eu tenho uma enorme admiração, pois sou um desenhista frustrado por uma dupla ausência: a do danado do talento e, pior que isso, do tal esforço que – dizem – pois falar é fácil – constitui 99% da genialidade.

Naquela quinzena de entrega dos Oscars, um prêmio pelo qual alguns matariam a própria mãe, outros passariam fome e frio, e todos sentem uma inveja funesta dos vencedores, McCall desenhou cinco estatuetas – cinco Oscars – em volta de uma mesa de um restaurante cujas paredes são decoradas com fotografias de artistas que receberam tal honra no passado, mas já passaram, não se sabe mais quem foram. Os Oscars tornados vivos pelo artista têm em suas mãos sem dedos, taças de martíni e champanhe. Nos seus pratos há restos do seu lauto jantar e todos eles olham com o seu olhar petrificado e desumanizado pelo ouro de que são feitos, pequenas estatuetas de humanos em traje de gala. Todos os Oscars têm essas figuras premiadas nas mãos e estão prestes a comê-las como sobremesa.

Pergunta-se: é o premiado quem recebe o prêmio (e por ele fica marcado, como quer a nossa vã filosofia) ou é o prêmio quem recebe o premiado, como sugere a ilustração de McCall?

Afinal somos nós que interpretamos a sociedade e o mundo no qual nascemos sem pedir; ou é o mundo que se escreve inapelavelmente em nós? De modo tão profundo a ponto de nos fazer pensar que somos nós quem recebemos os Oscars quando, na verdade, são eles que nos recebem e, como todo signo de sucesso descabido, nos devoram?

Gigantes e destinos

Eu tive um amigo que odiava ser alto e louro. Tinha horror ao seu tamanho que, naquela época, quando éramos todos magros e nanicos, o destacava da massa de moreninhos encurtados. Esse gigantismo criava expectativas sobre ele e, pior que isso, despertava uma curiosidade muitas vezes agressiva. Era americano? Inglês? Alemão? Russo? Sueco? Perguntaram-lhe uma vez numa cidade onde não havia gente alta e loura. "Sou descendente de italianos" respondeu com voz calma o amigo constrangido. Visivelmente aborrecido, pois havia italianos em toda parte, o perguntador arrematou: "Itália, Inglaterra, França, Alemanha é tudo a mesma merda!" E voltou à mesa onde bebericava sua vigésima cerveja.

O olhar do meu amigo dizia: "Tá vendo como é chato ser grande?"

Confesso que jamais tinha pensado a respeito do ônus do gigantismo ou da grandeza. E com isso fui ao *Titanic* que, neste último dia 10 de abril fez 100 anos de tragédia, justamente porque era um navio "tamanho família"– um *Titanic*: um titã do mar. Uma obra de navegação marítima que, em 1912, representava o máximo da tecnologia moderna aplicada ao movimento e à mobilidade. Essas coisas que fizeram das viagens, das descobertas, das fronteiras e do contato com o outro o apanágio, senão o centro da nossa ideologia. Mas no caso do *Titanic*, o dia 10 de abril representou um caso raríssimo de ser a sua virginal e última viagem. Ora, essa reunião nua e crua da primeira com a última vez, esse acidente que a crença no utilitarismo tecnológico, com sua racionalidade aplicada, iria resolver de uma vez por todas como então e ainda hoje supomos, foram desmentidos. Daí o gigantismo da frustração transformada em tragédia quando o *Titanic* bateu inesperadamente num mero, trivial e, naquelas águas, natural iceberg.

Era um navio gigante e, como tal, seu infortúnio chama atenção pelas associações negativas do gigantismo. Porque de certo modo nada pode ocorrer com os grandes. O gigante (como o pigmeu) é uma medida perfeita da alteridade e das alternativas a modos de ser e fazer habituais, conduzindo imediatamente à comparação e à dúvida. Serão normais? Serão mesmo humanos como nós? A excepcionalidade conferida ao que não se destaca como diferente tem que ser controlada.

Meu amigo não queria ser um titã, como o *Titanic*. Vale lembrar, para o leitor entupido de informação inútil, que os titãs eram gigantes que na mitologia romana tentaram escalar o céu para destronar, como ainda ocorre em nossos dias, Júpiter, o pai.

No Brasil, onde tudo que é estrangeiro já nasce com o sinal positivo do gênio, fiquei um tanto surpreendido com a nossa distância da tragédia do *Titanic*. Penso que o noticiário sobre o centenário da tragédia se resumiu em anunciar o relançamento do filme de James Cameron em 3D.

Quanto maior o gigante, maior o tombo. O ideal de Babel de chegar ao Céu sem sair da Terra, unindo este mundo com os outros, é uma velha (e permanente) aspiração humana. Se hoje somos pequenos, feios e fracos, em tempos idos fomos grandes, belos e fortes. Se hoje trabalhamos mais do que burros de carga, vivíamos num mundo de fartura e lazer. Éramos também imortais, até que – num momento específico – alguém (geralmente um ser ambíguo ou inferior – um tipo fora do comum e do lugar como as mulheres num mundo centrado no masculino; os inteligentes num universo de burros; um gordo num mundo de magros; ou um estrangeiro num mundo autocentrado) desobedeceu, errou, esqueceu, não cumpriu uma ordem ou errou o caminho.

De tudo o que li sobre o *Titanic*, destaco o ensaio jornalístico escrito por Daniel Mendelsohn publicado no *New Yorker* (de 16 de abril de 2012) no qual ele faz um apanhado dos fatos ligados ao *Titanic* e desenha com grande sensibilidade o desafio que até hoje temos quando enfrentamos a trivialidade do inesperado agenciado por esse grande inimigo da modernidade e do iluminismo: o acidente e o não previsto. O que surge, como os pesadelos e os sonhos maravilhosos, quando dormimos; os pensamentos invasivos que nos levam a contradições inafiançáveis; o amor apaixonado que nos faz desprezar mandamentos; a ambição que nos conduz ao antiético e ao crime.

No ensaio de Mendelsohn eu aprendi que o navio inafundável que, não obstante, afundou era de fato a maior metáfora do mundo moderno. Foi quando pensei na figura do Brasil como um gigante. E, com essa imagem, levei um susto. Pois, no nosso hino nacional, somos um gigante adormecido. Eis, pensei, exagerando como sempre faço, um país *Titanic* que adormecido por sua própria autopercepção ronca solenemente diante da solerte roubalheira que impede o seu salto para uma vida social mais justa.

Pois tal como o *Titanic*, somos grandes, mas ainda continuamos a ter gente nas primeira, segunda e terceira classes. Ademais, temos poucos botes salva-vidas. Mais: resistimos em conceber um navio com menos diferenças e no qual, como ocorreu no *Titanic*, muitos morreram por valores como a honra profissional devida ao papel que ocupavam (o capitão afunda com o navio!). Quando em 1912 o *Titanic* afundou, a pusilanimidade não era ainda parte da estrutura daquele mundo hoje desossado pelo capitalismo financeiro e pela mentira como dimensão crítica da vida. Essa mentira sistêmica que desonra os nossos administradores públicos fascinados pela viagem no poder e não pelo poder como viagem.

Papai Noel e a vida

Todo ritual nos remete a aspectos centrais de nossas vidas. No Natal, comemoramos explícita e paralelamente o nascimento do menino-Deus também na figura de um velho bondoso que chega do céu e, como um rei-deus, distribui um pouco de seus imensos bens para as crianças.

Curioso que o nascimento de um Deus encarnado nascido na pobreza extrema de um estábulo seja também comemorado por uma figura de barba branca (símbolo da boa velhice), enroupado para um inverno de modo que, em países de clima tropical e familístico, como o nosso, a força da difusão cultural promova uma dupla transformação. Primeiro, as crianças podem demandar alguma coisa com suas listas de presentes; depois, porque temos que encenar o frio e a neve debaixo de um calor insuportável. Eis uma festividade onde celebram-se tanto o sagrado (o nascimento do Cristo Salvador) quanto o profano (o saco de bens que somos obrigados a consumir).

As demandas infantis são parecidas com o bom senso que cobramos do governo. Ficam no mais puro desejo, pois mesmo tendo um enorme saco de brinquedos, sabemos que nem todo mundo é "filho de Papai Noel" como já dizia aquela comovente marchinha de Assis Valente que desmascara, muito antes da antropologia do ritual, o "bom velhinho".

Mas, mesmo assim e como em toda festa, fingimos e nos acumpliciamos para que tudo dê certo e, com isso, fazemos a vida vencer a morte. Pois, como diz o mestre, a inocente e ingênua crença das crianças em Papai Noel nos ajuda a crer na vida. Um velho deus-rei muito rico vindo do Céu por meios mágicos, assume o palco ao lado de um menino-Deus pobre que chega para nos salvar.

Foi num dezembro de 1950, em Juiz de Fora. Morávamos num casarão velho na avenida Rio Branco, no Alto dos Passos. As janelas eram do tipo guilhotina e todos recomendavam cuidado ao abri-las e fechá-las porque nós, os quatro irmãos mais velhos, podíamos – todo adulto-autoridade sempre exagera – perder o braço!

Havia também um enorme porão que era a nossa Caverna de Ali Babá e uma mangueira na qual papai amarrou uma corda de modo a facilitar nossa transformação em Tarzans. Chegava o calor e, com ele, o Natal e o Papai Noel com sua roupa vermelha e seus símbolos de poder e riqueza. Impressiona o seu "saco de brinquedos" e, mais ainda, o trenó voador, puxado pelo que víamos, não sem ambiguidade, como veados graúdos.

Lá em casa, corria o seguinte: se você fosse bem-comportado, ganhava um presente solicitado no melhor estilo americano num pedido escrito ao bom velhinho e verbalizado aos pais. Mas se você fosse "levado" e fizesse malfeitos, como os ministros inocentes e esquizofrênicos de dona Dilma, entre os quais a vida privada nada tem a ver com a pública, você "ganhava pedra!". Isso mesmo, pedra! Essas pedras que, como soube depois, eu iria ganhar em profusão pela vida afora mesmo tentando ser, eis o maior aprendizado do Natal, "bem-comportado".

É obvio que mesmo entre as crianças essas contabilidades entre o bem o mal, que as religiões e o capitalismo aperfeiçoaram em bolhas parecidas com o saco de Noel, acabavam estourando. Afinal, você pode ser criança mas não é simplório. Como éramos seis irmãos, os mais velhos logo descobriram que Papai Noel não existia; mas esse não foi o caso dos mais novos. Instalou-se entre nós uma microrreforma. Romero e eu, depois de vermos no guarda-roupa de papai os nossos brinquedos devidamente escondidos, tivemos a certeza (e a prova) de que Papai Noel não existia. Mas Fernando, Ricardo, Renato e Ana Maria continuavam a crer em Papai Noel. Ora, a crença é uma ofensa para os descrentes, o oposto sendo uma parte mais do que verdadeira daquilo que faz parte do louco delírio humano. Naquele Natal, descobrimos que nem sempre os bons são recompensados do mesmo modo que testemunhei por toda a vida, os maus, os hipócritas e os ladrões ficarem ricos...

Nós, os descrentes, abrimos um catecismo às avessas e tratamos de anunciar – meio como vingança, um tanto como um modo de sublimar nossa frustração – que Papai Noel não existia. Afinal, o velhinho que pilotava veados graúdos voadores, era mais um truque dos adultos contra as crianças. Aquele truque tremendo que acontecia quando eles fechavam a porta do quarto em certas noites e do qual nós passamos a vida nos recuperando.

Usamos um modo brutal de converter nossos irmãos, pois começamos a cantar o refrão: "Papai Noel não existe! Papai Noel não existe!" Nós, os reformistas, dizíamos que não havia nada mais do que o sempre decepcionante, mas maravilhoso humano, pois descobrir o Nada é tão importante quanto acreditar no Tudo. Mas os crentes, pobrezinhos, reagiram chorando e, insultados, partiram para a briga.

O resultado foram algumas palmadas e, no dia seguinte, todos nós – os crentes e os descrentes – vivemos a imensa alegria de "abrir os presentes" debaixo do olhar de papai, mamãe, titia e os empregados.

O quanto eu não daria para viver essa minha primeira grande frustração, novamente! Pois hoje sei que Papai Noel e muitas outras coisas não existem. Mas é por isso que tenho a obrigação de criar e sustentar momentos mágicos. A magia é a superação da realidade. Essa é a grande mensagem do Natal que eu, esse marginal que acredita no sortilégio da descrença, desejo a todos vocês, amados leitores.

Metáforas, Brasil e futebol

O título parece complicado, mas não é.

Metáforas são figuras de linguagem que substituem uma coisa por outra. São indispensáveis na expressão da vida. Por exemplo: o coração, que é um órgão do corpo humano passível de cirurgia, palpitação e substituição, é uma metáfora do amor – essa "coisa" também cheia de truques que escapa dos procedimentos objetivos e tem regras que, como dizia o grande Pascal (e o cada vez mais atual Freud), ele não suspeita.

Há, li outro dia no *The New York Times*, um debate se as carruagens devem ser mantidas ou não em Manhattan, pois como toda metáfora, elas são um contrassenso. Quem colocaria a "mão no fogo pelo governo" que recebeu, mas não se livra, dessa onda de pobreza intelectual, de ausência de percepção institucional e sociológica que abundam hoje no Brasil? E quem seria capaz de defender carruagens neste mundo contemporâneo onde existe um índice (e logo um marco regulatório) para a felicidade e para a atividade sexual?

Carruagens num mundo de trens, aviões e automóveis são algo tão anacrônico, tanto quanto as "liturgias", como diz Sarney, que, no Brasil, gastamos para manter certos cargos e estruturas governamentais configurados pela nossa vocação aristocrática.

Mas – como toda metáfora – as carruagens não são meios para fins, são – como os salários e as sinecuras dos nossos governantes – fins para meios. Elas ritualizam, tal como fazem os exageros e as anedotas, o modo de viajar não dando a mínima para o elo direto ou racional entre meios e fins. Por isso você pega um carro quando está com pressa e entra numa carruagem em Manhattan quando quer criar um clima romântico e viver um gozo que lhe confirma o sofrimento no qual você estava engolfado.

―――

– Vamos de bonde?
– Não, vamos a pé...
Eu, esse vosso cronista confuso, misto de acadêmico marginal e escritor bastardo, produzi exatamente essa resposta em algum dia de 1951, em Juiz de Fora, quando fui buscar a Zelinha no ensaio do teatro do colégio em que ela estudava. Era um dia chuvoso e nós andamos da rua Halfeld até o Alto dos Passos debaixo de um mesmo guarda-chuva, o que me permitia ficar fisicamente próximo do ser idolatrado.

Preferi o caminhar (que é velho e lento) ao bonde (que, naqueles tempos antigos era veloz e confortável). Mas, em compensação, o "passeio" sinônimo do andar sem rumo – metáfora do andar lado a lado – essa raridade; esse caminhar junto (metafórico do peregrinar, do pertencer e do estar com o outro) subvertia os meios e os fins como a melhor prova de que estava apaixonado, tal como eu hoje enxergo que são essas substituições que nos tornam humanos. Só nós podemos realizá-las. Nem os anjos (que são perfeitos, mas não se reproduzem) nem os animais (que são imperfeitos e se reproduzem além da conta) sabem o que é esse pertencer sofrido que vem de dentro para fora – como exprime o coração humano que está dentro e, ao mesmo tempo, fora de nós.

―――

Entendem-se, então, as carruagens, as liturgias e as camisolas. Elas não estão ali para transportar ou ajudar a servir melhor o povo e a sociedade, mas para criar um clima e para garantir uma opulência que beira o desperdício – esse mal humano e do Brasil. Num caso, a lentidão que faz da disciplina amorosa algo absurdamente romântico; no outro, a transformação do republicano num reino de Jambon onde poucos comem muito sem fazer nada e muitos comem pouco fazendo tudo.

Eu estou convencido de que o futebol, inventado à revelia pelos brilhantes e reprimidos ingleses do período vitoriano, é uma das mais recorrentes metáforas da vida (e dos seus dilemas) tal como ela é construída entre nós. Nele, queremos o futebol "arte", o estilo dionisíaco de Gilberto Freyre e malandro – cheio de jogo de cintura, como mostrei faz tempo, mas exigimos "resultados" e "objetividade": no caso, muitos gols. Eis o dilema: como conciliar o belo com o técnico?

Como ajudar o povo sem impedir que uma centralização neoestalinista, voltada para permanecer no poder, produza fraudes, corrupção e impunidade? Como misturar um estilo de jogo personalístico, baseado na superexcelência de alguns craques que reinventam uma aristocracia no campo, com o jogo pelo time que, como enfatizam os nossos magníficos teóricos do futebol, levam a uma identidade social específica – essa marca das grandes seleções?

Em outras palavras, como submeter todos à regra da lei e da coletividade (o time) se não dispensamos os salvadores da pátria, os messias carismáticos do futebol – os supercraques que salvam os jogos dando a vitória ao nosso Brasil? Gente como Ademir, Zizinho, Rivelino, Zico e tantos outros, para não mencionar a realeza do Príncipe Didi e do Rei Pelé, ou o "fenômeno" que foi o nosso Ronaldo?

Eu me pergunto se essa busca da arte com (e não contra) a técnica; da justiça que vale para todos e leva à punição dos faltosos com a compaixão que distingue e perdoa; da lei universal que iguala com as amizades singulares que distinguem não seriam as conjugações que implícita ou inconscientemente temos tentado declinar no Brasil. E se não é tempo de não tomar partido e saber de que lado nos situamos. Mas o que é que não cabe dentro de um sonho? E o futebol, como a poesia, é ótimo para sonhar e para revelar essa busca pelas causas perdidas. Ou, para voltar ao começo, esse querer andar de carruagem em Manhattan.

O problema do passado

Meu título ideal seria "O problema do passado e o passado como problema", mas ele é grande demais para o jornal que vai embrulhar as batatas dos vencedores. Ou seja: os "anos atrás" (e como poderiam estar à frente?), esse cacófato que forma ao lado do "escapei do pior" o par de burros de nossa insensibilidade para com uma escrita atenta e que, encarnados na vontade de perpetuar até a eternidade certos documentos, é o nosso novo problema.

Outro nome cogitado foi "uma teoria da ferida". Minha inspiração vem da justificativa do presidente do Senado, José Sarney, ao racionalizar sua adesão à proposta de evitar que certos documentos pudessem ser abertos a nós, os cidadãos comuns dessa sociedade a quem tanto ele, Sarney, quanto todos os chamados "órgãos de controle" e todos os arquivos, bem como todos os tijolos, mesas, papéis e funcionários do Estado têm o dever de honrar e servir. E aqui está o nó da questão.

Pois, para José Sarney, assim como para Fernando Collor, soltar alguns documentos da sua prisão nos intestinos anais do poder, abre feridas. E como um dos donos do poder à brasileira, ele invoca uma teoria de inspiração eugenista (que tem sido a base reacionária para justificar o nosso racismo) para mais uma vez tentar impedir o fim da conversa de um Brasil dos patrões e barões (que sussurra segredos) com o Brasilzão igualitário que exige todos os diálogos. Não apenas para tentar botar na cadeia os que usam cargos públicos para reencarnar baronatos, mas para ter uma maior compreensão dos seus caminhos. Para ver o que se esconde debaixo do tapete.

Com a sua "teoria da ferida" Sarney revela como estamos muito mais próximos do *1984* de George Orwell, do que do 1848 de Marx e Engels. Se com o seu manifesto eles queriam liberar as forças sociais para inventar um novo futuro, a distopia do *1984* vislumbrou um mundo no qual quem dominava o presente, subjugava o passado. Seu herói, um certo Winston Smith, membro de um já brasileiro Ministério da Verdade, exercia a função sugerida por esses nobres ex-presidentes e outros potentados da nossa cena política: reescrever o passado de acordo com o interesse do Partido. Coisa realizada por esse mesmo Sarney com o mesmo argumento há algumas semanas, quando tentou suprimir do painel histórico do Senado o impeachment de Collor.

O uso do eterno como dimensão de legitimidade é um dado das sociedades hierárquicas. Em vez de discutir o passado, elas preferem o seu enterro e a sua supressão. Não foi isso que nos fez queimar os arquivos da escravidão que, dizem alguns historiadores, evitou indenizar os escravocratas naquilo que seria uma "bolsa da escravaria" mas que – e esse é o ponto – impediu conhecer melhor as implicações de um estilo de vida escravocrata?

Em sistemas onde tal tendência coexiste com a dimensão igualitária e competitiva, como é o caso do Brasil, esse traço transforma-se numa borra. É uma excrescência reacionária que contradiz brutalmente toda a utopia do partido que elegeu a primeira mulher presidenta da República. Trata-se de uma negação da história que, em vez de ser lida como algo que foi feito por pessoas em certos contextos e sob o governo de conceitos, crenças e valores – podendo ser avaliada e, reitero, usando a palavra em itálico, *compreendida* – repete dogmas e promete uma demagógica mudança do presente para não ler um passado que pode ferir, como quer Sarney, ou *curar*, como quer esse cronista de Niterói.

 Só os infalíveis são prisioneiros do eterno. Deus é Eterno e por isso nada lhe é estranho. Ora, a democracia igualitária nasce justamente pela relativização do eterno e pela presença do humano que é necessariamente finito, falacioso, interesseiro, transitório, doente, deprimido e também e, por isso mesmo, confiante e orgulhoso de sua condição. Eternizar é esquecer e esquecer é deixar de lembrar. Há doenças que impedem a lembrança, mas no caso do Brasil de Dilma, Sarney e Collor, trata-se de bloquear a lembrança por decreto! Por um ato do Estado que se coloca como um pedaço independente da sociedade e dos valores que governam o todo do qual esse Estado, quer ele queira ou não, faz parte.

 Essa eternização de papéis, que escapam das classificações normais, reitera algo que percorre minha obra. O fato de que, no Brasil, o Estado se situa como um pedaço independente da sociedade. Parodiando Pascal, como um coração que, no entanto, tem razões que a sociedade desconhece.

 Trata-se, mais uma vez, de uma blindagem. Agora não é mais do chefe da Casa Civil, mas de documentos que, por motivos que escapam do bom senso republicano, deveriam ficar com Deus nessa eternidade que, no fundo, é o nada de onde viemos e para o qual – salvo a fé e a esperança – retornaremos.

 O esquecimento é o maior amigo dos poderosos porque ele impede o diálogo entre o dito e o não dito, entre o que se revela e o que se esconde. Tudo o que constitui a reflexividade daquelas mãos que se desenham a si mesmas de Escher, sem a qual não existem alma e humanidade.

Que se blindem os venais que preferem honrar o sigilo dado às empresas para as quais deram consultorias milionárias, deixando de lado o papel honroso de servidor do povo brasileiro como chefe da Casa Civil, entendemos todos numa era onde o assalto é feito em rede, mas que se imunize e higienize o que é de todos, ultrapassa o bom senso. Mesmo nesse mundo lulopetista onde reina, até palavras e ações em contrário, a mendacidade.

O que há numa escrita?

A todos nós foi dada a capacidade de falar. E a alguns, a de escrever – essa forma admirável de pensar. Nela, falamos sem produzir sons, mas desenhando símbolos. O lado de dentro importa mais do que o de fora.

É normal escrever para si mesmo. Já o falar em voz alta leva ao hospício.

Na fala e na escrita há ouvintes e leitores, mas na fala o interlocutor deve estar presente pois as palavras (ou gritos e sussurros) exigem o outro.

Já na escrita, é preciso desenrolar o pergaminho, abrir o livro ou a carta para ouvir o seu autor (ou autores) e descobrir o seu espírito e as suas intenções. Ou imaginar o eventual leitor. Num caso, o som tem parentesco com o barulho e o caos; no outro, há aquele silêncio que é a marca maior do ato de escrever – essa nobre, essa soberana, essa orgulhosa e altruística ação que só nós, humanos, conhecemos, pois o escrever fica, mas o falar passa...

―――――

Nesta semana rotineira com correios e bancos em greve fico fascinado com a novidade de que o universo se expande – tal como o capitalismo chinês – em alta velocidade. Os chamados astrofísicos são mitômanos levados a sério, enquanto os do cinema e da televisão são jogados no lixão dessa nossa "baixa modernidade" como me ensinou o Eduardo Portella. No caso dos astrofísicos, impressiona-me a sua obsessão com as origens do universo, algo que eles compartilham com os modestos pensadores tribais os quais são parte de minha primeira vida como etnólogo quando eu corria atrás de índios nas fronteiras de um Brasil que ainda não tinha conseguido morder o próprio rabo.

Ouvi, transcrevi e li à exaustão mitos de origem. Aliás, na mais celebrada teoria do mito – a do consagrado Claude Lévi-Strauss – escrita no início dos anos 50 e desenvolvida na sua fabulosa tetralogia intitulada *Mytologiques* (publicada entre 1964 e 1971), os mitos existem para responder perguntas sem resposta. Por que o mundo foi inventado? De onde veio a humanidade com a sua moral e os seus meios de sobrevivência? Como foi que os animais se distinguiram dos homens? Por que são necessários dois seres humanos para fazer um? De onde veio a morte se no início dos tempos a humanidade era tão imortal quanto os membros da Academia Brasileira de Letras?

Os contadores de mitos das sociedades sem escrita, sem constituição e sem cálculos complexos (até hoje estigmatizadas como "selvagens" e "primitivas"), dizem que o humano foi inventado num tempo imemorial, implantado pelas palavras de uma língua cuja origem é, por sua vez, contada num outro mito pois, conforme aprendi com Lévi-Strauss e com, *I'm sorry*, Thomas Mann, um mito se pensa a si mesmo e remete a outro mito, tal como a música, os livros, os deuses, a poesia e o amor se pensam indefinidamente entre si. Assim, eles falam como mas não quando o mundo surgiu. Já os nossos astrofísicos são mais apaixonados pelo quando do que pelo como.

Para qualquer ser humano, pensar em termos de nanossegundos é impossível, do mesmo modo que é humanamente inconcebível imaginar uma unidade temporal para além de 10 mil anos. Pois, tirando os poetas que, como diz Kundera, podem dizer tudo, ninguém pode ter um sentimento de milhões de anos. Só uma fórmula matemática traduz esse tempo intemporal. Mas entre a fórmula científica e a fórmula que eu ouvia de tia Amália quando iniciava suas histórias – "Isso aconteceu no tempo em que os animais falavam...", eu acho mais razoável e – *sorry* novamente – até mesmo mais racional, ficar com titia...

Fiz uma conferência e ganhei uma caneta-tinteiro. Na viagem de volta, preso à dura solidão coletiva de um avião lotado pelo duopólio aéreo instituído pelo lulopetismo, escrevi o meu velho nome. Fui imediatamente remetido a Juiz de Fora e a uma humilde escola do bairro dos operários, quando a professora nos iniciou na nobre arte de escrever à tinta. Tomei contato com as penas de metal que, na ponta de um cilindro de madeira da pior qualidade (providenciada, é claro, pelo Ministério da Educação e Cultura), serviam como instrumentos de escrita depois de serem mergulhadas nos frascos cheios daquele misterioso líquido azul-marinho.

A mestra explicava que escrever à tinta beirava o "eterno". Com o lápis tudo podia ser apagado como se não tivesse existido, exatamente como as palavras faladas a serem levadas pelo vento. Mas com a tinta, esse material perigoso (e marcante) que agora teríamos que usar, as coisas ficavam. Qualquer descuido, caía um pingo no papel, manchando-o e dele tirando a pureza feita em branco. Por outro lado, se a "pena" ficasse saturada, a escrita transbordava no papel. Fomos depois apresentados a um personagem importante: o mata-borrão, que como um guardanapo à boa mesa, acompanhava o ato de escrever com tinta.

Escrever à tinta dá asas à fantasia de imortalidade. É a antessala do livro, do decreto, da placa de bronze e do "documento". Pois entre nós – humanos – a execração, o ódio e o insulto cabem também ou até mais no papel do que na fala. A fala, sendo curta e exigindo a pessoalidade, tem mais limites do que a carta escrita com maldade e ódio, vingança e ressentimento. Ademais a "escrita", como os decretos e as leis, pode ser anônima ou coletiva. Pois como aprendi com aquela humilde professora, o que falamos fica na memória, mas o que foi escrito permanece. Seja como um ato de amor ou como prova de arrogância e de transtorno mental. Cuidado, dizia ela, com o que você escreve à tinta – com aquilo que, impresso, não pode ser apagado.

Intimidade de coluna – ou quando você sabe que está (bem) casado?

Para o Aloysio

A pergunta tem a ver com a humilde instituição do matrimônio, entre nós concebido como uma escolha amorosa monogâmica ou exclusiva. O assunto tem a ver com uma intimidade: esqueci o meu quadragésimo oitavo aniversário de casamento – fiz, valha-me Deus, Bodas de Granito! – no dia 20 de janeiro de 2010.

Constatado o esquecimento, fui ao encontro da minha turma, todos pertencentes à classe denominada da "melhor idade" por quem não chegou lá e só pode estar querendo nos sacanear. Afinal, entre outras coisas, e como dizia uma velha amiga americana, "a velhice não é pra frescos". Diante dos setentões casados e protegidos pelo Aço, Cristal, Opala, Prata, Pinho, Cedro, Coral, Carvalho e Pérola de suas bodas, questionei: quando uma pessoa sabe que está bem casada?

O Jorginho, que bebe bem e sofre de artrite, soltou: "Sei que estou bem casado pelo tesão. Imagine, se isso é possível, que até hoje eu bato um bolão com a Matilda. Não digo que dou coitos homéricos, mas faço amor... Essa Matilda gordalhona e feia, à noite, na cama – disse ele com os olhos misteriosos dos velhos – fica linda!" Já o Silvio sacudiu a cabeça e, trêmulo pelo Parkinson, foi curto e enfático: "Casamento bom dura pelas comidas e pela limpeza da casa!" De outro lado da mesa, Israel, que é cauteloso no beber e no falar, matutou: "O sujeito bem casado constrói. Ama e respeita a esposa, faz filhos, sustenta a casa com seu trabalho, espalha seus genes e nome pelo mundo. Seus descendentes são os frutos do seu bom casamento." E completou, sereno e bíblico, propondo um brinde: "Meu caro amigo, você esqueceu a data, não o casamento. E esqueceu porque seu casório é feito de bom e indestrutível granito. Esse estofo dos sonhos humanos." O grupo baixou a cabeça e ficou tão emocionado quanto eu, pobre cronista, com um casório marcado por pedra.

Meus amigos estavam certos. Casamentos – como dizia E. R. Leach, um grande antropólogo inglês – são feitos de favores sexuais, de serviços domésticos e de capacidade de reprodução. Ou melhor, acasalamento, comida e descendência implicam buscar pessoas e coisas fora de nós. São os apaixonados que inventam o amor ou é o amor, que já existia antes, que faz a paixão? A comida leva ao sexo (o peixe morre pela boca), a reprodução conduz ao casamento; ambos à manutenção da casa, realizada por uma mulher que "saiba lavar e cozinhar e que de manhã cedo nos acorde na hora de trabalhar", o famoso e tão decantado modelo "Emília", samba de Wilson Batista e Haroldo Lobo, de 1942.

Na biografia de um casório, o casal de amantes que goza e diz que ama para além do tempo, compensa o lado efêmero e intangível do gozo sensual, com juras complementares, pois deseja que seu amor tenha um gosto de eternidade. Por causa disso, o par vai da cama para o altar e, numa cerimônia formal, transforma-se em marido e mulher. No rito matrimonial, a sexualidade é recalcada; salienta-se a obediência às regras da sociedade. Agora, como nubentes legitimados por suas famílias e pelo grupo, realizam um ato com consequências jurídicas, conjugando o amor fugaz ao sal do realismo. Na cama, o amor é ilimitado; no altar solene das bodas, porém, a morte substitui a eternidade do amor erótico; e uma eventual pobreza e a certeza da doença mostram como a viagem que estão prestes a realizar não é tão simples. Não digo que é impossível, mas é trabalhosa e, como tudo que é humano, exige constante paciência e generosa compreensão. Obriga a recomeçar em cada aurora e anoitecer.

———

Volto à intimidade. Fiz 48 anos de casado e não me lembrei, até que uma velha empregada da família telefonou me dando parabéns. O que é o esquecimento? Tento uma resposta: a coisa está tão dentro de você e você tão dento dela que os limites se acabam. Só temos noção do que somos quando nos confrontamos com o que não somos. Dizem que existem dois tipos de homens casados: o "caixão branco" e o "cabaré de fronteira". O primeiro recusaria a Marilyn Monroe; o segundo, que frequenta as boates da fronteira entre o Paraguai, a Argentina e o Brasil, traça quem anda de saia e não é padre ou escocês e mesmo assim dizem que há controvérsias.

A maioria – declara o bom senso higienizador – fica entre os dois, esperando a ocasião que levará ao enterro do marido fiel e ao nascimento do malandrão no melhor estilo Quincas Berro d'Água, o rei dos lupanares e senhor do Pelourinho, de um saudosíssimo Jorge Amado. Todos temos caixões e fronteiras.

———

Tive sorte. Às vezes falhava o lado da casa ou da rotina. Mas o amor permaneceu intacto. Ela também não se lembrou da data. Pela primeira vez, testemunhei esse esquecimento de sua parte. Logo nessa parte da vida – aniversários, festas, presentes e nomes – que tanto definia o seu lugar como a eventual tecelã dos elos da presença e da saudade, construídos no coração. Paciência, afinal eu tenho muito do granito dessas bodas.

Reis e dentes podres

O que mais me impressionou no casamento real deste Windsor bisneto de George VI, o avô cuja gagueira promoveu à larga Winston Churchill no período da Segunda Guerra Mundial, não foi nem a pompa nem a circunstância, mas como esses rapapés e etiquetas reais se produzem.

É da pompa a cuidadosa ostentação com as fardas de gala e as medalhas, os vestidos caudalosos e as tiaras cravejadas de brilhante com o valor de muitas vidas. Tal ênfase no lado exterior faz com que todos se diferenciem, pois quem não sabe a dissemelhança entre um general e um burocrata?

Já a circunstância exige um piedoso desprendimento cuja marca é o mais absoluto controle das emoções, essa dimensão exterior dos sentimentos. O rosto congelado estampa, no máximo, um duvidoso meio sorriso e deve esconder as batidas (ou, quem sabe, o remorso) de um coração mortificado ou alegre. A circunstância como ponderação exige o controle de tudo: cada coisa em seu lugar e um lugar para cada coisa. Em seu seio, a emoção é a circunspecção – não ter emoção.

Os reis – aprendi numa aula de etiqueta televisionada – não podem rir ou chorar. Eis o que mais me abismou. Ser rei é, em larga medida, ser transformado num boneco de cera. Um perfeito símbolo personificado de uma coletividade – algo como uma bandeira. O pano pintado revelador de uma coletividade acima da história. O que o casamento real dramatiza, mas nem sempre consegue realizar, é essa tentativa de imutabilidade contida no papel real que a pompa e a circunstância tentam à sua maneira exprimir e tornar claro. Pois pompa e circunstância remetem mais ao lado mítico-religioso dos reis do que ao seu lado executivo (e histórico) que, conforme sabemos, reina, mas não governa.

———

No dia seguinte ao do casamento real, uma figura pública admirável – o economista Sérgio Besserman Vianna – coroa-me pelo que obro "rei do Brasil", na coluna do Ancelmo Góis, no jornal *O Globo*. Fiquei sinceramente agradecido pois que eu, no mesmo inquérito, elegi o ex-presidente Lula como o mais perfeito "rei do Brasil". Não o rei dos meus carnavais juvenis, monarcas sem reinado, coroa, castelo e rainha. Mas um rei com tudo isso e o céu também, conforme ficou claro na sua presidência *polulesca*, que terminou distribuindo passaportes diplomáticos para seus filhos num arremedo de aristocratização pelo poder. E hoje explode numa coroa de escândalos de corrupção. Um rei acima que desdenha livros e leis. Rei que nada tem de sacerdote e por isso é uma tolice confundir reis com presidentes. Basta pensar na diferença entre um Chávez e um George VI. Existiram reis santos. Quanto aos presidentes, talvez um Woodrow Wilson tivesse sido dono de uma inocência capaz de levá-lo à beatificação...

———

Menino de 9 anos, recordo o meu primeiro contato com um dentista. Papai fazia questão de que nenhum dos seus filhos tivesse "dente podre". Em sua opinião, o Brasil estava recheado de dentes podres e ter uma "dentadura perfeita" era sinal de realeza. Esse era um tema de debate entre meus tios e pai. Vários soldados da Força Expedicionária Brasileira, examinados pelos médicos americanos do V Exército, ao qual foram incorporados na Itália, em 1945, haviam sido reprovados precisamente pelos dentes podres. Qualquer sorriso, naquela época, era um sinal devastador de uma estética de classe: os pobres tinham dentes podres. Para papai isso era pior do que não ter dentes. O que era pior? Não ter dentes ou tê-los podres e fedorentos? Um lado da família preferia os dentes podres; o outro, os banguelas.

No dia seguinte, fomos – cinco meninos e uma menina – levados ao dentista onde tive a boca cuidadosamente examinada. Ainda sinto o cheiro das mãos superlimpas do cirurgião-dentista percorrendo meus dentes com aquele ferrinho de descobrir cáries. Volta e meia ele mexia aqui e futucava ali, eu dava um gemido e ele, com aquele sorrisinho perverso dos dentistas, descobria um buraco a ser cuidado e limpo das bactérias que sentam praça em nossas bocas.

Terminado o exame, o dentista foi conclusivo: excepcionais os seus dentes, há apenas um a ser extraído por podridão, mas é de leite, de modo que não há com o que se preocupar.

– Mas de onde vinha a podridão?

O nobre dentista – feliz depois de ter realizado a sua microtortura – filosofou: o sujo estava sempre ao lado do limpo. Tudo nasce e morre o tempo todo. Como na política, elegemos um honesto para cada três ladrões. É impossível distinguir à primeira vista.

Já naquele tempo, o governo brasileiro estava cheio de dentes podres. Talvez não tanto como hoje, mas estava.

Eu mesmo produzia o veneno que, um dia, iria me matar ou produzir aqueles horríveis dentes podres que papai queria exterminar. O sujo está sempre perto do limpo. Quando o sujo é escondido, vira hipocrisia; quando revelado, é corrupção.

Foi assim que eu descobri, e mais tarde confirmei, que a mais desprezível hipocrisia está um pouco mais à frente ou atrás de cada um de nós.

O retorno de Babel

A conferência de Copenhague, na Suécia de alguns sonhos ou dos sonhos de alguns, prova que não somos totalmente racionais ou utilitários. Se fôssemos, teria havido entendimento, pois sem planeta não há Estados Unidos, lucro, sistemas ou natais felizes. Tristes, vimos um circo de discórdias e hipocrisias. Houve desarmonia até na delegação pátria, salva pelo proverbial populismo de um Lula revelado ecologista de primeira hora, pronto a prometer o que logo será esquecido.

Abatido, reli o ensaio de Freud sobre a guerra. Ele me fez compreender que o "civilizado" tem seus hóspedes não convidados: a força bruta, a inveja, o ressentimento, difícil de aceitar, que nossas vidas pessoais e coletivas não são dirigidas somente por projetos intelectuais conscientes. É preciso ir além das etiquetas globais para encontrar o lado submerso da montanha de orgulho e egoísmo que igualmente nos sustenta.

Em toda a Terra, havia somente uma língua, e empregavam-se as mesmas palavras. (...) Utilizaram o tijolo em vez da pedra, e o betume serviu-lhes de argamassa. Depois disseram: "Vamos construir uma cidade e uma torre, cujo cimo atinja os céus. Assim, havemos de tornar-nos famosos para evitar que nos dispersemos por toda a superfície da Terra." O SENHOR, porém, desceu, a fim de ver a cidade e a torre que os homens estavam a edificar. E o SENHOR disse: "Eles constituem apenas um povo e falam uma única língua. Se principiaram desta maneira, coisa nenhuma os impedirá, no futuro, de realizarem todos os seus projetos. Vamos, pois, descer e confundir de tal modo a linguagem deles que não consigam compreender-se uns aos outros." E o SENHOR dispersou-os dali por toda a superfície da Terra, e suspenderam a construção da cidade. Por isso, lhe foi dado o nome de Babel, visto ter sido lá que o SENHOR confundiu a linguagem de todos os habitantes da Terra, e foi também dali que o SENHOR os dispersou por toda a Terra.

A Babel bíblica, que retorna nesta pífia reunião clímax sobre o clima em Copenhague, é exemplar. Acompanhei a reunião porque, como antropologista que estudou a noção de "panema" ou de má sorte na Amazônia brasileira, testemunhei a possibilidade de viver com a natureza. Com esse "ambiente" que impõe limites e, supunha-se, estava sempre contra nós.

Morando com populações "pobres" e "primitivas", aprendi haver um laço de parentesco com o meio ambiente. Um caçador ou pescador ficava "empanemado" se abusasse de uma espécie, caçando-a além do necessário para seu consumo. O mesmo ocorreria se sujasse um ribeirão ou não controlasse o percurso da carne e do peixe dentro de sua comunidade. Caso fossem vendidos ou consumidos por pessoas ambíguas (mulheres grávidas, menstruadas e invejosos), o caçador ou pescador ficaria azarado: erraria sua pontaria ou perderia seu peixe nas próximas tentativas de transformar os seres vivos que com ele compartilham águas e matas, em alimento. A fonte desse equilíbrio não é, como vimos na Suécia, discursos demagógicos, afirmação de poder ou séries estatísticas reveladoras da diminuição de florestas ou geleiras. Não! É mais primordial e surpreendente. Trata-se da reação da "mãe" desta ou daquela espécie animal ou curso d'água que, numa relação pessoal com o predador, vinga-se dele, fazendo com que fique "azarado". Faltou em Copenhague a concepção de uma natureza dotada de personalidade.

Fossem os seus líderes "caboclos" ou "índios", Babel não retornaria, porque haveria consciência dos efeitos devastadores da violenta ruptura promovida pelo humanismo individualista do Ocidente o qual, em nome do poder e da produção, suprimiu a ideia de limite. A noção de que a humanidade também faz parte – como disse Lévi-Strauss – da natureza.

Como mudar essa relação exclusivamente predatória com a natureza como, aliás, temos lutado para fazer com os loucos, as mulheres, os excluídos, os diferentes e parcelas de nós mesmos? Como aprender com o "selvagem" – o outro absoluto a ser civilizado ou destruído – que não há povo ou ser vivo eleito?

Dizem que o Homem foi criado por último para não se sentir orgulhoso. Mas o entendimento corrente é que, sendo o último, ele tudo coroava. Daí a passagem de vítima a algoz do ambiente. Não se pode mais imaginar, como ocorreu no início da era industrial, que os recursos naturais são ilimitados. Modernizado e lendo a si mesmo como um indivíduo-cidadão, o macaco nu amalucado por ideologia, ciência, mercado, álcool, arte, literatura ou religião, criou um modo de produção aniquilador da "natureza". Hoje, um planeta enfermo dá sinais daquilo que os "selvagens" conhecem: que não somos senhores privilegiados deste mundo, mas um mero ator entre outros. Se o nosso individualismo coletivo – pomposamente chamado de nacionalismo e de patriotismo – nos faz recalcar o limite, o retorno das diferenças nos diz que temos que aprender a falar uma mesma língua. Não por ideologia ou religião – esses grandes motivadores de tenebrosas transformações sociais – mas porque estamos suicidando o planeta.

Que o querido leitor tenha um Natal festivo pensando no que tem e não no que falta.

Em torno do progresso e do sofrimento

O lema "ordem e progresso" cabe bem nas bandeiras, mas a vida seria mais bem descrita pelo laço entre progresso e sofrimento. Pela progressão que julgamos cumulativa, satisfazendo velhos desejos e inventando novos projetos, e a perda e a dor decorrentes das frustrações que, volta e meia, escapam das malhas das conquistas tecnológicas que nos acompanham, revelando que o mundo, não sendo mesmo como gostaríamos que ele fosse, tem uma estranha espessura.

Circunstâncias não previstas ligaram-me ao mundo dos aviões e dos aeroportos. Tive um filho que morreu uma morte não anunciada nem esperada junto com a sua amada Varig, no derradeiro dia de suas férias. Diante da morte, ele não teve aqueles sinais que vão dos sintomas resistentes aos remédios caseiros, até a contrariada consulta ao médico, a surpresa quando se constata a doença grave ou incurável, a internação e, finalmente, o inominável divórcio, como cadáver ou cinza, daqueles que amorosa e exultantemente o trouxeram a este mundo, agora transformado e vivido como um vale de lágrimas. Mas teve, sem dúvida, como ele bem pressentia, o abandono de um governo que sequer cogitou considerar uma gigantesca dívida para com a sua companhia ou os dinheiros do fundo de pensão dos seus trabalhadores para salvá-la de si mesma. Atitude que tem sido sistematicamente negada quando se observa o modo com o qual o governo federal trata os sindicatos e os movimentos sociais debaixo de suas asas. Como todos aqueles que perderam seus entes queridos de uma hora para a outra, e como pai de um aviador e não de um mero piloto, como eram esses nobres comandantes do Airbus que sumiu em algum lugar de um oceano que julgávamos mapeado e portanto conhecido, eu sinto uma enorme revolta contra aquilo que um lado meu vai morrer perguntando ao outro sem jamais ter uma resposta: se o Lula tivesse tido mais consideração ou "cuidasse" melhor da Varig, eu estaria com o meu filho a meu lado? Estariam sua mulher e filhos gozando da energia protetora do marido e do pai dedicado para prover-lhes segurança e dar-lhes carinho e amor?

Sorte dos que, por meio de alguma ideologia política, econômica ou religiosa, explicam os acidentes e as incertezas. Que respondem ao "por que" aquela pessoa ou grupo cumpriu o trágico destino da morte sem aviso. Viver num universo deslindado pelas leis da história, do mercado ou protegido por um Deus onipotente, ou dinamizado por espíritos e vontades que tudo governam, é mais tranquilo, do que receber a bofetada do caos e da desordem promovida pelo infortúnio da magnitude desse acidente com o avião da Air France. Receber a pancada e manter-se de pé, certo de que é justamente esse brutal encontro com a transitoriedade que nos torna verdadeiramente humanos é, no entanto, para alguns, a mais honrosa prova de amor à vida. É o teste crucial de que ela pode ser mesmo vivida com o amor que nada pede, nem mesmo a sua justificativa, ou o seu mérito porque, como se diz, inspirado por São Paulo e Thornton Wilder, no amor nossos erros não duram muito.

A aceitação da impossibilidade de tudo saber e controlar é o que permite – ao lado da lira, dos livros e do riso – pôr a morte acidental no seu devido lugar. É mais uma prova terrível, porque irreversível, de que somos mesmo seres da finitude e, portanto, da relação, da piedade e do amor. Não porque ofendemos os deuses ou porque um chefe de Estado pequeno prefere os amigos ao equilíbrio ético; mas porque não esquecemos da espessura do mundo. Daí a força deste abraço que trocamos no fracasso, na injustiça, no acidente e na morte. Daí essa consciência de ressurreição quando um fato extraordinário nos obriga, como esse acidente, a viajar para dentro de nós mesmos na busca de um renascimento, que é a fonte de toda vida que deseja ser vivida na verdade, na dignidade e no amor. Porque a fonte da vida social é esse amor humano – finito e fugaz – que está sempre dizendo adeus, e que sempre diz menos (ou mais) do que deveria. É precisamente na consciência da falha que está a orgulhosa consciência e o sábio alento que tangem esse nosso mundo sempre sujeito a acidentes e injustiças. Esse universo construído pela mortalidade, pela feiura, pelos enganos e pelas injustiças, mas dotado de uma abençoada transitoriedade. Único mundo que pode mesmo ser apaixonadamente amado e que, por isso, vale a pena ser vivido.

O trágico voo 447 leva-me a repensar a equação entre progresso e sofrimento. A questionar a linearidade tradicional, essencializada em lógica e tida como natural, segundo a qual, o progresso inevitavelmente ordena; a razão produz controle e a união entre progresso e racionalidade acabaria com a dor do mundo. Fé difícil de abraçar hoje em dia, quando não são religiões ou ideologias anticapitalistas, mas um óbvio desastre ecológico, que mostra como a ideia de progresso sem limites tem legalizado a destruição do planeta. Curioso observar como numa dezenas de anos a tecnologia, que consagrava a dominação dos outros povos pelo Ocidente iluminado, passou de remédio a veneno. E como um trágico acidente nos traz de volta à vida representada como um real, embora esquecido, vale de lágrimas. Basta viver a incerteza para reavivar a nossa fragilidade e expor uma imensa nostalgia daquele pensamento selvagem recheado de deuses e magia, que era a prova mais cabal de trevas, primitivismo e ignorância.

Antropólogo ou espião?

Eu fui dragado pela então chamada etnologia indígena muito cedo. Tinha uns 20 anos quando pelas mãos de Luiz de Castro Faria fui levado ao Museu Nacional e iniciado por um entusiasmado jovem Roberto Cardoso de Oliveira nos mistérios luminosos das sociedades sem escrita, grupos tribais com uma tecnologia modesta e um assombroso simbolismo, mas sempre tidos como "primitivos", "atrasados" e "selvagens".

Nos anos 60, quando isso acontecia comigo, a vida política brasileira girava em torno do binômio desenvolvido/subdesenvolvido. Era urgente, dizia-se, "mudar as estruturas!".

Logo fui apresentado ao pensamento de Claude Lévi-Strauss. Um primeiro momento de reflexão foi sobre o ensaio "Estrutura Social" (publicado no livro *Antropologia estrutural*, em 1958), mas apresentado e discutido numa reunião internacional em 1952 nos Estados Unidos. Antes, eu havia trabalhado com o livro *Social Structure*, de George Peter Murdock, professor em Yale. Fui ideologicamente casado com a senhora "estrutura" por algumas décadas e, pensando bem, jamais pedi um divórcio. Cada geração tem uma palavra mágica – e a dos meus contemporâneos foi, salvo engano, "estrutura".

A "estrutura" no singular era vista como um instrumento para o entendimento da sociedade. Já "as estruturas" definiam uma substância histórica claríssima feita de instituições e práticas sociais atrasadas – como o feudalismo rural brasileiro – a serem radical e facilmente transformadas pelo Estado por meio de impulsos revolucionários. À medida que me tornei um pesquisador de povos indígenas selvagens e fui me civilizando, meu destino foi marcado mais pelo primeiro significado que pelo segundo.

Minha primeira viagem de campo foi realizada entre agosto e novembro de 1961. Nesse período, vivi com os índios Gaviões do sul do Pará como provam as 600 páginas escritas em cadernos de capa verde-musgo, de acordo com instruções do meu professor. O "diário de campo" era para os antropólogos da minha geração o mesmo que a leitura do Breviário para os padres. Coisa sagrada esse registro de tudo o que podíamos observar. Meu diário foi aberto no dia 8 de agosto, em Marabá, e fechado em 30 de outubro de 1961, na aldeia do Cocal.

No dia 15 de agosto, eu estou em Itupiranga, Pará, e me preparo para cruzar o Tocantins e seguir para leste, na direção do que hoje é Nova Ipixuna, com o objetivo de chegar à Aldeia do Cocal com meu companheiro de aventura Júlio Cezar Melatti, um grande e generoso antropólogo, hoje professor emérito da Universidade de Brasília. Em 18 de agosto – depois de um dia e uma noite na mata – chegamos à aldeia. Por onde começar? Eis a pergunta que todo etnólogo faz a si mesmo tal como um menino num parque de diversões, um prisioneiro numa cela, ou um noivo em lua de mel.

Todas as entradas do meu diário revelam uma recorrente dificuldade em lidar com o mundo aborígene. Muito angustiado, eu escrevo: "Eles falam e eu não entendo, eu falo, eles não entendem." A marca desses primeiros dias foi uma aproximação física um tanto exagerada – eles nos tocam para ver se somos reais. Tudo o que faço é visto e comentado: não há privacidade. Comemos com eles e descobri que o estudo da "estrutura" promovia fome. Estava enrascado. A aldeia ficava a um dia de viagem de Itupiranga (que, na época, tinha umas seis ruas) e Itupiranga ficava a um dia de Marabá. Na aldeia, quinze homens, seis mulheres e apenas dois meninos exprimiam, debaixo do nome de "Gaviões", uma forma de humanidade. Estava antenado na teoria das estruturas, mas não tinha rádio. Os índios, por sua vez, não queriam saber de suas tradições e só falavam dos seus mortos devido ao contato conosco – inexoráveis estrangeiros-inimigos. Naquele tempo eu não sabia nada das perdas e da morte. Estava protegido por minha juventude e, mais ainda, por minha alucinação antropológica.

Mais para dentro do mato havia um posto de extração de castanha com uns seis ou sete trabalhadores comandados por um chefe chamado Lourival. No dia 29 de agosto de 1961, ele, de passagem pela aldeia, falou da renúncia de Jânio Quadros (ocorrida no dia 25) e da crise institucional que reinava no que chamava de "Sul" (o Brasil) que, como disse, estava "vivendo uma cagada!". Uma das muitas que infelizmente tenho testemunhado em minha vida.

Logo vi que estava emparedado entre duas estruturas. A "social" dos índios, que eu tinha a obrigação de desvendar e não sabia como; e a do Brasil que, pelo que tudo indica, começava a mudar para pior.

Mesmo em meio a essa maluquice iniciatória, porém, eu havia estabelecido um plano para enviar e receber cartas e assim ter contato com o mundo de onde vinha.

Um certo João da Mata, logo identificado como um possível parente, prestou-se a receber nossa correspondência e enviá-la às nossas mãos. Recebemos as primeiras cartas no dia 31 de agosto, entregues por um jovem caçador que passou rápido e com medo dos índios pela aldeia.

No final do trabalho, de volta a Itupiranga depois de passar fome e ter sido vítima de malária, encontramos o prestativo senhor de nossas cartas.

Houve um confronto:
— Por que, perguntamos, toda a nossa correspondência foi violada?

— Ora – respondeu João da Mata – porque eu não acreditei que vocês fossem cientistas. Esse interesse pelos "cabocos Gaviões" não podia ser verdade. Vocês seriam garimpeiros em busca de ouro ou, quem sabe, espiões americanos procurando urânio. As cartas mostravam que eram cientistas e eu me orgulho de os ter conhecido!

Ao pegar o "motor" que ia nos levar de volta a Marabá e, dali, ao Brasil que eu tanto queria mudar, eu ainda ouvia essas palavras. Queria ser antropológico, mas fui visto como um espião. Elas jamais saíram da minha cabeça...

Como descobri o rádio

Nasci no século do rádio, da revista semanal, do bonde e de uma praia onde o banho de mar em águas transparentes era obrigatório. Íamos só de "calção de banho" e não comíamos nada. As "meninas" levavam as "barracas" que os mais bem-apanhados "armavam" vendo de perto o espetáculo gracioso e "casual" de observar como elas despiam as suas "saídas de praia", revelando corpos impecáveis. A praia parava para ver a chegada de certas moças, como a irmã do Nilton. Ou a mãe do Manuão, especialista – diziam – em freudianamente desvirginar os amigos do filho e, eventualmente, se o carinha tivesse sorte, os amigos dos amigos do filho...

A ponte entre a fantasia do sexo real e a irrealidade do romance ideal que invariavelmente terminava na confissão arrependida, era preenchida pelo rádio no canto de um Tony Bennett quando ele entoava "Stranger in Paradise" (Estranho no Paraíso). O paraíso representado pelo corpo desejado mas ainda desconhecido (ou por ser conhecido) de uma mulher – esse outro do qual saímos e ao qual, numa hora encantada, voltamos inventando a nossa masculinidade. Lembro que a belíssima canção era uma versão americanizada das danças polovitisianas da ópera *Príncipe Igor*, de Alexandre Bodorin, popularizada num musical da Broadway chamado *Kismet*, que os mais grosseiros chamavam de "quis meter", numa falta de gosto que feria a sensibilidade dos mais cultos e puros de coração.

Tudo era construído pelo rádio e foi pelo rádio lá de casa que testemunhei o poder do drama no choro aberto de mamãe e nas lágrimas contidas de meu pai ao ouvirem religiosamente a novela *O direito de nascer*. Deste mesmo rádio, ouvi o anúncio do final da Segunda Guerra Mundial, a comunicação do suicídio de Vargas, a invasão revoltante de Cuba e aprendi a imaginar campos de futebol e seus jogos maravilhosos pela voz de Oduvaldo Cozzi. Ao lado de suas pilhas, chorei quando vencemos a Copa em 1958 e ouvi o programa humorístico, *Balança mas não cai*, que os mais velhos censuravam com o eterno "esse mundo está perdido", no que eu, hoje mais velho que eles, reitero que sempre esteve e vai estar.

O rádio era o meio e o mundo brasileiro (falado, ouvido e cantado), a mensagem.

Naquele Brasil de "80% de analfabetos de pai e mãe", conforme era banal dizer com um certo gosto e, às vezes, superioridade, quem não tinha rádio não estava no mundo.

Jazem aqui na minha frente a caixinha retangular de um velho rádio Sharp de duas bandas e dez transistores que comprei em Marabá no dia 3 de outubro de 1961 quando – em meio ao meu trabalho de campo com os índios Gaviões – alienei-me dos acontecimentos políticos nacionais deflagrados pela renúncia de Jânio Quadros. O comerciante sírio-brasileiro que me vendeu o aparelho disse que o "bichinho pegava tudo". As estruturas eletrônicas do rádio iam me tirar das tais "estruturas sociais" tocadas a Lévi-Strauss que eu perseguia com tanto ardor.

Voltamos para a aldeia com o rádio. Queríamos notícias, mas os nossos constrangidos anfitriões, pois fomos nós que nos intrometemos autoritariamente em suas vidas, queriam música. E música sertaneja, naquela época representada pelo baião. Uma noite, quando ouvíamos o noticiário político, o nosso mais dedicado instrutor, Aproronenum – conhecido entre os sertanejos pelo nobre apelido de Zarolho – pediu música. Girei o indicador para satisfazê-lo e em torno do rádio formou-se uma alegre plateia.

Logo descobri que a novidade não era bem a música, mas ouvi-la por meio de uma caixa falante. Quando a música terminou, um índio que eu mal conhecia, um sujeito mal-encarado, demandou, exprimindo o desejo do grupo:

– Manda ele cantar de novo!

– Não posso – respondi atônito diante do radiozinho falante, mas surdo diante do meu problema.

– Mas como não pode? Se ele fala, ele ouve! – disse o Gavião que havia chegado à aldeia durante os dias que estive em Marabá. Recordando muito mal o que sabia de transmissores, tentei explicar o rádio. Esse rádio que havia permeado a minha vida e que eu descobria não saber sobre como ele funcionava. Vi então que sabia pouco do meu próprio mundo. Eu simplesmente, como Weber denunciou faz tempo no seu *A ciência como vocação*, era moderno. Nada sabia das entranhas dessas entidades mágicas que constituíam o meu mundo.

Fantasmas

Neste final de mês, uma instituição bem conhecida e pouco estudada – a amizade – que tanto nos ajuda nas agruras (e no saboreio) desta vida, passei virtualmente uma semana na Carolina do Sul, Estados Unidos, entre Atlanta, Charleston e Seabrook Island. Ao longo desses poucos dias frios e chuvosos, desfrutei de uma grata e ensolarada hospitalidade do casal Isabel e Conrado Kottak, que nos recebeu e proporcionou raros e ilustradíssimos passeios pelos locais históricos dessas cidades sulistas tão densas de história e memória da Guerra Civil de 1861-65. Esse conflito que fez o Sul dos Estados Unidos, uma região tão parecida em concepção de vida e trabalho com o Brasil, perder parte de sua identidade, quando foi incorporada por meio da força das armas à "União", então presidida por Abraham Lincoln.

Vale a pena viajar fora do eixo Miami/Nova York, ou Chicago/Los Angeles, para conhecer o lado mais tradicional da América. Essa região marcada pela escravidão, pelas grandes fazendas de algodão e fumo, por uma economia de exportação primária tocada a escravidão e – tal como o Brasil de hoje – resistente à igualdade e ao liberalismo como estilo de vida. A ênfase na comida em conjunto e na arte de conversar foi parte do meu deleite quando, em companhia de Conrado Kottak, professor emérito da Universidade de Michigan (Ann Arbor), autor de estudos de Arembepe, de Madagascar, da televisão brasileira e do melhor livro de introdução à antropologia que li até hoje, discuti minha velha antropologia, pois é o velho que nos renova. Toda essa jubilância culminou com uma visita à velha casa-grande Edmondston-Alston. Para os americanos, assustavam a cozinha separada da casa e as passagens secundárias destinadas aos escravos que viviam em suas senzalas e serviam a seus donos em tudo e a toda hora, tal como até hoje ocorre nesse nosso Brasil pós-moderno. O que os turistas americanos olhavam como exótico, nós víamos como familiar. A casa-grande Edmondston-Alston era em tudo brasileira. Excedia nesse brasileirismo, como diria Gilberto Freyre, cujo espírito me acompanhava, como sempre risonho, às varandas com vista para o rio que, calmo e misterioso, desfilava incessante.

Não foi por acaso, pensei, que George Gerswhin escreveu *Porgy and Bess* exatamente em Charleston, em 1935, para ser o que chamava de uma "ópera americana popular". Música, comida e o gosto pela sociabilidade familística, eis traços fortes deste Sul tão bem dramatizado, entre outros, por Mark Twain, William Faulkner e Tennessee Williams.

Esse "sulismo" excedia também, conforme descobrimos no finalzinho da visita, pela presença do fantasma de uma de suas donas. Ela, diz o guia, admirando com o nosso grupo o belo retrato da dama, abre portas fechadas e fecha portas abertas. E quando reina o silêncio escuro dos mortos que tanto nos perturba, ele faz barulho. Mas, diferentemente dos fantasmas nacionais brasileiros, não pede por missa nem padre-nossos porque a sociedade não é católica e porque, na América, são os vivos que controlam os mortos, tal como este mundo controla o outro, como manda a mística luterano-calvinista. A ideia de um "paraíso agora" e não no futuro é o que fez esse Sul virar o Sul desta América ainda voltada pera o futuro, apesar desses tempos de fanático direitismo.

Fui dormir pensando mais nos fantasmas do que no Sul do livro *E o vento levou*, escrito em 1936, cuja autora, Margaret Mitchell, morreu atropelada numa das ruas de Atlanta. Quando estava deitado, ouvi um barulho na varanda, mas era apenas um gato que me olhava como se eu fosse o famoso gato preto dos dois livros clássicos de Érico Veríssimo sobre os Estados Unidos os quais, pensei na hora em que fitei o bichano, me impulsionaram, ao lado de Fred Astaire, Doris Day, O. Henry, Ava Gardner, Frank Sinatra e aquelas camisas com botões nos colarinhos, a conhecer os Estados Unidos.

Lembrei então de uma experiência estranha que vivi em 1990, na Universidade de Brown, quando ao tomar parte numa conferência sobre a América Latina, fui hospedado numa casa igualmente ilustre e sombria. Ninguém falou em fantasma, mas senti aquela sensação de estar sendo seguido todo o tempo. Onze anos depois, em outra conferência, desta vez na cidade de Ascona, Suíça, um colega de Brown, o famoso professor Bill Bilman, antropólogo e cantor de ópera, confirmou surpreso, minha intuição contando-me o seguinte: Num outro evento em Brown, a convidada mais bonita foi assombrada noite adentro pelo fantasma de um rapaz que aparecia sentado ao lado de sua cama. Apavorada, ela perguntou naquele estilo americano direto: "*What do you want?*" (O que você quer?) – e a assombração sumiu.

Bill elogiou o meu sexto sentido que, para ele, seria parte e parcela de todo bom antropólogo. Melhor observador do que teórico, retruquei que o que mais me chamava atenção no caso que contou não era o meu sexto sentido, manifestado também na Capela Sistina, em pleno Vaticano, mas o modo como a moça se dirigiu ao fantasma com o jeito americano, direto e reto, usando o igualitário "você" e praticamente exigindo que ele dissesse o que queria. No caso do Brasil, fantasmas são sempre endereçados com o velho e apropriado "vós" e "senhor" e são eles que demandam ou perguntam.

Afinal, entre nós, como fica provado pela política nacional, são os velhos e os mortos que controlam a vida. Ou pelo menos até hoje tentam fazê-lo. Até que alguém descubra que fantasmas são ficção e só viram realidade quando queremos.

Conversa de velhos

Para o Roque nos seus 80 anos

Entreouvi outro dia uma conversa entre dois velhos. Eram "antropólogos" e estavam jantando. Eu pairava no ar de todas as possibilidades que constroem o que chamamos de literatura, ao mesmo tempo em que participava do bate-papo.

Os velhos chegaram e, como velhos amigos, apertaram alegremente suas velhas mãos. Sentaram-se um em frente ao outro. Eram antigos. Ambos usavam blazers e era visível o prazer que sentiam naquele encontro. O gosto do encontro, tão comum mas tão escondido entre os seres humanos, contaminava os garçons que os recebiam sorrindo. Escolheram um lugar bem iluminado porque já não enxergavam bem nem de perto nem de longe, nem no claro nem no escuro. Não eram mais vampiros e um deles, para piorar o problema, tinha um baita terçol no olho esquerdo.

– Você se lembra daquele nosso jantar em Belém, em agosto de 1962, quando terminávamos uma temporada de pesquisa de campo entre os índios e, sem dinheiro, escolhemos a comida pelo lado direito da coluna – pelo preço?

– Lembro que você pediu uma salada de tomate, mas naquele tempo não havia verduras em Belém. Depois, roubamos os

ovos e o leite dos zoólogos americanos que dividiam a hospedagem gratuita conosco no Museu Goeldi...
— Mas agora somos "ricos" e podemos comer de tudo! — afirmou com garantia orgulhosa o mais falante dos dois.
— Garçom, por favor, dois uísques Joãozinho Caminhador com gelo e soda!
Não havia soda, mas a bebida foi devidamente servida com água gasosa. E os velhos beberam sem brindar. E eu percebi que o brinde era a bênção do encontro.
Liquidaram rapidamente a primeira rodada e, na segunda, brindaram aos ausentes e logo verificaram que eram muitos. Falaram de dois colegas queridos — uma professora e um professor — mortos recentes e, em seguida, dos antigos. Todos os seus mentores haviam morrido. Eram órfãos e brindaram a uma honrosa, nostálgica e orgulhosa orfandade.
— Devem estar precisando de antropólogos no outro mundo. Talvez um Congresso ou Reunião...
— Talvez uma tentativa de entender esse nosso sempre surpreendente país.
— Não vamos estragar o papo falando em política — disse o mais ponderado dos dois velhos, que eram ambos igualmente ponderados.
— E ela, como vai? — disse timidamente o velho sem terçol.
— No mesmo. Está viva e morta ao mesmo tempo — falou o velho com o terçol.
As lentes que cobriam os quatro olhos dos dois velhos não escondiam aquele constante lacrimejar que faz com que o olhar dos velhos seja sempre molhado por alguma coisa. Uma lembrança ou um esquecimento. Uma falta ou uma grata presença. Os velhos se satisfazem com muito e com pouco ao mesmo tempo.
— Eu me lembro dela em Belém, grávida do seu primeiro filho e sempre sorrindo.
— Sempre sorrindo. Até hoje sorrindo...

Esses velhos eram amigos há muito tempo. Se eu fosse um fabulador, diria que eles haviam se conhecido no tempo em que animais falavam e havia no mundo uma inocência tão palpável quanto a mesa na qual o garçom botou os pratos de uma gostosa comida fumegante.

– Lembra quando os índios visitaram você e nós os levamos para uma visita ao Museu Nacional, onde almoçaram?

– Eles ficaram impressionados com o número de pessoas nas ruas e com a feiura das mulheres na praia. Imagine...

– Você também sabe o que ocorreu quando voltei à aldeia meses depois dessa visita, não?

– Não lembro...

– Eles pensaram que o Museu fosse a minha casa e me cobraram duramente pela sovinice de "branco". Eu era imensamente rico, morava num castelo mas, muito sovina, dava poucos presentes.

– Mas eu lembro – disse o velho do terçol – do seu desespero no avião cujo trem de aterragem não descia. E como você imaginou o desastre e se preparou para o pior. Mas primeiro pensou em duas crianças que estavam sentadas ao seu lado. Você tentaria tirá-las do avião de qualquer modo. Eu fiquei impressionado com esse altruísmo numa situação que justifica todos os egoísmos.

O velho mais calado olhou para dentro do seu copo como se estivesse procurando alguma coisa. Em seguida, mirou nos olhos do amigo. A mim me pareceu que os olhos de ambos ficaram um pouco mais molhados.

Era uma conversa de velhos e os velhos têm muitas histórias.
    Haviam se encontrado do mesmo modo em outras ocasiões. Numa delas, um dos velhos ia bem e o outro andava mal. Ago-

ra, a mesa havia virado. O velho do terçol vivia perdas muito dolorosas. Empatavam, contudo, no gosto pelo compartilhar da comida que comiam.

———

O olhar era o mesmo do primeiro encontro num Congresso de Estudantes de História na Faculdade Nacional de Filosofia em 1960. A vida havia passado dentro e fora de cada um deles, cujos destinos se ligavam pelo interesse na velha disciplina do entendimento humano pelo humano. Jamais tiveram ressentimentos ou inveja um do outro. Nenhum assunto foi proibido entre os dois. Entre eles, reinava uma rara solidariedade que não precisa de doença, discórdia, morte, política ou desastre para se manifestar.

– Não sei se vou fazer uma festa nos meus 80 anos. É muito trabalho.

– Faça o que achar melhor, mas lembre-se de que nem todos chegam aos 80. Sobreviver é vencer, como dizia Thomas Mann.

Terminaram o jantar na dúvida. Mas combinaram um encontro nos 80 anos de uma querida amiga. Em seguida, levantaram e deixaram o restaurante como haviam entrado: discretos e triviais como se chega a este mundo.

O cavalo do Spielberg

Assisti a *Cavalo de guerra*. Havia tempo que eu não tomava parte do estranho ritual de ir ao cinema para participar da exibição mecânica de um drama que independe de quem assiste a ele. Pois diferentemente de outros rituais de desempenho – como as celebrações religiosas, cívicas e teatrais – onde os oficiantes dependem da cumplicidade dos espectadores, no cinema somente a plateia pode atrapalhar-se a si mesma, falando alto ou chegando atrasada. O que não atinge ao filme que, indiferente como um meteoro, "passa" transformando fotografias mortas numa narrativa viva.

Invejei Steven Spielberg por ter inventado mais um cavalo para a nossa extensa mitologia equestre. Tínhamos o de Troia, o de batalha (que ocorre todo dia no Brasil); o Trigger, do Roy Rogers, um remoto caubói; o Silver, o cavalo prateado do Zorro, ex-amigo do Tonto (um índio); e, para terminar uma formidável lista, o cavalo branco de São Jorge, que Napoleão, com sua megalomania digna dos presidentes republicanos, tentou roubar. Eis uma modesta mostra de como o cavalo desempenha, ao lado do cachorro, um denso papel na nossa imaginação.

O cavalo detém a força do puro poder e da mobilidade, ao lado de uma contida e disciplinada imponência, ausente nos cães mais indômitos. Mesmo no papel humilde de puxador de um veículo, o cavalo chama atenção pela sua obediência tranquila. Dele é aquele ar bovino, aquele sossego das sujeições serenas: felizes com os seus limites e cientes do seu papel. Mas é dele também o poder de chegar rapidamente a algum destino. Os cavalos permitem voar e alguns são alados...

Ser dono de um cavalo ou montá-lo é sinal claro daquela liberdade igualmente contida da nobreza, como mostra a melhor sociologia do cavalo que li até hoje, a de Câmara Cascudo.

Hoje em dia não temos mais cavalos, diria um leitor cético diante de minhas baboseiras etnológicas. Verdade, mas nas nossas garagens estão centenas de "cavalos de força" devidamente encurralados nos nossos automóveis. Temos centenas de cavalos prontos para galopar sincronizada e perigosamente – em cima dos outros quando nos movemos pra valer!

E continuamos a ter cavalos de guerra que lutam contra ladrões, marginais ou subversivos que infestam nossas cidades mal planejadas e sem fiscalização, que julgamos protegidas por São Jorge, o santo inglês que, como diz Gilberto Freyre, tornou-se popularíssimo no Brasil por ser um santo montado, num país de escravos a pé e de aristocratas falsos, preguiçosos e gordos. Mais preocupados – como ocorre até hoje – com suas famílias do que com o seu povo.

Esse cavalo de batalha não teme dragões. Ademais, ele é também o símbolo, como assinala o sociólogo Thorstein Veblen na sua pioneira teoria do consumo como um traço básico da identidade social no capitalismo – um penhor de consumo conspícuo ou supérfluo. Um consumo como expressão de posição social e não de necessidade. Sobretudo no papel de "cavalo de corrida".

Dominar um cavalo fazia parte do treinamento dos nobres. Quem mandava num cavalo sabia comandar pessoas. O cavalo eleva e dá capacidade ao seu dono, servindo como perfeita metáfora para uma suposta (ou imposta) superioridade social. Que o leitor preste atenção nas estátuas equestres. Nelas, quanto mais importante o herói, mais sua montaria tem as patas levantadas; e, quanto mais patas no ar, em atitude de movimento grandioso, mais heroicos são o gesto e o personagem.

Um dado empolgante da mitologia do cavalo é a sua identidade com o cavaleiro. Quando os dois formam uma só pessoa (ou "conjunto"), como ocorre nas provas equestres, verifica-se um grau de simultaneidade, que torna difícil não ver a montaria e o montador como uma só pessoa. Foi assim que os astecas avistaram os espanhóis que os conquistaram e dizimaram.

Essa figura do cavalo como símbolo de poder, como animal de trabalho e como montaria que passa a ser uma arma quando os seus donos entram em guerra, foi o que mais me tocou no filme. Pois o que a narrativa de Spielberg realiza em estilo de John Ford, é mostrar como cada um dos seus "donos" o vê como uma projeção de si mesmos.

Joey (este é o nome do cavalo-herói) é construído e constrói o seu primeiro e "verdadeiro" dono, o rapaz que se vê obrigado a treiná-lo como besta de trabalho; seu segundo dono é um oficial inglês de cavalaria que o usa como uma arma de guerra; depois, chega a vez de "pertencer" a uma menina francesa e doente que o torna parte de suas delicadas fantasias de adolescente; daí, Joey é de um duro, mas sensível sargento encarregado de puxar canhões para o exército alemão; até que, aterrorizado e perdido na terra de ninguém e de todos os horrores humanos que é a guerra, o cavalo tenta escapar somente para ficar embaralhado nos arames farpados – típicos de nosso modo de viver – que dividem ingleses e alemães.

Então Joey fica como todos nós ficamos quando a vida nos leva para a terra enlevada do sofrimento, dos pesadelos, das lágrimas e da solidão.

É justo neste momento que Joey torna-se cavalo e, assim, como o "outro"(e como um sujeito) tanto dos ingleses quanto dos alemães, ele neutraliza a guerra, fazendo com que dois soldados inimigos tornem-se parceiros na tarefa de libertar e salvar esse "outro do outro", como diz Viveiros de Castro. Eis a melhor cena do filme e um dos momentos mais belos que vi no cinema. Pois quem somos nós, autointitulados humanos, senão meros cavalos igualmente passando de mão em mão e servindo como veículos para que a vida possa ocorrer por meio de nossas existências?

Cavalhadas

Meu artigo sobre o cavalo do Spielberg suscitou numerosas mensagens. Todas generosas. Quando recebi o telefonema de um colega, tive a certeza de que havia acertado na mosca! Dois leitores chamaram minha atenção para os cavalos não citados e eu quero usar a lembrança de um deles para reiterar como o ditado "santo de casa não faz milagre" é verdadeiro.

Meu texto sobre o cavalo é uma prova de como é realmente impossível controlar o consciente – esse agente motivador da atividade de escrever – e o seu lado obscuro, o inconsciente (esse hóspede não convidado), indispensável em qualquer escrita. Pois durante o ato de escrever, o inconsciente promove incríveis esquecimentos e faz inusitadas lembranças, deixando ao leitor a complementaridade essencial ao sucesso da empreitada.

De fato, ao falar dos cavalos, eu mencionei São Jorge, um "santo a cavalo", mas deixei de fora – vejam o trabalho do inconsciente – o "cavalo de santo". Mencionei os cavalos dos nossos automóveis, mas esqueci os que são cavalgados pelos deuses nos nossos "terreiros". Esses mediadores que, como montaria dos orixás, eventualmente ajudam na nossa cavalhada neste mundo.

O conceito brasileiro de "cavalo de santo" revela a luta que ocorre em todas as sociedades conhecidas entre uma percepção do ser humano como sendo feito de muitas "almas" e num processo e a visão individualista e moderna que estabelece a consciência de si como uma entidade indivisível e acabada, dada de uma vez por todas sendo – seria preciso lembrar Freud, Lévi-Strauss, Louis Dumont e alguma literatura como Poe, Stevenson, Machado? – no mínimo problemática. Pois como disse na semana passada, por mais que sejamos individualistas, somos todos fabricados pelos outros de modo que, por mais que cavalguemos nos nossos egos, outros egos e relações também cavalgam com e contra nós.

Valores como dignidade, honra, culpa, vergonha, gratidão e amor são indicativos dos laços e dos pesos destes vínculos dentro de nós. Donde os "cavalos de santo". Essa expressão apresenta um extremo da experiência da subjetividade. Pois não existe nenhum homem por quem os sinos não dobrem e nenhum que não tenha tido os seus projetos individuais dobrados por alguma relação ou afeto.

Coincidentemente, a coerência como valor cavalgou conosco nestas últimas semanas. Em relação a Cuba, por exemplo, a presidente Dilma disse com todas as letras que os direitos humanos não têm importância universal. Tais direitos devem ser relativizados em casos como o de Cuba (e, é claro, dos Estados Unidos), porque todos temos "telhados de vidro". Ou seja, em algum momento somos cavalgados por coisas maiores (ou menores) do que nós. Por isso, escolher e desejar introduzem a incerteza em todo pensamento que tenta ser absolutamente fiel a si mesmo. O governo Dilma criou uma imponente Comissão da Verdade, mas os vínculos que a esquerda brasileira tem com Cuba e a sua personalização na figura de Fidel Castro (vejam a força deste nome!) facultam escapar de valores cruciais da vida democrática. Algo que nas cavalgadas corresponde ao peso que cada ideologia, fé e moralidade colocam no lombo do cavalo, fazendo-o empacar ou mudar de rumo.

Assisti, deslumbrado, ao espetáculo *Tim Maia*. Um musical que faz mais do que trazer à tona um formidável talento musical, pois o drama de Nelson Motta ressuscita Tim Maia e, por meio da música, transforma em mito e ritual a "vida real" do artista que o próprio Nelsinho biografou no livro *O som e a fúria de Tim Maia* (Rio: Objetiva, 2007). Com isso, o espetáculo põe no palco a complexa cavalgada entre a força de um talento vulcânico e o seu gerenciamento; a onipotência do sucesso e a sua capacidade de devastar os seus cavaleiros; o deixar que tudo possa acontecer conosco e os limites que cada qual se vê obrigado a se impor sob pena de acelerar o próprio fim, embora o fim – eis o que Tim Maia descobriu – seja inevitável. Graças ao bom gosto e à lucidez de Nelsinho Motta, todos se emocionam com essa biografia musicada, reveladora de uma alma sensível aprisionada num corpo que ia se avolumando à medida que sucessos e fracassos permeavam sua vida. É muito raro assistir a um casamento tão bem-feito entre vida, época, mito e música.

Nesta semana em que testemunhamos a grande cavalgada cósmico-legal dos ministros do STF que, para o bem de todos, deram um passo adiante no sentido de reiterar que numa democracia ninguém deve escapar da igualdade perante a lei, chegou a sexta-feira. E nessa véspera da ilegalidade dos sábados imortais do Vinicius de Morais, eu, a todo pulmão, cantei com o Tim Maia e graças ao Nelson Motta, uma das minhas fantasias favoritas: "O que eu quero? Sossego!"

Caindo do cavalo

O cavalo e suas associações simbólicas são – e o que não é? – bem maiores do que eu pensava. Não há como falar de cavalos sem esquecer alguma coisa. Paga-se um preço quando se fala da continuidade criada entre um cavaleiro e o seu cavalo. Há que se desfazê-la caindo do cavalo. No caso, a queda veio do meu esquecimento de algo lembrado por um leitor atento que, com isso, retoma o jogo crucial entre a memória explícita do escritor e a implícita do leitor – dando testemunho de uma memória interdependente ou "coletiva", que jamais deixa de lado lembrar o esquecido e esquecer o lembrado nisso que constitui o que chamamos de falta, acusação, arrependimento e culpa. Esses pilares de nosso pequeno mundo aparentemente delineado por uma coisa denominada consciência individual.

Desta feita, o leitor um tanto indignado admoesta muito justamente o cronista. Como falar em "cavalo de santo" se – diz ele – ao comentar o musical do Tim Maia, eu não mencionava o nome do jovem e talentosíssimo ator Thiago Abravanel, que é justamente o "cavalo" de Tim Maia e assim traz um morto ilustre à vida. Na mensagem, tomo consciência de ter citado por quatro vezes o autor do espetáculo, Nelsinho Motta, mas deixo de lado Thiago Abravanel, o personagem central do drama. O ator que, anulando seu corpo e sua alma, abre dentro de si o generoso espaço para a manifestação dos erros e das qualidades – enfim, daquilo que eventualmente fica de alguns de nós – do espírito de Tim Maia.

Ao receber a mensagem, caí do cavalo. E pensei: afinal se há santo e cavalo quem é o mais importante? Sem o cavalo, não há lembrança – esse apanágio do santo e do gênio. Mas sem a excepcionalidade do ator – do cavaleiro – não haveria cavalos. Algo ficou de fora como, aliás, acontece em tudo o que é humano. Claude Lévi-Strauss, para ficarmos com um dos craques das manobras dos símbolos e do inconsciente, distingue na sua vasta obra quatro famílias de linguagens fundamentais: a da matemática, onde a mente fala consigo mesma sem constrangimentos; a das línguas naturais, onde som e sentido se autoconstrangem; a da música, que seria a do som sem sentido; e a dos mitos, feita – como ele gostava de surpreender – de muito significado mas pouco som! Há sempre uma falta.

Ao focar o cavalo, não fiz como os astecas e esqueci o cavaleiro. A minha amnésia trouxe a lembrança de um leitor. Pergunto-me se isso não é, em miniatura, o drama da própria condição humana que, sendo incapaz de esgotar qualquer assunto, nos leva a essa busca deslumbrada e infinita dos outros e descobre a falha por meio dos que olham de outros ângulos. Afinal, não é isso que também define a alternativa, base da alteridade? Mas ao comentar o que falta (o que foi esquecido, mas é lembrado), faz-se a luz, e o escritor, cercado pelas paliçadas de sua onipotência, verifica que através do leitor ele se abre à lembrança. E, quando a desvenda, atenta que caiu do cavalo.

Hoje, eu faço o reparo e cito com admiração e carinho o Thiago Abravanel como Tim Maia. Mas imagino imediatamente uma nova mensagem de um outro leitor, cobrando-me agora o nome do diretor do espetáculo; e de um outro, o nome dos coadjuvantes e dos músicos; e ainda de um outro – por que não? – o nome de todos os que estavam na plateia, já que todo ritual tem dois lados que se complementam. O do palco (ou altar), iluminado pelos sacerdotes-atores e o da obscura e relativamente inominada mas essencial plateia, à espera do milagre. Embora a luz só incida sobre um lado, ambos fabricam o espetáculo que, dependendo do seu gênero, faz o fosso aparecer e desaparecer à medida que o rito se desenrola.

O ator precisa do público tanto quanto os deuses precisam dos seus devotos. Sem os sacrifícios, as esperanças, o sofrimento e a gratidão dos piedosos, os deuses seriam esquecidos. Por isso eles nos fazem sofrer. Sem o sofrimento, não haveria súplicas nem relações. O laço é o arrimo do amor. Sabemos que precisamos dos deuses mas – eis o que aprendi com Durkheim e seus alunos – eles também precisam de nós. Das nossas orações, louvores, sacrifícios e da nossa devoção e lealdade. Uma rosa não é uma rosa sem o olho que a vê.

Plantados na terra, vemos mais as estrelas. Mas quem foi que disse que elas não olham para nós e nos veem como pequenos fogos tanto mais insignificantes e comoventes quanto os seus descorados brilhos? O que seria da estrela guia sem o pastor? Haveria o tal cavalo branco sem um São Jorge para montá-lo? Como reconheço, é preciso ver o cavalo mas não esquecer o cavaleiro.

Ademais, ninguém fica montado todo tempo, embora tenha gente planejando isso o tempo todo. A dimensão mais preciosa da igualdade é a descoberta de que o produto precisa do consumidor e o vencedor precisa do vencido para legitimá-lo. Do mesmo modo que o santo não existe sem o seu cavalo.

Os cavalos são meios e fins. Por isso, o cronista idoso e grato ao seu esquecimento que engendra leitores generosos, termina com uma quadra roubada de Câmara Cascudo:

Fui moço, hoje sou velho,
Morro quando Deus quiser,
Duas coisas apreciei:
Cavalo bom e mulher.

Fumando escondido

Eles ainda eram cinco quando a tia solteirona e magra viu a fumaça saindo da cabana que os sobrinhos tinham construído no terreno baldio ao lado da casa onde moravam. Viviam na Belo Horizonte dos anos 40 e mesmo num bairro nobre da cidade, em torno do Minas Tênis Clube, muitos lotes cheios de "mato" esperavam as construções que hoje sombreiam a cidade. A turma de doze meninos que os cinco irmãos naturalmente atraíam havia construído as paredes de restos de caixote e caixas de papelão, o telhado de folhas de bananeira e de galhos arrancados dos arbustos.

Um muro servia como fundo e arrimo da tal cabana que saltava aos olhos no meio daquele lote vazio. E foi essa construção torta que tia Amália viu pegando fogo – afinal onde há fumaça, há fogo! – mas que aos olhos dos meninos era uma confortável (porque possível) sala de fumar. Com cigarros na mão e tragadas elegantes, eles brincavam de ser "homem" e, entre os adultos, figurar os haveres da paternidade que um dia ia sair dos seus sonhos e tornar-se tão dolorosamente real para alguns deles.

"Pois é, dizia Romero, você pode comprar aquele meu terreno na Pampulha..." Ao que Fernando respondia, pondo fumaça pela boca e sério como um corretor, "Vou considerar!". Enquanto Ricardo e Renato ficavam enjoados com o tabaco e Roberto, o cabeça, o mais velho e o sempre responsável por tudo, preocupava-se com a fumaceira e em pagar ao Lelinho – o único menino com coragem de ir comprar um maço de cigarros Beverly Extra, em nome do pai.

Quando a tia arrombou a porta da cabana e, escoltada por Dedé, a cozinheira, descobriu o que chamou de "vasta patifaria", nós todos voltamos à meninice e sentimos como o mundo da meninice é um universo toldado pelos olhos do mundo, um mundo de adultos. A cabana não estava em chamas. Ela apenas produzia a fumaça que denunciava o nosso "fumar escondido" como fazíamos às escondidas um monte de outras coisas que iam nos tornando o que seríamos como adultos.

———

O cronista de Cuzco, Garcilaso de la Vega, conta no seu livro, *Comentários reais dos incas*, publicado na Espanha, em 1606, um "conto gracioso".

Um conquistador chamado Solar, residente em Los Reys (Lima), tinha uma propriedade em Pachacamac. O capataz desta propriedade enviou ao patrão, por meio de dois índios, dez melões – frutos das primeiras sementes plantadas no Peru – e uma carta. Quando entregou a encomenda aos índios, ele os advertiu de que não comessem nenhum melão porque, se o fizessem, a carta descobriria e os denunciaria. No meio da viagem, um dos índios sentiu o aroma sedutor dos melões, quis saber o seu gosto o teve o desejo de provar a fruta do amo. Seu companheiro, temeroso, disse que não deveriam fazer isso, porque a carta iria contar. O cabeça resolveu o problema colocando a carta atrás de uma mureta – pois assim ela não poderia ver o que eles estavam dispostos a fazer e, sem vê-los, ela não denunciaria o que estavam para fazer às escondidas.

A estas alturas, devo lembrar que esses índios do Peru não conheciam a imensa tecnologia que chegou com a escrita, a qual inventou os mandamentos, as leis, os contramandamentos, os embargos, as exegeses, as receitas, os jornais, a literatura, a criptografia e a Agência Nacional de Segurança dos Estados Unidos.

Eles imaginavam que as cartas que os espanhóis escreviam uns aos outros eram mensageiras ou espiãs capazes de revelar o que encontravam pelo caminho. As cartas eram concebidas como seres animados.

Comido o primeiro melão, os índios decidiram que era conveniente emparelhar as cargas. E assim, para ocultar o delito, comeram – com gosto – outro melão. Chegados a Lima, apresentaram oito melões ao capataz. Este, logo depois de ler a carta, os confrontou: "A carta fala em dez! Vocês comeram dois melões na viagem. Vão levar uma sova por essa malandrice!" Depois de muito apanhar, os pobres mensageiros sentaram-se tristes à beira do caminho e um deles disse: "Viu, irmão? Carta conta!" Ambos ficaram muitos impressionados com o poder dos conquistadores, os quais possuam essas "cartas" falantes, capazes de descobrir o escondido.

Matamos Deus e somos escravos da técnica. Passei o sábado tentando fazer funcionar uma impressora e, mesmo com uma ajuda decidida e dedicada, não consegui. Nem sempre o que está no papel e nos planos do usuário concretiza-se na sua relação com a coisa adquirida sem a figura do intermediário. Um presidente americano disse que o negócio dos Estados Unidos era fazer negócio. Hoje, dir-se-ia que é lutar a todo custo e risco contra o terrorismo – coisa complexa, porque a guerra se faz entre países.

Como disse o escritor Philip Roth, com o gosto pelo desvelar que passa longe de nós, em 1998, quando do escândalo Lewinski-Clinton, o terrorismo substituiu o comunismo como a prevalecente ameaça à segurança nacional somente para ser sucedido por um escândalo erótico. A vida em toda a sua desavergonhada impureza confunde mais uma vez a América, finaliza Roth. Como meninos pegos fumando e peruanos ágrafos e loucos por melões, mas denunciados por uma carta, a América da liberdade e do equilíbrio entre o íntimo e o coletivo, entre o que se deve aos aliados e a si mesma, é pega espionando o mundo. A tocha da Estátua da Liberdade foi substituída por um iPhone.

O que não se pode saber

Ser humano é não poder saber.
Quem nasce onça sabe que morre onça.
Quem nasce homem não sabe como morre.

Francis Duval

Houve um tempo em que eu convidava pessoas para palestrar nas instituições em que trabalhava e eventualmente dirigia. Fiz muitas vezes o papel de anfitrião no Museu Nacional quando fui coordenador do seu Programa de Pós-graduação em Antropologia Social, e em Notre Dame, quando transformei minha casa num consulado brasileiro em plena South Bend, Indiana, Estados Unidos.

A distância imposta pela língua inglesa e por uma audiência pontual e com um comportamento exemplar sempre causava nervosismo nos apresentadores latino-americanos os quais, como norma, iam perdendo o inglês irreprochável usado no início da conferência e, à medida que a palestra se desenrolava, acabavam falando com um pitoresco sotaque espanhol ou luso-brasileiro.

Observei isso muitas vezes e eu mesmo sofri dessa agonia quando tive como ouvintes antropólogos famosos que eu estudava até as pestanas queimarem e admirava extremadamente. Tais disposições psicocoloniais promoviam um nervosismo geral que se manifestava na pronúncia, no esquecimento das palavras a serem usadas em inglês (ou francês) e, em alguns casos, em acessos de um indesejável tremor das mãos, a ponto de impedir a leitura da conferência ou, como se diz metonimicamente em inglês, do "paper".

Lembro-me de um caso exemplar. Um dos meus convidados brasileiros para proferir uma aula em Notre Dame tremia tanto que desistiu da leitura, abandonou as notas e passou a falar de improviso, gaguejando assustadoramente. Mas a despeito dessas agruras, as ideias que apresentou sobre o tema "A impossibilidade cultural do conceito de cultura" – tão a gosto da antropologia social, essa disciplina que adora messianismos autodestrutivos e carisma –, a palestra despertou uma apaixonada discussão abafada tarde da noite, num bar.

Ali, num ambiente mais relaxado, ele me perguntou se tudo havia corrido bem. Disse-lhe que sim, que o encontro havia sido um sucesso, exceto pelo tremor de suas mãos. "Tremor? Que tremor?", reagiu meu colega em voz alta, visivelmente irritado. "Não houve tremor algum!" exclamou, encerrando o assunto e pegando com mão firme um pesado caneco de cerveja.

Assustou-me a inconsciência. Esse não saber periférico (senão não teria havido reação) que faz parte de todos os seres vivos, atacando sobremaneira os humanos. Essas vítimas perenes do fazer sem querer ou, melhor ainda, do fazer e não poder saber. Passei pela mesma coisa inúmeras vezes e talvez os homens conheçam mais claramente o vexame de ter um pedaço do corpo fora do controle do que as mulheres, mas na realidade há muitas coisas sobre nós mesmos que ignoramos.

Ou que não podemos saber. A vida, como disse Kundera, está em outro lugar tanto quanto o tremor do meu colega. Se soubesse como seria minha vida quando tinha vinte e poucos anos, não teria vivido, diz-me um velho companheiro das trincheiras magras. Viver é muito perigoso, afirmava Guimarães Rosa. É a inocência do não saber que permite viver a vida, digo eu.

A negação faz parte da vida humana. Um leão não dorme se pressente uma ameaça, mas um homem dorme feliz, mesmo sabendo que cada noite bem dormida o aproxima da morte. A consciência foca em alguma coisa com intensidade e, com a mesma força, reduz tudo o mais a um resíduo a ser esquecido. O foco e a concentração, que são a alma do controle, têm como contrapartida a alienação. Ademais, a vida contém a ignorância que vira destino ou carma justo porque ela tem um fim. O mundo continua, mas eu sei que vou partir. Quando os sinais se invertem, surge um sonho de onipotência próximo da loucura dos crentes.

A consciência do início e do fim atrapalha, mas sem ela não teríamos a obrigação de inventar biografias e de não poder ver certas coisas. O final fabrica a origem.

Num país moderno, as estatísticas são como tremores não convidados. O governo diz uma coisa, mas os números, que são prova do nosso mais concreto inconsciente comunitário, revelam outra. Os acusados proclamam suas inocências. Ninguém, nem mesmo aqueles com um faro mais possante do que o de um perdigueiro, sem o qual não se chega às altas esferas do poder, diz que sabia. Mas quando a promotoria reúne os fatos e constrói a narrativa acusatória, temos um manual de crimes.

Surge então o "pibinho" de dona Dilma, a gerentona; o mensalão da casta petista e o caso de Rosemary Noronha. Em cada um desses episódios algo de fora despe algo de dentro. Há um hiato desagradável e, nos casos em pauta, surpreendente, a se julgar pelo quadro de valores de um partido que ia mudar o Brasil e liquidar a corrupção.

Nas democracias, a imprensa faz esse papel. Como os tremores e as meias furadas, ela coloca em foco aquilo que os projetos de poder e o populismo seboso escondem. O "fato" é a pista. É o objeto fora do lugar que leva ao criminoso, porque o bandido tomou todas as precauções, mas mesmo nas consciências mais abrangentes, sempre falta algo. O criminoso usa luvas, mas não olha onde pisa. O conferencista controlava tudo menos as mãos que tremiam orgulhosamente como uma bandeira nacional acariciada pelo vento.

Solidão: a crônica sem destino

A solidão tem muito com a vida e muito com a morte. Os mortos estão sós e são abandonados. Devem estar dormindo profundamente, como disse Manuel Bandeira. Por algum tempo, eles detêm toda a nossa atenção mas são em seguida abandonados. E esquecidos.

São entregues sob o brilho das nossas lágrimas a si mesmos e ao cosmos cuja totalidade não temos condições de abranger. Ao nos aproximarmos deles, desmentimos radicalmente a *boutade* segundo a qual "de perto ninguém é normal", porque eles não são mais ninguém e são agora de todos.

Viram memórias, tornam-se lembranças e saudade. Saudades cheias de luz. Uma luz fugidia e opaca.

Todos os segundos e dias de suas vidas são especiais, como disse o Thornton Wilder de *Nossa cidade*. Sua normalidade impressiona pelo silêncio e pela mais completa perfeição. O sono profundo é um pedaço do seu mistério.

Aliás, não há condenação mais ambígua do que a morte, exceto o exílio (ou a morte social) que, como revelou o magnífico historiador Fustel de Coulanges, era pior do que a morte entre os antigos romanos. E talvez seja assim entre nós, igualmente romanos quando damos mais importância às relações do que aos indivíduos e não o contrário.

Entre os fatos maiores da morte e, para além dela, do morto amado que leva um pedaço do nosso coração senão toda a nossa alma ou uma de nossas pernas, jaz um mistério: para onde foi aquela vitalidade que tem como centro a necessidade de falar, trocar, cantar, escrever, construir e comunicar? De dizer o como foi e o como aconteceu das grandes aventuras, experiências e viagens? Como é horrível para nós, vivos e predestinados a ser, um dia, esse morto, o mutismo inviolável dessa experiência que transforma a pessoa em mais uma estrela.

Espantoso como a morte – a mais importante experiência humana – seja, por isso mesmo, a única que jamais pode ser socialmente compartilhada. Daí a sua tremenda negação em todas as culturas e sociedades, em todas as crenças e ideologias.

"Força", dizem os amigos nos olhando de esguelha e já pedindo licença para sair de perto. "Foi desta para melhor", dizem outros consolando e negando veementemente que estamos todos condenados a algo pior do que inferno, pois sofremos sem saber por quê. Temos uma descabida consciência das ferramentas do sofrimento – rejeição, injustiça, ódio, descaso, inveja, esquecimento, para não falar das mais variadas formas de doença, agressão e acidentes em suas mais temíveis combinações – mas não nos é dado conhecer os fins. As causas e os motivos que levaram de nossa humilde esfera de vida um ente querido que, afinal de contas, importava mais para nós do que para todos os outros. Essa pessoa que tinha mais valor do que todas as barras de ouro e era mais amada do que todos os poderosos somados juntos. Assaltados, como a bíblica caravana, por ladrões infames e jamais detidos como o mal de Parkinson, o de Alzheimer e outras enfermidades cujo nome grandioso é sinal de sofrimentos inenarráveis, nos deparamos com a inconsistência entre o poder da doença e a fragilidade do doente tão tímido, tão pequenino, tão sereno, tão celestial na sua banal, frágil e corajosa inocência humana e o pomposo e estranho nome do funesto atacante. Espantoso descobrir alguém que compartilha de nossa vida, tendo a sua vida afligida por essas doenças impronunciáveis.

A solidão tem um sintoma trivial. Você é testemunho do seu próprio choro e não deseja (porque não precisa) que ninguém o veja chorando. O choro do amor é para o outro – quem quer que seja esse outro. O choro da solidão é para dentro e para esse outro que vive em você. É a prova de que somos muitos e que o tão desdenhado corpo é quem tem o duro papel de juntar em si todos esses atores. Temos muitos demônios e anjos interiores, mas um só palco e um só cenário dentro do qual eles podem se manifestar. Na pior situação, o corpo deve surgir uniformizado. Com as emoções mais díspares devidamente orquestradas e reveladas (ou não) por um corpo que é instrumento, ator e palco de tudo que passamos. A alma em frangalhos, o corpo sereno – ajoelhado, como manda o figurino cristão. Ou o corpo em frangalhos e a alma serena no seu perpétuo diálogo com todos os seus demônios.

Outro dado estranho da solidão é não se sentir sozinho.

Parece paradoxal mas não é. Um torcedor do Fluminense no meio da torcida do Flamengo é a pessoa mais solitária do universo. Se o diálogo que você tem com os seus outros for positivo; se você fala com todas essas estranhas criaturas que estão dentro de você, inclusive e sobretudo com os seus mortos e doentes, a solidão lhe traz uma estranha paz. A paz de Deus é a melhor metáfora para esse sentimento que chega com a vida na sua plenitude. Numa conversa franca com você mesmo como bandido, como covarde, como ignorante, como invejoso, como sovina, como boquirroto, e como renegado. Você apara suas arestas, acerta suas contas e entra em contato com aquela outra letra que segue o "A" (do amor) e o "B" (da bênção). Refiro-me ao "C", que escreve coração e compaixão. Porque sem compaixão, amigos, não há serenidade nem só nem acompanhado. Amém.

Em torno do amor

Faz tempo. Depois de um baile, um rapazinho tímido e elegante foi agraciado com uma promessa maravilhosa. A mocinha que ele amava com um amor de fazer doer o coração perguntou depois de um longo e delicioso beijo: o que você quer de mim? "Queria que você gostasse de mim para sempre!" disse o moço encostando a perna no muro, cúmplice do apoio de que precisava para outros abraços. Selaram o juramento com um segundo e um terceiro beijo. Uma estrela cadente confirmou a eternidade da promessa.

Naqueles tempos antigos, a gente não dizia que amava. A gente dizia que gostava. O amor era uma palavra muito forte e tão afastada das coisas do mundo diário que requeria controle e dava vergonha. Escrevíamos sobre o amor, mas usávamos o gostar nas nossas declarações. O amor era para os deuses, para as igrejas cheirando a vela e incenso e para as telas dos cinemas. O gostar era para aqueles rostos deliciosamente humanos, vermelhinhos de tesão e vergonha. Nas telas chatas dos cinemas, eles falavam um trivial "*I love you*"; nós falávamos tremendo: "Eu gosto muito de você!" Outra coisa: só víamos o rosto das nossas namoradas. Quando sentíamos seus corpos, era um atrapalho. A pressão dos seios, o arredondado das coxas e o sentimento do monte que margeava o vale e a fonte que desconhecíamos eram intrusos a serem imediatamente agasalhados nos abraços, reveladores do maravilhoso desejo de se confundir com o outro.

É possível um amor eterno? Um amor infinito? Um gostar com perenidade inabalável pelo tempo cujo papel é desmascarar a nossa transitoriedade e a nossa finitude? Quantas vezes eu me fiz essa pergunta e quantas vezes eu me achei abençoado pelo amor? Um lado meu que, como dizia Shakespeare, eu não sei se é o lado que pergunta ou o que pretende ter uma resposta, diz: o amor eterno dribla a nossa mortalidade. Somos enterrados, mas o amor triunfa nos seus impulsos que tocaram os que conhecemos. Neles fica essa memória do amor que traz de volta um encontro precioso da alma com o corpo (jamais contra ele), tornando essa convivência uma bênção porque, finalmente, eles não estão mais em guerra ou negociação. No amor, um precisa do outro e um se realiza por meio do outro.

O que esperamos do amor e no amor? No amor físico há uma etiqueta e por isso ele seria, digamos, cordial na sua grata selvageria e milagrosa avidez. Todos experimentamos, como indicam os melhores pesquisadores desta área – os grandes poetas e cantores – uma coercitiva curiosidade própria do amor erótico. Esse amor que se prova a si mesmo na medida em que vai se realizando. Daí o sentimento de que ele é, simultaneamente, céu e terra; fogo e água; pele e coração; suspiro e estertor. No amor eterno, que nada pede porque simplesmente deseja ter tudo, não há limite nem etiqueta. O outro é tudo e nele estamos perdidos com a intensidade do desejo que uma criança tem por um sorvete ou um político por um cargo. Como regular um amor que sempre leva à perda e à resignação porque não pode se concretizar em rotinas? Pois a prova do amor não é o clímax, mas o dia a dia que transforma o beijo sequioso no beijinho suave com o qual o marido e a esposa dizem "boa-noite" um para o outro. Esses beijinhos dados na porta do supermercado ou na hora de ir para o trabalho são o fim ou são a prova de um elo amoroso?

No recalque do amor pelos códigos morais e religiosos, há uma disputa entre o amor incondicional devido ao Criador, ao Partido ou ao Mantenedor da Vida, e o amor pronto a ser vivido na carne. Esse amor personificado em uma criatura. Dir-se-ia que a segunda forma é uma deformação da primeira, mas pode-se perfeitamente inverter o argumento. O amor a Deus é um substituto do amor sensual que estamos sempre dispostos a sentir, mas que passa muito depressa. A teoria de um amor eterno (ausente em muitas sociedades, diga-se logo) compensa essa velocidade dos encontros com o ser amado, sempre fugazes e muito breves porque o corpo limita e aprofunda aquilo que a mente estende aos céus e às estrelas.

"Fly me to the moon let me play among the stars" – canta o poeta popular. (Leve-me para a lua e deixe-me brincar [ou tocar] entre as estrelas).

Eis, na simplicidade enganadora da música popular, a fórmula que meus pais e tios usavam, quando falavam da visita a um dantesco, mas maravilhoso "sétimo céu". Essa subida aos céus usando o próprio corpo e não a alma ou uma nave espacial sem morrer e, muito pelo contrário, sentindo o coração pulsar com intensidade inusitada, compete com os deveres coletivos, sobretudo com as tarefas mais duras que os cotidianos requerem. Amar ou cortar lenha? Beijar na boca ou estudar? Escrever ou sentir o corpo do outro junto ao nosso? Que relação pode haver entre prazer e dever, senão a do conflito, do recalque e do combate?

Uma última pergunta: por que raios estou eu a escrever essas mal traçadas, quando todo mundo fala de política e de economia, dizendo sempre o mesmo do mesmo? Não sei. Só sei que essas questões fazem de mim um "homem humano" como dizia Setembrini, aquele habitante de uma certa montanha mágica inventada por Thomas Mann.

Anjo da guarda

Em plenos 18 anos, eu estava indo me apresentar no 3º Regimento de Infantaria em São Gonçalo. De minha casa, em Icaraí, para São Gonçalo eu deveria tomar dois ônibus naqueles tempos em que todos os rapazes eram obrigados a "servir ao Exército" – uma retribuição e um choque desagradável de igualitarismo que deixava os filhinhos de mamãe e suas famílias preocupados. Era um pagamento por termos nascido num país sem tufão, furacão, vulcão, Rock in Rio e terremoto, mas com inflação e clientelismo explícito e oficial. Naqueles dias existiam mesmo os "donos do poder" de Raimundo Faoro e ninguém ousava denunciá-los, exceto para dar um "golpe de estado" ou propor a "revolução" a ser feita pelo Estado.

No meio do caminho eu percebi que havia algo errado. Comuniquei minha desconfiança a um senhor de cabelos pretos, rosto vincado de rugas e roupas simples que estava sentado ao meu lado. Será que estou indo mesmo em direção ao 3º Regimento de Infantaria? Perguntei aflito. Não, meu jovem, você deve saltar no próximo ponto e pegar outro ônibus. De quebra, esse senhor pediu para ver meus papéis de convocação. Leu tudo com cuidado e sentenciou: vá logo porque se você não aparecer por lá hoje, fica insubmisso! Ou seja, você recusa submeter-se a um dos mais sérios mandamentos da vida nacional: servir à sua Pátria!

Fui salvo de insubmissão (naquela época, pior do que essa nossa trivial corrupção – vejam com o Brasil mudou) por um desconhecido. Talvez um anjo da guarda.

No ano de 1962, sigo para uma visita rápida à aldeia do Cocal, morada dos índios Gaviões, situada a oeste do médio rio Tocantins. Queria rever alguns dos meus instrutores na língua e na cultura desses nativos de língua Jê que havia estudado em companhia do meu colega Julio Cezar Melatti, entre agosto a novembro do ano anterior.

Chego à aldeia e, depois dos rituais de recepção chorosos que surpreendem e emocionam, encontro um ambiente sombrio. Logo descubro o motivo da tristeza. Cerca de 20 horas antes, uma mulher havia morrido ao ter uma criança. Como não havia na aldeia nenhuma outra amamentadora, a criança – segundo o costume – fora enterrada com a mãe. Fui levado ao túmulo: um montículo de terra coberto com esteiras. Um rapaz comentou que se ouviu por algumas horas o choro da criança. De coração partido, ouvi a justificativa: sem leite materno, era mais humano enterrar a criança com a mãe, pois ela morreria de fome numa aldeia sem leite materno. Ademais, não era um ser humano completo naquela cultura onde humanos e animais são feitos gradativamente.

Fiquei agradecido por ter sido poupado de testemunhar o ocorrido. Tivesse chegado antes, teria que tomar uma atitude e lidar com a incomensurabilidade de valores e pontos de vista. Algo maravilhoso em salas de aulas e livros de filosofia mas – para tornar curta uma longa história – promovedor de dramáticas mudanças de rumo quando acontece ao vivo e em cores.

Estou a bordo de um avião nos Estados Unidos, num voo de Chicago para Los Angeles onde vou fazer uma conferência. Tudo no avião desperta confiança e não há como apagar o sentimento de total segurança quando ouço a voz calma e grave dizendo o tradicional "Bom-dia, aqui fala o Comandante"... Para, em seguida, confirmar a normalidade do tempo. Coloco o cinto, pego um livro e, em seguida, sinto o susto tomar conta de todos. Sinto o sobressalto da freada, olho pela janela e vejo passar como um relâmpago, na pista que iríamos cruzar, um outro avião. Alguns rezaram, outros explodiram em pasmo. Eu pensei na sorte e num anjo da guarda.

Meu filho Renato é um excelente excursionista. Em junho de 1986, dois dos seus amigos e ele saem para explorar uma montanha que coroa a região oceânica de Niterói onde moro. No final do dia entra um sudoeste com seus ventos fortes e tudo fica coberto de frio e densa neblina. O relógio marca 5, 6 e 7 horas da noite e Renato e seus amigos não chegam. Convocamos o Corpo de Salvamento. Sigo com eles até o local por onde se chega ao alto do morro, situado numa trilha que tem como cenário um cemitério ironicamente chamado de "Parque da Colina". Algo dentro de mim diz que meu filho está morto. Passamos, Celeste e eu, a noite em claro. Ela tricotando como Penélope; eu lutando contra meus pressentimentos como um personagem de Dostoievsky. Assim que o dia clareou, o pai de um dos rapazes e eu seguimos para o Parque onde os bombeiros nos esperavam. Mal nos falamos quando, por entre as covas, surgem os três rapazes molhados de chuva e sorrindo de felicidade.

Eu reencontro meu filho e, no momento em que o vejo, um clarão explode dentro da minha cabeça com as palavras: "Deus existe!" Eu tenho um anjo da guarda.

———

Existem anjos da guarda como dizem os religiosos e os filmes de Frank Capra e Wim Wenders? Um lado meu diz que não, outro que sim. O problema é que eu não sei em que lado acreditar.

Desembargadores

Sinto muita vergonha e muita dor quando testemunho a prisão de membros do poder judiciário. A mais triste notícia dessas semanas, fala precisamente da carceragem de desembargadores e altos funcionários do Tribunal de Justiça do Estado do Espírito Santo, sob suspeita do crime de venda de sentença. Encabeça a lista – Deus do céu – o presidente do Tribunal de Justiça local! O leque das acusações é estarrecedor. Justo no Dia do Combate à Corrupção.

    A palavra "desembargador" está dentro de mim. O pai de meu pai, Raul Augusto da Matta, era desembargador. E, como tal, foi uma perfeita encarnação daqueles que desembargam. Dos que, indo além do julgamento, julgam a súplica e a sentença. Dele retive uma memória de distância e de formalismo. Mesmo de paletó de pijama e sentado numa cadeira de balanço que era só dele, vovô Raul na sua insondável distância e serenidade, era o juiz dos juízes.

    A vergonhosa notícia vinda do Espírito Santo remete à sua figura alta e bonita, enfatiotada num terno de casimira preta, os cabelos e um ralo bigode brancos emoldurados pelo olhar tristonho no rosto comprido e bem talhado. O folclore da família contava o imenso baque sofrido por esse avô, quando perdeu o filho mais velho do seu terceiro casamento, Roberval, de um herpes fulminante. Justo esse filho médico, jovem, bem-sucedido e muito ligado aos pais. Aquele filho que rompe com as coerções da filiação e não teme chegar perto dos seus criadores como amigo e companheiro.

Falava-se que, em sua imensa dor, Raul fantasiou a solução egípcia: embalsamar o corpo e colocá-lo num caixão de vidro, estilo Branca de Neve, para poder tê-lo sempre ao seu lado. Quem sabe se os olhos tristes de vovô não refletiam o desembargador que fora capaz de desembargar todas as dores, menos a sua? Tendo eu próprio perdido um filho na força da idade e em circunstâncias igualmente dramáticas, quase sempre me surpreendo a pensar em como gostaria de conversar com vovô Raul de pai para pai, de avô para avô, de homem para homem – sócios patrimoniais que somos desse horrível clube daqueles que levaram para a sepultura um filho querido. E que encerraram esse filho dentro de um coração que não cessa de sangrar.

Vejam o contraste. Vi a fotos dos juízes capixabas presos, e vejo meu avô cercado dos meus pais e tios, naquela varanda da rua Nilo Peçanha, 31, no bairro do Ingá, na minha sempre amada Niterói, cortando o cabelo; lendo o jornal; dando uma opinião ponderada de homem marcado pela consciência do sentenciar zeloso; e dizendo para minha avó Emerentina que era "um eterno apaixonado".

Eterno apaixonado e honrado chefe de família cuja presença física em conflitos, quando era Chefe de Polícia em Manaus, fazia debandar baderneiros pela altivez e coragem com que os enfrentava. Para além disso, foi um juiz honesto e o primeiro a realizar um censo dos pobres de Manaus, como provam os seus livros-caixa – presenteados pelo meu queridíssimo tio Mário, seu filho caçula – nos quais religiosamente anotava suas despesas e receitas. Meu pai também usava desta prática e escriturava os ganhos e os gastos reveladores do desequilíbrio para menos, que é a marca desta tão desdenhada (quanto honesta) classe média brasileira. Ali, o leitor bate de frente com os gastos, as dívidas, os empréstimos tomados aos bancos e o "ordenado" sempre menor do que os dinheiros dados à filha Amália, aos filhos Mário e Sílvio, a sua mulher Emerentina que, como minha mãe, recebia uma "mesada" de fazer corar de indignação feminista da minha mulher, da filha e das netas. Ali está a prova de que Raul jamais desembargou-se de sua honestidade. Ao morrer, sequer deixou uma casa...

Um dia, esse velho Raul recebeu a visita de sua sempre elegante nora, Celeste. Ela trazia das Laranjeiras, onde morava, o amor permanente pelo marido morto Roberval, cuja fotografia guardava no seu livro de orações, mesmo depois de um segundo e feliz casamento. O retrato era a prova do seu vínculo conosco; o filho, o elo vivo, porque Raulzinho (o nome era uma homenagem amorosa ao avô) foi o nosso grande companheiro de brinquedos, estripulias, festas e praia. Eu tenho a mais viva lembrança dessas visitas. Eles não precisavam falar de um Roberval morto, porque ali estava ele majestosamente ressuscitado pela memória positiva e aberta da saudade, muito mais presente do que todos os indivíduos que formavam aquela corrente de vida, prazer e dor chamada de família brasileira. Vovô e vovó invariavelmente davam à nora tudo o que os ritos de hospitalidade brasileiros demandam: o café açucarado, o guaraná gelado, o sanduíche de fiambre, e a cadeira de vime imaculadamente limpa ao lado de vovô Raul.

Ao ver a nora chegar, o desembargador tentou levantar-se para cumprimentá-la, mas não conseguiu. O derrame cerebral o impedia de realizar o gesto denotativo de civilidade e respeito. Falaram que Raul passou a tarde contrariado com a doença que lhe inibiu o gesto de consideração para com quem tanto amava. O mesmo sucedeu com o grande filósofo alemão Emanuel Kant. Pouco antes de morrer, ao realizar um enorme esforço para permanecer em pé em consideração a seu médico, exclamou: "O senso de humanidade ainda não me abandonou." Dizem que seus amigos foram às lágrimas.

No Brasil de hoje, eu choro de indignação e repulsa quando vejo desembargadores embargarem a lei, a vergonha e a ética e, com elas, a nossa humanidade.

De Maceió ao Cairo

Acabo de chegar de Maceió onde falei sobre "rituais de passagem" na décima edição do Pajussara Management. Discorri sobre um assunto anormal num encontro de empresários. Falei de coisas velhas para pessoas dedicadas ao novo. Rituais e símbolos, porém, são os 2% dos tais 2% que nos distinguem dos macacos.

Viajei no tempo porque, quando menino de 8 anos, em plenos anos 40, morei em Rio Largo e, depois, em Maceió numa casa que minha saudosa mãe chamava de "castelinho", localizada na Ponta da Terra. Com um mapa, Sérgio Moreira, meu generoso anfitrião em Alagoas, mostrou como esse bairro hoje faz parte de uma ampla malha urbana. Um conjunto litorâneo que graças à hospitalidade de Bruno Cavalcanti e Rachel Rocha Barros, nós vivenciamos visitando seus sítios mais interessantes e recebendo vastas doses de história e sociologia do Nordeste – esse berço de Brasil.

Acompanhava tudo isso um menino chamado Roberto que, de quando em vez, surgia para relembrar o sabor do sururu comido pela primeira vez em 1942, confirmado neste 2012 por um homem de espaçosas 75 primaveras. O mesmo ocorreu naqueles segundos que antecedem a formalidade da palestra. Pois foi num camarim muito confortável que, não sei de onde, me veio à memória a moeda reluzente de um cruzeiro, a nova unidade monetária nacional criada em 1942, a qual usei de imediato para comprar um "quebra-queixo" ou uma tapioca na praia sem calçadão e automóveis, localizada perto de nossa casa. Os hospedeiros generosos falavam dos primeiros anos da República dominada pelo nepotismo alagoano tão rotineiro quanto o de hoje dos Fonseca – o marechal Hermes era sobrinho do igualmente marechal Deodoro – ambos alagoanos; e, dentro de mim, surgia nítida, como as águas da praia do Francês, a imagem de uma superfortaleza voadora americana B-25, sobrevoando a antiga Maceió, indo de Caravelas para Natal, onde os americanos tinham bases navais e aéreas que foram instrumentais para a conquista do Norte da África e, em seguida, para a invasão da Sicília pelo seu IV Exército. Ao lado disso, surgiam figuras de marinheiros e soldados americanos saudáveis, altos, brancos como cera e risonhos, distribuindo chocolates para os meninos e cigarros Chesterfield para os adultos que admiravam a sua qualidade e o azul inefável de sua fumaça. E seguia a caixa de Pandora das minhas recordações, trazendo intacto o momento em que esse mesmo pai, Renato, me deu uma primeira Coca-Cola, com as seguintes palavras: "Prove essa bebida inventada pelos americanos!" Provei e senti o gosto imprevisto na boca do menino habituado aos refrescos caseiros de graviola e cajá.

Essa Maceió de gostos imprevisíveis era bem diferente da cidade previsível que eu percorria. E novamente o menino retornava lembrando os comentários de meu pai ao regressar de uma tarde dançante tocada a big-band no clube de oficiais da Marinha americana: "É incrível – diz meu pai que foi um baiano ciumento mesclado do horror a ser traído pela mulher, esse terror aprendido numa Manaus onde todos os homens andavam armados – como esses americanos deixam suas mulheres dançar com outros homens..."

Durante anos, essa frase rondou minha vida, tendo sido decisiva na construção de minha masculinidade. Mas minha mãe Lulita, uma exímia pianista, a proibida de dançar com outros homens, vingava-se tocando no seu piano uma bela música americana, cujo nome intrigava o casal. Era a canção "Tangerine" (de 1941), que falava de uma mulher que vivia e rimava na "Argentine" pela qual todos se apaixonavam, mas ela flertava a si mesma. Meus pais achavam graça que uma música tivesse o nome de uma fruta. Coisas de americanos...
Tempos onde ainda havia ciúme. Tempos onde tudo era grande e o mundo imenso.

Voltando ao hotel, li na *Folha de S.Paulo* uma crônica absolutamente clássica – a tal crônica que vale um jornal – do Cony, intitulada "Omelete de ovos de camelo", na qual ele conta suas andanças pelo Cairo, Egito. No país das pirâmides, do generoso Nilo e do deserto inclemente lhe oferecem uma exótica omelete de ovos de camelo. Eu também fui ao Cairo e testemunhei o efeito devastador do chá de menta num dos meus companheiros de conferência. Não fiz, como o Cony, o exercício inútil de inutilmente entrar na barriga da pirâmide. Fui mais estúpido: comprei uma pedra do túmulo faraônico feito de pedras! E num gesto improfícuo, andei e fiz questão de ser fotografado montado num camelo. Não me ofereceram nenhuma desconfiável omelete de ovos de camelo mas, diante dessa infame CPI do Cachoeira com seus mil e um laranjas, não tenho dúvida de que faz algum tempo que estamos todos comendo essas suspeitíssimas omeletes de ovos de camelo aqui no Brasil.

A dor da chegada

Para o Faustão

Chego de Lisboa no dia da tragédia de Realengo quando, no dia 7 de abril de 2011, um jovem de 23 anos matou a tiros dez adolescentes e um menino, feriu 13 alunos e, em seguida suicidou-se. Fui recebido pelo abraço de dor contida nos regressos. Entre os indígenas com quem convivi, chora-se sinceramente nas chegadas, não nas despedidas. Nós, seguidores da fórmula francesa com pretensão universal, supomos que partir é morrer um pouco; eles, seguidores de outra cartilha, dizem que as cheganças doem mais do que as partidas. A atitude traduz a complexidade dos gestos marcantes ou definitivos que trazem dentro de si a primeira ou a última vez.

Experimentamos isso nas grandes viagens. Mais das vezes, entretanto, escondemos a densidade dos relacionamentos que são todos perigosos, sagrados, efêmeros, raivosos, amorosos, ressentidos (ele podia ter me elogiado...; ela podia ter me dado mais um beijo; eu deveria ter pedido desculpas...) em despedidas e saudações casuais que disfarçam a nossa incrível capacidade para amar que nada mais é do que o fruto de nossa dependência dos outros e da sociedade na qual nascemos e que nos faz o que somos.

Um amigo íntimo saiu de casa pela manhã e sequer falou com o filho mais velho para, à noite, depois da missa de sétimo dia do seu mais importante professor e mentor, velar o seu corpo no cemitério próximo de sua morada. Patética e pacientemente, ele ajudou sua mulher a enfeitar o cadáver daquele homem alto e aos seus olhos indestrutível, com flores. As flores do bem e do mal que sinalizavam o rompimento para sempre do círculo da família que ele havia construído com tanto desvelo.

Quem pode imaginar que um "até logo" pode ser um "adeus"? Um "até Deus" que, como supremo englobador de tudo, um dia vai nos reunir num grato e necessário esquecimento. E então viramos em mais uma estrela a brilhar para o pastor que na sua busca de rumo vai nos ressuscitar com o seu olhar.

Eu esperava que minha chegada fosse marcada pela dor de sempre – essa dor disfarçada nas preocupações banais que vão das rotinas caseiras às contas pagas ou esquecidas. Essa dor que para nós, crentes na autonomia individual e na liberdade de escolher, disfarça como somos um pedaço dentro de um vasto e insondável mosaico.

É só quando nos separamos que nos damos conta de como somos parte de um todo que não inventamos, que existia antes do nosso nascimento e que vai continuar sem a nossa presença. Nas partidas, somos um azulejo que sai da moldura; nas chegadas, voltamos a nos encaixar e é esse reencontro da parte com o todo (que viveu sem nós) que emociona e ajuda a compreender o choro como convenção de regresso, tal como somos obrigados a lamentar, tendo as lágrimas como prova de sentimento e sinceridade, os adeuses.

A dor das chegadas fica por conta daquilo que não sabíamos e que, em certos lugares, como o Brasil, é tomado como uma ofensa por termos viajado e, individualizados, dispensarmos a presença dos próximos, "perdendo" o que se passou na nossa ausência. Ora, essa perda das coisas que não testemunhamos – prova cabal de finitude – é um dos motivos do eterno sofrimento humano. Sejamos, porém, mais precisos: choramos também e ainda com mais força porque estávamos presentes e nada pudemos fazer; tanto quanto choramos porque não estávamos presentes quando teríamos a obrigação de estar.

É o que acontece quando somos premiados com essas loterias de infortúnio que fabricam perdas intraduzíveis e, no entanto, produzem ganhos extraordinários. O que tirar dessa tragédia de Realengo que nega veementemente a nossa crença na razão, na utilidade, no determinismo e no progresso, senão uma sabedoria da aceitação de que somos parte de um todo que, no entanto e de quando em vez, também se movimenta contra nós? Uma totalidade que é nossa e se deixava entender com relativa precisão, mas que tem segredos maiores do que as que separam o céu da terra, como dizia o bardo inglês? Há, como inventou Machado de Assis, uma Igreja de Deus e outra do Diabo, ambas sistematicamente negadas pela ingratidão humana escondida em cada um de nós. Não devemos matar, mas matamos por dinheiro e, sobretudo, por valores e pela pátria. Moisés, a quem o nosso Deus único deu as regras de ouro da vida e da morte pertencia a um povo eleito.

Toda eleição esconde um fato doloroso: cumprimos as regras e, no entanto, sofremos mais do que aqueles que praticam o mal e vivem felizes em nossa volta. Por que aconteceu comigo e não com os outros? Eis a questão revelada nas chegadas e partidas. Apesar de toda ciência, não sabemos tudo. Eis a limitação com a qual temos que conviver. E por isso choramos, rezamos e nos amamos ainda mais. Com a força e a inocência dos anjos, com a maldade inútil dos ressentidos e dos loucos que matam desumanamente em nome da pureza e, assim fazendo, reacendem a nossa humanidade. A dor das chegadas e partidas é o limite. Somos, acima de tudo, humanos e, quando não há o que fazer, surge o humano do humano: a pureza das almas. O absurdo de uma tragédia sem razão faz brilhar esse mundo feito de lágrimas e de fel.

A fonte da juventude

Eu sou do tempo em que "a vida começava aos 40". Um dia perguntamos o segredo desse limiar ao nosso professor de história. Aos 40, disse, a sexualidade enfraquece e, sem o aguilhão do desejo e meio broxa, o sujeito inicia uma nova vida dedicada às grandes causas morais e religiosas. Aos 14 anos eu, que só vivia o desejo mas estava longe dos 40, deixei essa lembrança na gaveta dos esquecimentos até que, nesses meus setenta e poucos, reli *O velho e o mar*, de Ernest Hemingway. Era um menino de 20 anos quando li esse livro pela primeira vez. O herói, um velho chamado Santiago, pescador azarado e que sonhava com leões, embora morasse numa cabana nas praias brancas e ensolaradas de Cuba, não me impressionou. Frequentador da bela praia de Icaraí, então virgem dessa vergonhosa poluição que a assola há mais de quarenta anos, eu fiquei mais surpreendido com as imagens dos leões e com a batalha do velho contra o gigantesco e precioso marlim, o maior e mais magnífico peixe que jamais pescou em toda sua vida mas que, depois morto e atado ao barco, é abocanhado por vorazes e traiçoeiros tubarões. Moço, eu li o livro e ignorei a parábola; velho, eu reli o livro e compreendi a fábula em sua bela e tenebrosa densidade. O marlim por nós pescado com enorme esforço para ser destroçado representa todos e cada um de nós que temos dentro de nossas almas tubarões, meninos e Santiagos com força para morrer de pé, lutando por melhores histórias.

Hoje eu vejo que uma das gratificações de uma longa vida é poder revisitá-la. É ser capaz de revê-la nos seus esplendores, medos, dúvidas e angústias. E qual não foi a minha surpresa quando me encontrei – agora velho – com o velho Santiago do velho Hemingway e revivi essa pescaria fracassada. Quantas vezes questionei-me se, alguma vez, pesquei um marlim. O que significa pescar um gigantesco e desejável marlim para um velho? Seria mandar tudo às favas e começar de novo? Mas como começar se chegamos ao fim da linha? Seria ter o seu trabalho reconhecido? Seria ganhar uma loteria que pudesse ampliar o seu modesto patrimônio de professor vinte vezes em quatro anos? Seria receber de volta os presentes que distribuiu ao longo de sua vida? Seria viver a sua solidão em pleno diálogo consigo mesmo, procurando esquecer as perdas e abafar a devastadora dor de ver a pessoa amada perder a alma?

Por outro lado, o que é para alguém no final da vida testemunhar a sua maior obra ser destruída por tubarões? Esses tubarões que, invisíveis, vivem em nossa volta e nos obrigam a descobrir a inveja e o ressentimento no lugar da fraternidade e do companheirismo? Mas o que fez Santiago quando chegou à sua praia com a carcaça inútil do peixe com o qual havia lutado a sua tremenda batalha? Essas batalhas que todo velho luta diariamente contra a ingratidão, contra o abandono, contra o amor roubado pela vida e pelos deuses, contra a perda de algum ente querido, enterrado ainda quente no frio da terra?

O velho Santiago não abjurou sua vida ou amaldiçoou sua profissão ou renegou o seu destino. O que ele fez foi dormir e sonhar com leões. E amar seus filhotes e brincar com eles, tal como eu amo as pessoas que estão em minha volta.

Desta Niterói onde vivo, envio o meu abraço e as minhas mais calorosas felicitações pelas oito décadas de Zuenir Ventura. Mestre do jornalismo, ele escreveu uma reflexão exemplar sobre a fonte de sua juventude. Pois, quando se viu idoso, descobriu-se também mais jovem. Pois a juventude está na redescoberta, no revisitar, no reviver e, para nós, que amamos as letras, no reler e no reescrever. É delas que vem o sopro perene da vida que apaga, pois os livros terminam, mas também acendem algumas velas. Quem acha que a vida termina (e começa – mas como começar sem amor?) aos 40; quem se sente liquidado aos 70, não sabe de nada. Zuenir, aos 80, sonha com leões e, no Brasil, sonhar com leões tem a ver com a domesticação da ganância, com a busca da sinceridade, com a ultrapassagem do atraso e da ignorância. Com o saber o que é, afinal de contas, suficiente para cada um de nós.

Esses ritos de crise de vida e passagem de idade – 1, 5, 10, 15, 20, 40, 80 etc... – reúnem uma primeira e uma última vez. Por isso devem ser celebrados intensamente com quem nos dá amor e por meio desses testemunhos nos despertam o sentimento de plenitude e de coragem de existir neste mundo feito de tanto gozo e sofrimento.

Celebrações são como as rimas e as simetrias das pinturas, do bom cinema, do amar sem culpa, dos bons pratos e da grande música. Simetrias que acentuam o início, o meio e o fim de alguma coisa e, com isso, realizam o contraste necessário com a vida que assusta porque não tem começo ou fim. Esses são momentos de pleno sentido, pois as festas têm sempre uma razão e, mesmo bagunçadas, elas têm começo e hora para terminar.

Num mundo totalmente desequilibrado, injusto, frenético, louco e cruel para tantos, as celebrações inventam pausas, desvendam olhares, promovem comentários, anedotas e risos que são o nosso trunfo (senão o triunfo) contra a finitude: essas causas perdidas. Mas, como dizia Frank Capra, essas causas perdidas – igualdade, liberdade, justiça, amor, altruísmo e, sobretudo neste Brasil onde somos assaltados por altos funcionários federais em rede com justificativa ideológica, honestidade! – são as únicas causas que valem o bom combate. Capra falou das causas perdidas num revolucionário filme de 1939!

Shakespeare no Brasil

"O mundo é um palco e todos os homens e mulheres são meros atores. Eles têm suas entradas e saídas de cena e cada homem, a seu tempo, representa muitos papéis."
   Essa profunda descoberta está na peça *Como gostais* ou *Como quereis* (em inglês, *As you like it*) de William Shakespeare. A peça foi escrita em 1599, quando o Brasil, gloriosamente habitado por Tupinambás, fundava suas primeiras cidades e era invadido pelos franceses. Vale lembrar essa reflexão sobre o teatro e o mundo que eu chamo de "axioma de Shakespeare" neste Brasil de 2012, habitado por tribos que querem o poder a qualquer preço e por políticos que, diferentemente de Rosalinda (a mocinha da peça), não sabem que há uma razoável distância entre ator e papel, entre o cargo (com suas demandas) e quem o ocupa (com suas limitações). Ademais, é preciso liquidar de vez com a relação entre política e teatro porque, se há muito de teatral na política, política não é teatro. No palco pode haver esse *"as you like it"* – esse "a teu gosto" shakespeariano. Mas na política é preciso cumprir metas atacando honestamente a injustiça e a desigualdade – ou, como lembrou o ministro da Justiça – multiplicar o número de prisões e tirá-las de um medievalismo desumano.
   Num caso, tudo é fantasia e tem hora para começar e terminar; no outro, a luta contra a iniquidade não acaba e o Brasil está muito atrasado. Repetimos dramas que não deveriam

mais ser vistos com uma insistência que causa vergonha e não os aplausos que conferimos com gosto quando se pede bis no teatro.

O fato central é que o axioma de Shakespeare, esse fundador do humano, na opinião douta de Harold Bloom, nos leva a discutir se o papel faz a pessoa ou se ocorre o justo oposto.

Eis a questão que tem permeado a democracia liberal e a modernidade tão exemplarmente demarcadas por Alexis de Tocqueville quando descobre que na América que visitou na década de 1830, o mundo era construído mais de indivíduos do que de pessoas, como ocorria nas aristocracias das quais ele fazia parte. Nas aristocracias, o mundo era fixo, as pessoas entravam nos papéis. Nas democracias, dava-se o justo oposto: o papel era moldado por pessoas que os redesenhavam ou expandiam. Novos papéis eram sempre inventados.

Mas até que ponto podemos sair e entrar dos papéis que o grande palco da vida nos obriga a desempenhar? Até onde eles devem ser levados a sério? Será que hoje vivemos uma dessacralização de todos os papéis?

Penso que não. Sobretudo se falamos dos papéis públicos – os chamados cargos governamentais. Esses papéis tão pouco discutidos no Brasil mas que têm sido centrais no meu trabalho.

Cargos públicos ou papéis sociais coletivos, voltados para o bem ou para o mal comum, são parcialmente escolhidos e legitimados. Uma pessoa quer ser ministro mas, para tanto, precisa ser escolhido pelo presidente. Ser e estar, como disse Eduardo Portella, são um traço fundamental desses ofícios. Eu posso estar e não ser; ou posso ser e não estar. O lado individual tem que ser conjugado pelo lado legitimador da autoridade. Ninguém é ministro sozinho, e quando se está ministro, não se está individualizado. Pode um ministro dar publicamente uma opinião como cidadão?

Melhor não fazê-lo. Imagine um general dizendo que seus soldados são uns merdas? Ou um presidente dizendo que a tarefa é maior do que ele imaginava? Ou um juiz que se comporta como advogado de defesa?

Tais casos configuram no máximo má-fé e estelionato coletivo (algo a que nos últimos dez anos temos assistido passiva e covardemente no Brasil); e, no mínimo, falta de consciência de que um cargo público (pertencendo à coletividade) não permite que o seu ocupante tenha vida privada. Há cargos e cargos. Mas os públicos devoram o lado íntimo das pessoas que os ocupam. O cargo, sendo coletivo, contamina o ator obrigando-o a uma complexa transparência. Só nós, brasileiros, que estamos sempre a reinventar o mundo legal e político com ficções que legitimam o crime como heroísmo e o roubo como parte de uma boa biografia, nos surpreendemos com esse fato.

Se assim não fosse, eu poderia ter as páginas deste jornal para falar grosso disso ou daquilo. Não falo porque não sou ministro; porque não tenho a presença coletiva de um cargo que não é meu, mas é do país e da sociedade. Os pais podem maldizer ou abençoar seus filhos e os ocupantes de cargos públicos podem desgraçar ou exaltar partidos e governos.

É o que vemos hoje no Brasil. Uma shakespeariana troca de papéis com – graças a Deus – consequências e, espero eu, consciência.

A luta com o papel

Falamos muito do papel da "luta", mas não há quem não tenha lutado com algum papel. Para muitos foi duro ser filho, irmão, pai ou marido e foi mais complicado ainda ser democrata. Entre o papel e a pessoa há sempre um fosso e o seu preenchimento requer o entendimento do "axioma de Shakespeare". Refiro-me à observação segundo a qual o mundo é um palco e todos nós, homens e mulheres, somos meros atores. Todos temos nossas saídas e entradas e desempenhamos muitos papéis.

Papéis são fórmulas ou protocolos. Impossível rir num enterro ou ficar triste num baile de Carnaval. Neste primeiro dia do ano, assisti à "posse" de Dilma Rousseff no cargo de presidente da República. A passagem da faixa presidencial foi, como tudo no Brasil, o final de um processo gradual, iniciado com a diplomação pelo STE e, dias depois, com a assinatura do livro de posse do cargo no Congresso. Dilma é a primeira mulher presidente do Brasil, mas ela assume o cargo sem nenhuma turbulência, inventada e abençoada que foi pelo carisma bem propagado do presidente Lula, que sai deixando a nova administração sob o signo da continuidade.

Inevitável observar essas transições que têm tantas consequências para as nossas vidas porque, afinal de contas, há teatro no poder, mas o poder não é teatro. Nas democracias, separar pessoas e papéis é algo fundamental, senão o seu fundamento. Nelas, não cabem os movimentos "fora X, Y ou Z" quando alguém é eleito para ocupar o papel de "supremo mandatário da nação" como diz a nossa autoritária fórmula cultural. Você pode ser contra um partido ou uma pessoa, mas não pode torcer contra a presidência ou contra o seu país.

Há papéis universais e triviais, como o de cidadão, pedestre, comprador, viajante, eleitor, motorista etc. – e papéis especiais. Quanto mais importante e singular, mais difícil e desejado é o papel. Há papéis que enriquecem, há os que marginalizam e há os que notabilizam, como o de artista, cantor ou de escritor premiado. Há os superexclusivos, a serem ocupados por uma só pessoa que, por isso mesmo, encerram biografias, como os de papa, de rei e de presidente da República. Sem esquecer o de dita(dor)! Sua exclusividade é uma medida óbvia do seu poder de construir & destruir, daí a sua onipotência – a ser, se há bom senso – necessariamente controlada. Nos países de índole hierárquica que amam privilégios e o Estado serve para aristocratizar os membros do poder, esse cargo é incensado e a onipotência do papel contamina o seu ocupante. Uma imprensa livre e desinibida é o remédio contra essa dose de divindade e por isso ela é tão odiada quando uma pessoa se apossa da presidência.

Papéis exclusivos fecham, como disse acima, biografias e obrigam a um abandono do mundo, conforme viram Max Weber e Louis Dumont. Ler certas vidas como exemplos de renúncia do mundo conforme sugeri faz tempo ajuda a compreender tipos como Antonio Conselheiro, Pedro Malasartes, Lampião, Leonardo Filho, Jânio Quadros, Getúlio Vargas e outros. Figuras reais e imaginárias filiadas à corrente dos que, por alguma tragédia, convicção ou decepção, foram obrigados a sair do mundo em que viviam.

Dir-se-ia que o papel de presidente da República situa a pessoa no centro. Mas é justo no centro onde jazem a maior solidão e as mais tenebrosas tentações. Como sabem as "celebridades", alguns papéis devoram seus ocupantes. No topo, qualquer movimento leva à planície. Por isso, as sociedades arcaicas cercavam a realeza com cargos dados ao nascer e perdidos ao morrer. No caso das democracias modernas, temos uma situação curiosa. O papel de presidente é perpétuo e todo-poderoso; mas a pessoa é, pela teoria, um cidadão falível e mortal. Sabe-se que o Congresso americano discutiu se o primeiro presidente do país, George Washington, deveria ser tratado como "Vossa Majestade" ou "Senhor". Ficaram, coerentemente, com a segunda fórmula. O resultado desse dilema, entre um papel que transforma e a pessoa que a ele sobrevive, é a idealização e o endeusamento dos que, num mundo de cidadãos, são elevados por tais cargos.

A percepção do limite da pessoa no papel e do papel na pessoa é uma arte. Ser o nº 1 de um país, tendo – como no caso do Brasil – todos aqueles puxa-sacos, mordomos, assessores, asseclas, aliados, secretários e empregados; poder gastar e usufruir de tudo secreta ou abertamente; estar sujeito ao aval de sua própria ética porque entre nós a presidência foi moldada numa cultura monárquica jamais discutida ou erradicada, é algo que poucos podem realizar com bom senso e honestidade. Por isso Lula falou em "desencarnar" do papel. Pois nele permanecer seria patológico e inviável. Até onde ele vai realizar isso, aceitando o tenebroso "ex" (há algo mais patético do que um ex-marido?), veremos. E até onde Dilma Rousseff vai se adaptar a ele será visto nos próximos quatro anos. A ambos o cronista deseja sucesso, pois como um encarnado antropólogo cultural que sabe de duas ou três coisas sobre a vida coletiva, ele compreende como deve ser duro sair e entrar de um papel que canibaliza, esgota e coage ao ponto da tortura. Um cargo que obriga a ser presciente quando todos em volta nada sabem; que determina cautela quando não se tem tempo para decidir e inovação quando os hábitos exigem as velhas fórmulas; que determina impessoalidade num universo marcado pela ética da condescendência; que manda acreditar quando não se acredita. Um papel, enfim, eventualmente assassino, que pode crucificar o seu ocupante. Tal como ocorria com os messias, os profetas ou os velhos feiticeiros e hereges, que eram queimados vivos nas fogueiras.

Os papéis sociais e suas obrigações

Como atuamos no mundo? Nesse mundo que não foi feito por nós e que vai continuar sem a nossa presença? A pergunta do professor ressoava num ar denso, vazio de respostas, fazendo face apenas a um conjunto de caras sem expressão, porque é o saber alguma coisa que nos torna vivos e expressivos.

O mestre, ele próprio, do alto de sua sabedoria estudada, pois quem ensina prepara suas aulas e só os burros e os tomados pelo poder (na forma de uma inexcedível estupidez) falam do que não sabem, respondeu:

– Atuamos no mundo por meio do conjunto de papéis sociais que a sociedade nos oferece e nos obriga a desempenhar. Trata-se – continuou ele – do velho "axioma de Shakespeare": o mundo é um palco e todos somos atores com uma hora de entrada e saída num drama desconhecido dentro do qual desempenhamos muitos papéis. No teatro, os atores sabem exatamente o que vai acontecer e o bom ator finge que não sabe. Na vida, não sabemos o que vai acontecer, mas fingimos que podemos aguentar o sofrimento que chega sem aviso.

Descobri, anos depois, que a fala do bardo de Stratford-upon-Avon não era bem essa, mas o espírito da coisa estava na observação do mestre. Todos nós, em qualquer sociedade, somos sujeitos de papéis que pertencem a um sistema. Tal como ocorre com a língua que falamos e com os códigos de etiqueta que seguimos. O individualismo que engendrou a tal "teoria da prática" passa a impressão de que podemos mudar o mundo mas, no fundo, atuamos dirigidos por um sistema que nos obriga a pensar e fazer dentro de uma gramática e um vocabulário. Criamos, sem dúvida, mas muito pouco e com muitas toneladas de sal, mas somos criaturas.

Em 1912, George Bernard Shaw escreveu a peça *Pigmaleão*. O drama original baseia-se nas complexas relações entre o escultor Pigmaleão e sua criação, a estátua de Galateia. Ovídio, o grande poeta latino, considerado o pai da poesia erótica, diz que Pigmaleão fez Galateia de marfim e, apaixonado pelo que tomava como a mulher ideal, apaixonou-se. O amor a sua criatura levou-o a implorar que Afrodite, a deusa do afeto, desse vida à Galateia, no que foi atendido. Mas logo que começou a respirar, ela reclamou da barba de Pigmaleão. Ela a cortou e, no processo, feriu o rosto. As gotas de sangue que caíram no chão transformaram-se em rosas vermelhas que, desde então, são símbolos dos sacrifícios dos amores apaixonados. Bernard Shaw transformou Pigmaleão num professor de fonética e, zombando da hipocrisia inglesa e da nossa modernidade que presta mais atenção às aparências, transformou Galateia em Eliza, uma florista suja, ignorante e sem modos, numa duquesa, usando o traço mais inglês da vida britânica: um sotaque apropriado que – eu próprio testemunhei isso – permite distinguir um cara de Cambridge, de outro, de Oxford. Mas diferentemente da narrativa original, e do filme *My Fair Lady*, o professor Higgins de Shaw não se apaixona por sua criatura, fazendo com que Eliza tenha um destino marginal e infeliz, com sua aparência de duquesa implantada (e irremediavelmente deslocada) numa vendedora de flores rude e ignorante.

No país de Jambon, as coisas são mais fáceis. Os poderosos podem tudo, confunde-se mandonismo hierárquico com coalizão e isso faz com que o criador acredite que ele possui a essência do papel que ocupa. O personalismo que opera na raiz de todo autoritarismo tem esse traço. Ele confunde o ator com o papel e imagina que os atores inventam os papéis quando eles apenas os ampliam. Ademais, quanto mais importante o papel, mais é requerido do ator. Donde o famoso "o exemplo vem de cima" e o tenebroso dia seguinte, quando o sujeito é obrigado a passar o papel para outro ocupante, como manda a impessoalidade das normas democráticas. Como alguns têm alertado, o inimigo nos processos eleitorais é a confusão entre as normas impessoais que devem nortear os que são os juízes da competição, os chamados "donos do poder". Se eles não tiveram um mínimo de impessoalidade, a democracia torna-se impossível. Nos períodos eleitorais, ou prevalece a consciência das obrigações dos papéis, ou o presidente acaba correndo o risco de transformar-se num Pigmaleão de segunda: num mero cabo eleitoral. E, como não se sabe o resultado da disputa, ele pode jogar no lixo uma presidência que muitos tomam como das mais importantes na história da República. Pagamos para ver onde está o bom senso que Montesquieu e Tocqueville remarcavam como essencial para as democracias. Bom senso que nada mais é do que a consciência e o diálogo entre nós, atores, e os papéis que desempenhamos.

O futebol ensinou, mais do que ninguém, essa diferença entre torcer e "ser de um time" sem – entretanto – deixar de honrar as regras que, no jogo, governam e submetem todos os times e desejos. Armando Nogueira, a quem eu presto uma homenagem vinda do fundo do meu coração, entendeu esse lado do espetáculo futebolístico e esportivo e muito escreveu sobre o esporte como uma experiência estética. Eu estudei o mesmo assunto de um ponto de vista ético, ligando-o aos fundamentos da experiência liberal e democrática. Armando Nogueira escreveu um prefácio para o livro *A bola corre mais que os homens*, no qual eu reuni ensaios e crônicas sobre futebol, olimpíadas e esportes em geral. Testemunhei na minha vida pessoal a sua pungente generosidade e o seu amor por essa esfera do mundo social onde as regras e os papéis sociais têm prioridade. Como deve ser no mundo civilizado.

A mensagem das catástrofes

Não há consciência sem uma conversa entre a parte e o todo. Não haveria mundo sem esse elo entre os objetos e os seus lugares porque tudo tem um lugar, mesmo quando está fora de lugar – o que já é, como vemos todo ano no Carnaval – um senhor lugar.

Num mundo globalizado, sabemos o que ocorre em outras terras instantaneamente. Tanto objetos de consumo triviais ou deslumbrantes quanto guerras e tragédias nos atingem. Antigamente, víamos o mundo por meio de um jornal ou revista que eram comprados e apresentavam uma visão parcial do mundo. Uma perspectiva sem movimento que despia os acontecimentos de sua densidade. Hoje, as catástrofes entram pelas nossas salas de visita por meio dos aparelhos de ver o mundo: essas máquinas que, ao vivo e em cores, recebem a programação convocada e um monte de hóspedes não convidados. É o moinho dos sonhos realizando um papel invertido: em vez de nos fazer esquecer, ele põe na nossa frente esse real que nada tem a ver com o coelho inofensivo tirado da cartola de um mágico que suspende os limites.

Ligamos a televisão para ver isso e ela despeja (eu quase digo, vomita) no nosso colo aquilo. O programado e o gozoso são substituídos pelo inesperado e pelo doloroso. Estávamos pensando em confirmar nosso estilo de vida assistindo a um caso amoroso, a uma boa discussão entre pai e filho, ou confirmar que os administradores públicos são no máximo inconfiáveis e, no mínimo, corruptos e indiferentes, mas eis que assistimos a tragédias que nos obrigam a entrar pelo tubo, roubando nossa sonolência. Saímos com um gosto amargo na boca do outro lado do mundo: num Japão desconhecido, que fala outra língua, tem outras formas de viver e morrer, mas que também é – eis o choque complicado de traduzir – feito de gente que chora como nós e tem filhos e família como nós. Mais perturbador e, no entanto, mais costumeiro, é quando vemos a lama dos deslizamentos transbordando na nossa mesa de chá, e não nos bairros pobres, onde – ao lado de alguns prefeitos – jamais botamos os pés.

De repente, descobrimos que tudo está ligado com tudo. O global, que frequentemente surge pelos prismas gelados da economia, e da política, é subitamente iluminado pela compaixão e por uma identidade insuspeita que enternece o coração. Não há mais nenhuma possibilidade de pensar a vida somente em termos de divisões e territórios soberanos como manda o dogma do nacionalismo moderno sem, ao lado disso, repensá-lo como feito de tradições e pessoas que, antes de serem indivíduos, são parte de totalidades: são pedaços de um quadro que lhes dá sentido e que somente ganha realidade com a sua presença. A força das redes não está na conexão: está na densidade e na emoção que mobilizam. Quando o mundo se globaliza, ele faz algo novo em termos das várias humanidades que ele agasalha: pois constatamos as diferenças, mas sentimos a dor que vem do fundo do planeta. Da totalidade que convencionamos chamar de "natureza", mas que de fato é nossa irmã ou mãe ou esposa, hoje uma vítima do nosso estilo de vida.

Não é por acaso que, num mundo iluminado pelas fórmulas matemáticas e pela revolução tecnológica que deu à humanidade o poder de ampliar ao infinito a sua criatividade e a sua capacidade de destruição, a presença contundente do todo –

nos temporais, terremotos, maremotos e furacões – brote como a voz indesejada de Deus, ou de algum demônio. Pois Deus é, de fato, a melhor imagem deste todo que a nossa civilização baseada no individualismo (e na parte) e com ajuda da onipotência técnica, ignorou e desdenhou. O reducionismo da vida ao "eu" (em inglês, significativamente escrito com um "I" maiúsculo) é deslocado pelos acidentes. Eles desmancham planos e destroem teorias. Eles revelam que sempre falta alguma coisa e que há sempre o imprevisto: uma ligação insuspeitada de tudo com tudo. Elo que nega brutalmente as agendas inventadas pelo individualismo. A revelação de conexões desconhecidas entre as partes deste mundo é a grande mensagem dos desastres.

As catástrofes obrigam a pensar o mundo como sendo feito de relações. E os elos implicam mais trocas e equilíbrio do que exploração, experimentação e mais-valia, onde um ganha muito e o outro recebe o suficiente para se manter vivo. Se tanto, porque o modelo aplicado à natureza revelou-se um desastre. É curioso que tenhamos chegado ao ponto de virada de um individualismo insolente, onde todos lutavam contra todos. E as coisas ficam ainda mais interessantes quando se observa que quem nos faz enxergar as nossas obrigações para com o planeta não seja nenhuma religião ou ideologia política, mas a tecnologia capitalista. É ela que, paradoxalmente, diz que a Terra é nossa mãe, tal como ensinam os chamados "povos primitivos". Eis o capitalismo virado pelo avesso.

P.S.: Bem que o Obama, com seu maremoto de reparos e limpeza, poderia visitar Niterói.

Achados e perdidos

Às vezes eu sinto a angústia de um menino perdido numa multidão. Vivemos hoje no Brasil um período inusitado de estabilidade política permeada pelas superimposições promovidas pelo casamento entre hierarquias aristocráticas (que em todas as sociedades e sobretudo na escravidão, como percebeu o seu teórico mais sensível, Joaquim Nabuco) que têm como base a amizade e a simpatia pessoal; e o individualismo moderno relativamente igualitário que demanda burocracia e, com ela, uma impecável, abrangente e inatingível impessoalidade.

O hibridismo resultante pode ser negativo ou positivo. Pelo que capturo, o hibridismo – ou o mulatismo ético – é sempre malvisto porque ele não cabe no modo ocidental de pensar. Provam isso as Cruzadas, a Inquisição, o puritanismo, as guerras mundiais, o Holocausto e a exagerada ênfase na purificação e na eugenia – na coerência absoluta entre gente, terra, língua e costumes, típicos do eurocentrismo. A mistura corre do lado errado e tende a derrapar como um carro dirigido por jovens bêbados quando saem da balada; ou da esquerda carismático-populista, burocrática e patrimonialista no poder. Desconfio que continuamos divididos entre tipos de dominação weberiana e suas instituições. Fazer a lei e, sobretudo, preparar a sociedade para a lei; ou simplesmente prender? Chamar a polícia (que é, salvo as honrosas exceções, intensamente ligada aos bandidos e chefes do crime paradoxalmente presos) ou resolver pela "política"? Mas como fazê-lo se os "políticos" (com as exceções de praxe) estão interessados no desequilíbrio porque a estabilidade impede e dificulta a chegada ao "poder"? Poder que significa, além da sacralização pessoal, um imoral enriquecimento pelo povo e com o povo. Ademais, somente uma minoria acredita na política representada por instituições igualitárias e niveladoras. Para ser mais preciso ou confuso, amamos a dominação racional-legal estilo germano-romana, mas não deixamos de lado nosso apreço infinito pela dominação carismática em todas as esferas sociais, inclusive na "cultura" como revela esse disparate de censurar biografias. Temos irrestrita admiração por todos os que usaram e abusaram da liberdade individualista nesse nosso mundinho relacional quando os perdoamos e não os criticamos, o que conduz a uma confusão trágica entre o uso da liberdade e o seu abuso irresponsável. Esses mimados pela vida e exaltados pelos amigos – os nossos maluquinhos – legitimam a ambiguidade que se consolida pelo pessoalismo do herói a ser lido pelo lado do direito ou do avesso. Esse avesso que, no Brasil, é confundido com a causa dos oprimidos num esquerdismo que tem tudo a ver com uma "ética da caridade" do catolicismo balizador e historicamente oficial. Com isso, ficamos sempre – como dizia aquele general-ditador – a um passo do abismo. Andar para trás é condescendência, para frente, suicídio.

Como gostamos de brincar com fogo, estamos sempre a um passo da legitimação da violência justificada como a voz dos oprimidos que ainda não aprenderam a se manifestar corretamente. E como fazê-lo se jamais tivemos um ensino efetivamente igualitário ou instrumental para o igualitarismo numa sociedade cunhada pelo escravismo e por uma ética de condescendência pelos amigos e conhecidos?

Pressinto uma enorme violência no nosso sistema de vida. Temo que ela venha a ocupar um território ainda mais denso e seja usada para legitimar outras violências tanto ou mais brutais do que os "quebra-quebras" hoje redefinidos como "manifestações". Protestos que começam como demandas legítimas e, infiltrados, tornam-se "quebra-quebras". Qual é o lado a ser tomado se ambos são legítimos e, como é óbvio, dizem alguma coisa como tudo o que é humano?

Estou, pois, um tanto perdido e um tanto achado nessa encruzilhada entre demandas legais e prestígios pessoais. Entre patrimonialismo carismático e burocracia os quais sustentam o "Você sabe com quem está falando?" – esse padrinho do "comigo é diferente", "cada caso é um caso", "ele é meu amigo", "você está errado mas eu continuo te amando"... E por aí vai numa sequência que o leitor pode inferir, deferir ou embargar.

Embargar, aliás, é o verbo e a figura jurídica do momento em que vivemos e dos sistemas que se constroem pela lei mas confundindo a regra com o curso torto, podre e vaidoso da humanidade, tem as suas cláusulas de desconstrução. Com isso, condenamos com a mão direita e embargamos com a esquerda; ou criamos os heróis com a esquerda e os embargamos com a direita. Construímos pela metade. O ponto que já foi ressaltado por mim algumas vezes é simples: se conseguirmos assumir e controlar abertamente a ambiguidade, há a esperança de controlá-la. E isso pode ser uma enorme vantagem num planeta cujo futuro é um inevitável "abrasileiramento".

Assim, entre o ser obrigado a calvinisticamente condenar, como fazem os nossos "brothers" americanos que todo dia atiram nos próprios pés, podemos assumir em definitivo que todos têm razão. Afinal de contas, o Brasil é um vasto programa de auditório com pitadas de missa solene e jogo de futebol.

Crise de coluna

Para Cassiano Machado, que sugeriu o título

Ando obcecado por uma certeza. A certeza mais absoluta e certamente doentia de que não há nada de novo no mundo público brasileiro. Enquanto as coisas da casa se renovam: pessoas se casam, as crianças crescem, a morte faz o seu triste e inevitável serviço, a hera cobre de verde as paredes, no universo da rua as redundâncias me perseguem.

Os mesmos carros atropelam os mesmos pedestres e furam os mesmos sinais. A notável ausência da polícia nas cidades dominadas por bandidos. As velhas malandragens dos políticos com suas caras de pau, mais do que batidas, desmoralizando e legitimando nossas instituições públicas. Procuro novidades, mas tudo me leva a velhas histórias com começos e desenlaces conhecidos. Só as péssimas notícias parecem novas, mas quando delas me aproximo, vejo logo que elas nada mais são do que os fatos de sempre: as ruas se esburacam, os governantes sumiram, a sociedade serve para aristocratizar os administradores públicos, os traficantes fazem a agenda da cidade, os crimes não têm solução, e as soluções são evitar solução. Como construir muros educados em vez de encarar o desafio de domesticar a velha explosão das favelas; ou dos mijões já que estes, com a ideia de terem muro fabricado especialmente para suas funções urinárias, poderão mijar dos seus dois lados. Será o nosso venerável Muro do Mijo. Cada povo tem o muro que merece...

A coluna está em crise porque todo santo dia eu leio a mesmíssima história. O rapaz se elege vereador cuidando do povo. O vereador (mais do que o rapaz) encontra recursos públicos. Os recursos (mais do que o vereador e o rapaz) entram no bolso do político que nasceu de um cruzamento entre o rapaz, o vereador, a centralização dos recursos públicos e a noção estabelecida e jamais politizada segundo a qual, aquilo que é publico não é de ninguém porque pertence aos seus "cuidadores". O político é denunciado. Surgem muitas versões. Logo descobrimos que todos tem razão. A irracionalidade toma conta. O processo fica com 250 mil páginas e torna-se ilegível. A oposição que gritava, tem que calar porque ela tem vários políticos que fizeram a mesma coisa. O rapaz-político, hoje um velho decadente de um partido reacionário que, um dia, foi contra a ditadura (quem, aliás, não foi contra ela?); que usa ternos caros e bem cortados, e não paga um táxi ou despesas pessoais faz uns trinta anos, multiplica o seu patrimônio construindo castelos de verdade!

Enquanto isso, o Brasil vai vivendo suas marolinhas. Sua sensatez de ferro lhe diz que, apesar de tudo, temos avançado embora não saibamos para onde. No final, temos o glorioso "*unhappy end*" de uma justiça sem o bronze do ajuste das contas morais; de um sistema político que não tem nojo de se repetir; de uma total incapacidade de politizar costumes aristocráticos (e não apenas patriarcais ou cordiais), para fazer valer a lei que nivela e controla. Quem poderia pensar num modo melhor de ilegitimar instituições e da própria ideia de democracia?

Nossa inocência positivista e o nosso marxismo vitoriano, lido via Engels, continuam acreditando o que pode acabar com o nepotismo e o "Você sabe com quem está falando?" reveladores da importância da solidariedade do poder, com mais uma lei (devidamente aprovada pelo Congresso). Em vez de discutirmos o costume, achamos melhor e mais fácil produzir uma lei contra ele. Com isso nos livramos da responsabilidade de praticá-lo, pois se ninguém nos pega (já que isso não é mais problema nosso, mas da polícia...), não temos com que nos preocupar pois a vergonha, diferentemente da culpa, só aparece quando somos pegos e "todo mundo" sabe. Temos, então, essa pletora de leis que redundantemente combatem costumes que, por seu turno, se reforçam e guerreiam as leis, ficando ainda mais fortes e legítimos como disse, faz trinta anos, no meu livro *Carnavais, malandros e heróis*, que trata justamente dessa relação de ódio e amor que nós – barõezinhos, filhinhos de papai-patriarca-fazendeiro e também parlamentar ou juiz – temos com a lei que cuidadosa e orgulhosamente fazemos valendo para todos, menos pra nós.

Disse um grande escritor que para mudar uma história é preciso, em primeiro lugar, escrevê-la. É o que faço por meio de uma coluna em crise.

Histórias de fim de ano

Em memória de Pedro Jorge Dalledone de Barros

Um livro me disse que neste mundo há os que amam e os incapazes de amar. Aprendi com a vida a verdade da experiência. Há quem ame sempre, de modo direto e transparente, na riqueza e na pobreza, no poder e fora dele. Existem os programados para o amor e os que não conseguem dar um reles bom-dia. Para eles, a generosidade é um ato de bravura. Se, entretanto, não é possível viver somente com amor, deve-se ponderar sobre os limites do ressentimento, da traição, da covardia e da inveja. Penso que em 2009 todos nós tivemos um tanto disso e um pouco daquilo. Ninguém recebeu somente amor porque, se assim fosse, não chegaria até esse final de um ano tão incerto, situando Copenhague na Suécia e não na Dinamarca de Hans Christian Andersen, conforme eu fiz na semana passada. Se, por outro lado, tudo fosse feito com desamor e egoísmo, não ficaria pedra sobre pedra.

O milagre jaz no contraste e na diferença. Poucos são consistentemente bons como São Francisco ou maus como Satanás. Um frade que conviveu com um santo disse-me que não era fácil a rotina ao lado de um sujeito perfeito. Na minha vida de pecador e invejoso empedernido, convivi com uns dois ou três f.d.p e com muitos santos. O Brasil, aliás, é um país onde santos e salvadores da pátria abundam. Antigamente distribuíam pão, hoje dão panetones. Mas a vida, como sabemos quando aceitamos a nossa imensa solidão, é feita dessa mistura mágica de coisas planificadas com o detalhe do teatro e de eventos inesperados e gratuitos. Cada ato dessa peça tem seus atores. O mundo me reservou algumas surpresas terríveis mas, em meio ao tumulto do sofrimento, encontrei gente como o Dalledone, que banhou minha vida com generosidade.

―――――

Estamos bebendo e comendo razoavelmente, num restaurante razoável num lugar igualmente razoável. Mas para contrariar a razoabilidade do nosso razoável modo de viver, jantamos num final de ano. Tudo pode mudar ou continuar a mesma coisa mas, no mínimo – e nós, pós-modernos cada vez engolimos mais e acreditamos menos – temos que ajustar relógios, conferir agendas e lembrar a mudança da data nos cheques.

Estou com dois sujeitos e uma moça que conheci devido ao enguiço do avião e que comigo reclamaram do azar de ter uma viagem interrompida numa data que, subitamente, ganha uma inigualável preciosidade. Um deles é grande, gordo, usa peruca e, competitivo, pede um vinho caro. Grosseiro, faz insinuações para a jovem que, concentrada na sua frustração, não olha para ninguém. O outro parceiro de infortúnio belisca um bife e mostra um invejável controle. Eu tento, com ajuda de Johnnie Walker com soda, aguardar tranquilo o desfecho de uma refeição com um chato, uma patricinha e um esnobe.

Estou enguiçado num restaurante de hotel de aeroporto e, na falta dos amigos do coração com quem eu, cada vez mais conto menos, contento-me com esses desconhecidos de última hora com quem sou forçado a compartilhar uma virada de ano.

Depois do vinho, o emproado fala da namorada ("foram muitas mulheres..." diz, fingindo nostalgia) que vai encontrar em Manhattan, onde tem um "puta apartamentaço!" Brasileiramente, a conversa segue de objetos para a bandalheira política e, daí, para doenças e pessoas. Chega a pergunta padrão: quantos filhos você tem? A mulher é solteira, e o caladão responde calmamente que teve três filhos e que perdeu um. A revelação embaraça pela franqueza. Num mundo de sucesso e felicidade, não cabem perdas. "Perdi meu filho mais velho, morto subitamente depois que 'esse' governo deixou sua companhia ir às favas!", diz ele nos constrangendo pelo ódio intenso com o qual enfatizou aquele "esse". "Era piloto da Varig, morreu com ela!", disse num ressentimento triste e inesperado, tomando um gole de vinho depois daquele ritual babaca de sacudir a taça. A mulher iluminou-se: "Está ao lado de Deus!" declarou num impulso. Eu, veemente, recusei a possibilidade de um outro mundo e o álcool que afinal, é espírito, ajudou na contundência da negação. Fui duro, sarcástico e professoral. Sufoquei tanto o perdedor quanto a crente.

Veio, então, a surpresa. O ricaço grosseiro, superficial e agressivo, pegou carinhosamente no meu braço e disse: "Eu sei que você não acredita e até acho que tem razão quando diz que viemos do nada e ao nada retornaremos, o que o torna um ateu bíblico. Mas, por favor, hoje é dia de surpresa e de festa. Entenda o nosso companheiro. Como você, eu não conheci e nada sei do morto, mas estamos seguros de que ele era um grande sujeito e então para ele, só para ele, vamos fingir que existe um outro lado e que, um dia, pai e filho vão se encontrar. Afinal, como dizia Karl Jaspers que você certamente leu – falou ele me deixando de queixo caído – ao morrer, reencontramos nossos mortos queridos. Mergulhamos, então, na plenitude de uma vida verdadeiramente vivida. Entramos num sítio penetrado pelo amor e iluminado pela verdade!" Naquele restaurante razoável, naquela espera igualmente razoável, eu tive mais uma prova que o mundo é mesmo muito mais espesso (e maravilhoso) do que pensava.

Qual foi o seu melhor presente?

Passado esse Natal de fim de mundo, um jornalista perguntou: professor, em que festa natalina você recebeu o melhor presente?

Respondi: Num Natal antigo eu ganhei uma bicicleta importada de uma impecável Suécia, conforme papai me falou com aquele tom de voz que situava tudo o que era estrangeiro como superior. Esse foi um presente importante – em Niterói, íamos a todo os lugares de bicicleta – mas, diz um lado meu, não foi o meu melhor presente.

De outra feita, moço e apaixonado, ganhei em plena rua Dr. Romualdo, em Juiz de Fora, o beijo de uma namorada e com ele a promessa esquecida de ser amado para sempre. O beijo natalino foi um belo presente, mas não foi – diz novamente a voz dentro de mim – o meu melhor presente.

Num Natal na casa de meus avós, Raul e Emerentina, na rua Nilo Peçanha 31, recebemos todos um presente inesquecível: revólveres de espoleta que reproduziam a nosso ver perfeitamente bem, a guerra entre o Bem e o Mal – entre os mocinhos e os bandidos que víamos no cinema. Lembro-me da felicidade de manusear o meu revólver, de nele colocar as espoletas e, ato contínuo, atirar "matando" meus irmãos. Não esqueço as vezes em que fui ferido e morri por outros tiros naquele calorento Natal numa Niterói sem água, mas com uma praia das Flechas de mar translúcido. Apesar dos tiros, das mortes e das ressurreições, esse também não foi o meu melhor presente.

Em outro Natal, eu ganhei as obras completas de Guy de Maupassant em muitos volumes – mais do que poderia ler. Ao receber os livros de um contista que eu amava – ao lado de gente como O. Henry, Hemingway, Graham Greene e do Monteiro Lobato dos *Urupês* – exultei. Jamais me esqueci da luminosidade de Maupassant. Foi um grande presente, mas não foi o meu melhor presente.

Doutra feita, recebi os almanaques do *Globo Juvenil* e do *Gibi*. Maravilhado, transformei a varanda onde estava sentado meu avô Raul numa nave espacial na qual viajavam Flash Gordon, o Dr. Zarkoff e Dale Arden, por quem eu fiquei imediatamente apaixonado. Até hoje eu me lembro da voz calma do Celso Scofield, meu melhor e querido amigo, lendo comigo os quadrinhos. Ficamos, ambos, intrigados com uma história de Brick Bradford na qual ele ia parar num planeta com três gigantes imortais. O que era ser imortal? Celso havia perdido o pai; eu vivia numa casa cheia dos fantasmas dos meus tios mortos. Titia Amália, que era uma grande contadora de histórias, via almas do outro mundo num corredor sem fim no qual não ousávamos transitar sozinhos de noite. Nem de luz acesa. Foi um excelente presente, mas não foi meu melhor presente.

O meu primeiro Natal com data fixa e certa foi o de 1968 – em Cambridge, Massachusetts – onde fui levado como estudante de uma Harvard impecável. Fomos para a casa dos Maybury-Lewis. David era o meu orientador e Pia, sua esposa dinamarquesa, preparou a festa como mandava o figurino daquilo que eu só havia visto em tecnicolor e na grande tela do Cinema Icaraí. Havia uma enorme mesa com folhagens se misturando a comidas doces e salgadas. Havia vinho e neve, itens desconhecidos. E havia o amor de Celeste e dos nossos filhinhos. Cantamos músicas de Natal. Eu pude dar presente para todos os meus filhos com o deleite do pai feliz por ter plantado as suas sementes no mundo e foi assim que eu os vi rasgando o papel dos embrulhos para descobrir o que haviam recebido. Não ganhei nada, mas hoje sei o que foi essa festa.

A partir de um certo Natal, quem tem filhos passa a ser mais um doador do que um receptor de presentes. Comecei a sustentar a crença dos meus filhos em Papai Noel embora piscando o olho. Afinal, o Natal é apenas na aparência uma festa para crianças. No fundo, ele é uma celebração da paternidade que tenta retribuir o peso indiscutível de sua autoridade distribuindo dádivas. Era perfeito ver a crença nos olhos das crianças com aquele brilho que os meus olhos haviam perdido.

Seria mesmo possível responder à questão do jornalista? Afinal de contas, qual foi o melhor presente que recebi em toda a minha vida? Vocês sabem como eu sou ingrato e difícil de satisfazer. Ademais, sejamos realistas, quem é que, na tal "melhor idade" (como é o meu caso) pode se lembrar de tudo o que recebeu ao longo de 76 natais?

Em alguns eu tenho agradecido a presença de pessoas queridas. Em todos eu sofro pela ausência de outros entes amados e perdidos. Meu maior presente tem sido, sem nenhuma dúvida, os livros que me fazem ler e escrever e, pelo milagre da literatura, tentar desenhar dádivas e ter o privilégio de distribuí-las nesta coluna. Esperando, é claro, algum retorno.

Papai

Um papel social importante é regularmente assinalado. Na semana que passou, comemoramos – no Dia dos Pais – o seu lado positivo. Mas mesmo vivido pelo avesso, o papel é discutido, como ocorre nos tristes casos em que o pai destrói o filho, castigado em excesso ou, pior que isso, quando o renega e ignora. No plano simbólico e exemplar, invocamos o pai para glorificá-lo na sua esperança de protetor como o Pai Eterno que tudo criou; ou o pai mortal que, sendo regular e mediocremente bom e mau, como é o caso em geral, ajuda – é certo – a vender cuecas e gravatas mas também a pensar em certas coisas como a fraternidade que o tem como referência.

De papai guardei muitas memórias e dois presentes. Ele não foi um homem de livros, palavras ou canções. Pouco disse, muito agiu. Sempre no sentido de preservar e cuidar da família ("nada pode faltar na minha casa!"). Jamais pulou a cerca e foi o maior marido "caixão branco" que vi na minha vida. Nada me disse quando, um dia, tive uma dificuldade sexual corriqueira (e fundamental) que nos torna ternamente meninos diante das mulheres; mas, um dia, quando notei a janela do meu quarto ser forçada por um provável gatuno, testemunhei sua coragem quando ele, de um salto, escancarou-a no intuito de pegar o intruso que tentava violar o nosso lar.

Quando entrei no ginásio numa Juiz de Fora de bondes e apenas duas piscinas (a do Sport e a da casa do Mário Assis onde, com o Maurício Macedo e o saudoso Naninho, tomávamos banho depois de peladas de basquetebol), meu pai, um tanto solene, presenteou-me com uma caneta Parker. Nela, estava incrustado o meu nome. Aquela caneta levou-me à escrita – um desejo e, quem sabe?, um comando oculto daquele pai provedor, discreto e elegante. Ali eu recebi a pena que me livra, com as mentiras que conto, de todas as penas desta vida.

Quando, nos idos de 1963, para o risco de Harvard, eu partia para uma Nova Inglaterra fria e desconhecida, papai presenteou-me com um sóbrio sobretudo que era uma confirmação de autonomia, era um voto de sucesso para a carreira que tomava corpo e era, eis o que vejo hoje com olhos marejados de lágrimas, a definitiva, a tão necessária e tão magnânima bênção paterna. Pois o que é a "bênção" senão a prova explícita de um amor incondicional e, por isso mesmo, pronto para sair de cena?

Pois foi esse casaco que me agasalhou nas nevascas. Deu-me o calor e o conforto moral contras as covardias da minha insegurança. Usei-o quando fiz meus exames para o doutoramento; vesti-o quando caminhava nas ruas de Cambridge e, solitário, aprendia a ser antropólogo. Ou antropófago dos fatos da vida. Ao escrever e tentar proteger os meus e a mim mesmo, estou com papai. Bonito, forte, amante da praia e dos esportes. Fiel à sua família e à sua casa. Tão honesto e puro que, mesmo sendo fiscal do consumo, só nos legou uma casa. Nós, seus cinco filhos e filha, o enterramos com um choro de orgulho e de amor. Fôramos todos abençoados por esse baiano-amazonense que, entre muitas coisas, jamais visitou os Estados Unidos, pois – como me disse uma vez – jamais poderia pôr os pés num país que não gostava de negros.

Um dia eu virei e – digo-o porque é importante – jamais deixei de ser pai. Estava escrito e, a despeito de minhas dúvidas, determinado. Segui a mesma sina do pai e tive dois filhos e uma filhinha. A metade da prole paterna, como manda o figurino de um rapaz que queria ser pai e tinha aspirações político-intelectuais e, como tal, queria ser simples e modestamente a luz dos explorados e era favorável ao que então se chamava de "reformas de base" e hoje dizem ser o PAC – esse PAC que jamais sai do papel. Tinha fantasias de ser um grande "conscientizador" (eis outra palavra na época) e sair pelo mundo, renunciando a ele, para exercer a carreira dos comunistas que – naquele momento – figuravam como andarilhos e santos. Não sei onde foram parar. Como pai e marido, segui o pai e como pai, fui menos calado e certamente tão insatisfatório e faltoso quanto foi Renato, meu genitor. Pois quem como pai é pleno, se a plenitude supõe uma igualdade que o papel de doador da vida, instaurando uma dívida inafiançável, suprime de saída? Como ser pai (ou mãe) se num momento de nossas vidas fomos deuses e o nosso êxtase – num leito que também é o Jardim do Éden – produziu o sopro da vida?

Quando meus filhos nasceram, eu me senti mais como um deus do que como um mero reprodutor. Tinha uma consciência tão forte, tão brutalmente presente da minha capacidade de conceber vidas, que esse dom englobava a mera paternidade social e cartorial de dar apenas o nome, ao lado da transformação de marido em papai.

Sou hoje avô, ou como falamos carinhosamente no Brasil, sou pai duas vezes. De fato, testemunhar o nascimento dos filhos dos filhos é uma bênção: um raro e bíblico privilégio. Os filhos dos filhos nos fazem reviver o dom da vida sendo reproduzida pelos que fizemos. Pode haver algo mais gracioso?

Mas em verdade eu vos digo, queridos leitores, não há nada, mas nada mesmo mais abençoado do que ter a consciência de ser um doador de vidas e por elas responder. De ter o poder de distribuir a bênção do amor e de, assim, desejar do fundo do coração, que todos os seus filhos tenham uma longa vida e sejam muito – sejam eternamente felizes.

A necessidade do outro

Aos 11 anos, em 1948, quando entrei no ginásio e ganhei do meu pai uma caneta Parker com meu nome gravado, senti que algo muito sério havia ocorrido comigo. Virei "ginasiano", dizia o pai que, criado em Manaus, foi um orgulhoso aluno do Ginásio Amazonense Pedro II. Naquele tempo, o paletó era uma vestimenta obrigatória e no seu inútil bolsinho "de fora" usava-se um lenço combinando com a gravata mas, no canto deste bolso, como "enfeite" despretensioso e poderoso sinalizador social, enfiava-se uma caneta! Éramos um país de analfabetos antes de sermos um país de subletrados e de burros doutores autoritários e ideologicamente pautados. A caneta de ouro compondo a figura do "doutor" (substituto do aristocrata) sugeria que o sujeito sabia pelo menos assinar o nome.

Compreendi o significado da caneta demarcadora de minha passagem para o curso secundário quando, já universitário e querendo ser revolucionário, um colega politizado relacionou a "nossa geração" aos "privilégios" e a contrastou com os "oprimidos" sem escola que escreviam de modo hesitante, desenhando as letras, traçando-as no papel ao contrário do que manda a caligrafia clássica. Escrever "à tinta", como se dizia, era algo ritualizado que ia da escolha do papel para o que se ia dizer, pois a caneta-tinteiro borrava e sua escrita não era facilmente apagada.

Escrever com a minha Parker preta listrada de dourado era fazer a passagem do transitório e barato lápis, cujas pontas gastavam e quebravam e cuja escrita não resistia a uma banal borracha, para o definitivo: para a escrita "à tinta". Que responsabilidade eu tinha quando pegava essa caneta para escrever e foi com ela que tracei as sempre mal traçadas linhas da minha primeira carta de amor. Um amor a ser tão eterno quanto a tinta e que não durava mais do que um long-play de Frank Sinatra.

Ali eu vivi um inexorável sentimento de passagem do tempo. Estava ficando velho. E velho fui ficando quando alguma passagem ocorria na minha vida. Todas as primeiras e últimas vezes foram marcadas e eu só tive consciência delas porque algo ou alguém as assinalava.

A sensação de transitar por várias etapas críticas do meu ciclo existencial que começou com o nascimento e o batismo; seguiu para a infância do time de futebol e da primeira comunhão; prosseguiu para a puberdade dos bailes, do primeiro namoro e beijo; desembocou no casamento; foi agraciado com a paternidade e um dia virá com a morte – o evento mais crítico de todos, o qual, infelizmente, será o único que eu não vou poder compartilhar com vocês, meus queridos leitores. Eles foram todos construídos por outras pessoas.

Foram todos urdidos de fora para dentro, por meio de conversas, presentes, admoestações, rituais, aprovações, elogios e reparos feitos por um outro. Acentuo esse "outro" porque sem ele eu não seria capaz de saber que tento ser simultaneamente um indivíduo autônomo e livre; e uma pessoa devedora de muitas pessoas e relações as quais despertaram os vários "eus" que convivem dentro de mim.

O individualismo do anglo-eurocentrismo, adotado com a santa ignorância de tudo o que chega de fora no Brasil, pensa que pode ficar preso ao velho e inconsciente solipsismo do "só eu sei o que sei passou comigo e portanto ninguém melhor do que eu para falar da minha vida", como revelou, com o viés dos censores, o "rei" Roberto Carlos numa entrevista recente. Mas o holismo que sustenta e legitima o individualismo e pretende proteger a vida pessoal dos que vivem se expondo por meio de seus talentos criativos, diz que nós só sabemos quem somos quando ganhamos de presente uma caneta; quando um amigo nos corrige; ou quando somos atingidos por uma opinião cuja maior virtude é mostrar algo não visto ou oculto de nós mesmos.

Por isso as autobiografias são tão fantasiosas quanto as biografias. Pois elas só existem como artefatos construídos e qualquer compromisso entre a liberdade de falar do outro com liberdade é – como argumentou um mestre do gênero, Ruy Castro, na *Folha de S.Paulo* do dia 1º do corrente – não só um dado básico da visão de fora (o ponto de vista do outro), mas da própria vida social que, em todas as suas dimensões, requer e precisa do outro. Seja como um aliado, seja como um advogado, seja como um contrário e, mais que isso, como um alternativo. Aquele que passou pelo que passamos e que, com os mesmos eventos e experiências, construiu um quadro diverso do nosso. Tentar controlar e reduzir a visão de fora é uma violência porque é um ato de negação do outro. Esse outro que é o sal e, como dizia Sartre, o inferno da vida.

Não fossem esses atos externos eu não mudaria de ideia e de hábitos. Jamais saberia que tenho sido muitos. Mas mesmo na dúvida e no sofrimento da revelação das minhas limitações ou da minha pusilanimidade, eu sei que o outro é básico na produção da minha vida. Se eu fosse um cantor, eu saberia pela prática que é esse outro (o chamado público) quem me consagra e me dá como um dom a incrível relação chamada sucesso.

Adoção

"Eu quero mesmo é ser adotado." Essa foi a frase de despedida de um amigo muito amado. Eu sabia do seu drama. Envolvera-se com uma mulher que, depois de amá-lo, maltratava-o. E o pior é que tudo em sua vida era agravado por um filho adotivo mentalmente perturbado com o qual não se preocupou. A culpa era dele, era dela, era do mundo em que vivemos. Todos estamos envolvidos e alienados – ou você leitor, tem alguma dúvida? – em tudo. Enxergamos com microscópio o que ocorre com um irmão e, no entanto, somos impotentes para mudar o seu malogrado destino.

Desta tragédia anunciada – aliás, o que não é anunciado neste nosso mundo onde o fim é a única certeza, como elaborou García Márquez num livro extraordinário? – ficou na minha mente a adoção como projeto.

Ser adotado é um gigantesco anseio que todos temos, mas poucos manifestam. Num nível profundo, a adoção como o internamento, a filiação a um partido, a crença absoluta ou a prisão domiciliar – esse privilégio nacional – traz o benefício de não se preocupar mais com a dureza de tomar decisões. Sobretudo da decisão paradoxal de não decidir, a qual só pode ser assumida de modo legítimo quando se decide.

Regimes escravocratas têm como base a adoção involuntária definitiva de uma pessoa (o escravo) por outra (o senhor) a qual incorporava a pessoa moral (e social) do adotado, tirando-lhe a representatividade e fazendo cair sobre ela todos os deveres, sobretudo o de trabalhar – esse ato que, no Brasil, até hoje promove alergias e designa inferiores. O escravo era, assim, um morto como são semimortos os que estão no fundo do sistema e assustam como assombrações quando se manifestam.

Uma adoção completa arrasa a liberdade e a responsabilidade como é o caso dos menores. Uma criança, embora tendo direitos inalienáveis, não decide por si mesma e nem deve fazê-lo sob pena de irresponsabilidade dos pais.

Lembro-me de um caso assombroso. Numa família de seis filhos (duas meninas e quatro meninos) ocorreu uma "manifestação". Os filhos queriam alterar a rotina da casa por meio do voto direto e secreto. Do lado dos filhos, autodenominados de "povo" e "manifestantes" estavam os amigos de colégio e um jovem tio; do lado dos pais, lidos como "opressores" e "autoridades", havia avós dilacerados e pelo menos um juiz de direito aposentado, amigo da casa. A proposta dos rebentos era de tomar sorvete todo dia; dormir depois da meia-noite e, eis o ponto-chave, terem o direito de beber e fumar tanto quanto o pai. Surgiu também a proposta de jamais tomar banho frio e um dos meninos, anonimamente, propôs a prerrogativa de comer a atraente empregada, o que deixou o pai furioso.

A eleição deu ganho de causa aos filhos por seis a dois! Um embargo e uma "questão de ordem" impediram a empregada de votar. Uma das filhas, cuja bandeira era chegar em casa mais tarde do que os irmãos, argumentou que o direito ao voto só caberia aos membros da família. O filho caçula, surfista e louco pela doméstica e pelo direito de fumar baseados a seu bel-prazer, invocou um outro embargo preliminar, o qual foi seguido de um outro embargo e, no final, a mãe queria anular o processo reclamando da forma da urna.

A discussão evoluiu para o berro e o pai num surto de impaciência e – reza o caso e não sou eu que o conto – de bom senso, pegou um cinturão e acabou com o que chamou de "palhaçada parlamentar familística", porque o voto não era para a casa. "Quando vocês puderem se sustentar, seus putinhos – disse ele furibundo – vocês vão poder fumar e beber à vontade!"

O caso joga luz no valor das rotinas. Se temos polaridades (homens e mulheres, velhos e jovens, crianças e adultos, animais e humanos etc.) temos também um conjunto de intermediários ou híbridos como gostam de dizer alguns sábios atualmente. A dificuldade de decidir surge precisamente porque as diferenças promovem múltiplas perspectivas. Ademais, há dentro de cada um de nós um infante querendo votar e um adulto cansado de fazê-lo.

O problema não é bem querer ser adotado, é impedir a adoção. Pois todos nós somos inescapavelmente adotados por alguma entidade – uma língua, uma ideologia, um momento histórico e uma coletividade, por exemplo. É impossível escapar da adoção porque ninguém entra neste teatro de horrores escolhendo livremente todos os seus papéis. Do mesmo modo, é impossível gozar da liberdade absoluta a qual, como advertia a antropologista americana hoje esquecida, Margaret Mead, torna inviável um mundo sem rotinas. De fato, um sistema no qual todas as decisões sejam tomadas em assembleias e manifestações seria imobilizado por suas próprias regras. Uma consciência absoluta leva à paralisia. Como disse muito bem o antropólogo Roberto Kant de Lima, quando um pequeno grupo impede uma multidão de ir e vir, o direito de manifestação tem que se entender com o direito de ir e vir o qual, por sua vez, também tem que se haver com outros direitos... O que não é fácil num país no qual os poderosos sempre tomam as decisões.

Em minha opinião (que por certo não resolve nada) seria preciso retomar aquele bom senso primordial do dar, receber e retribuir, que Marcel Mauss ensinou e que nós, ignorantes mas estufados na nossa santa arrogância individualista, esquecemos.

Mais telefones em Chicago...

"Há mais telefones em Chicago do que em toda a América do Sul." Ouvi essa frase do meu saudoso amigo Mário Roberto Zagari naquela São João Nepomuceno dos anos 50 na qual ainda não havia a figura da tal "América Latina" repleta de *hermanos* ideológicos. Hoje, uma geográfica América do Sul e uma ideologizada América Latina têm milhões de telefones e o Brasil produz mais carrocerias de ônibus do que os tais Estados Unidos.

Houve um tempo no qual a Europa e os Estados Unidos eram imaginados como sociedades concluídas. Havia um início do mundo civilizado na Grécia e, depois dele, havia um mundo pronto e acabado – perfeito na sua autocomplacência etnocêntrica – naquela região do hemisfério Norte em cujo oceano naufragou o *Titanic* – o maior e o mais avançado navio de passageiros que o mundo jamais havia visto. Um navio que a confiança tecnológica inglesa dizia ser à prova de afundamento.

Quando meu amigo me passou essa informa-lição, eu fiquei tão assustado que não a esqueci. E aqui estou a dizer ao leitor que sou de um tempo mais ou menos antigo; um tempo no qual havia uma cidade americana um tanto estranha, essa Chicago que numa música é cantada como uma cidade especial, noutra é uma urbe cambaleante e é também um berço de bandidos que, no entanto, são presos. E na minha vida tem sido uma urbe admirável no seu desenho, nos seus arrojados e belos arranha-céus e na sua famosa escola de arquitetos liderada pelo gênio de Frank Lloyd Wright.

———

Se você chegou (Deus sabe como) a uma certa idade (que é sempre uma idade incerta) é impossível não ler os jornais sem se lembrar de José do Egito (filho de Jacó-Israel e Raquel), o decifrador dos sonhos do faraó e, ele próprio, um sonhador. Pois como entender da lógica dos sonhos sem sonhar?

Eis o sonho de José. "Fazíamos feixes no campo, e de repente, o meu feixe ergueu-se e ficou de pé, enquanto que os vossos puseram-se à volta e prostraram-se diante dele." Os irmãos interpretaram imediatamente o sonho de José. Esse sonho, disseram, significa que "tu reinarás sobre nós, te tornarás nosso senhor?"

O filho favorito de Jacó despertava uma inveja incontida nos seus irmãos. E ele, ingênuo, falava muito e dividia os seus sonhos. Pior ou tão grave quanto isso e por causa disso – dessa capacidade de compreender sonhando – era ser o preferido. O texto bíblico explica a preferência, acentuando que José era filho da velhice de Jacó. O livro de Thomas Mann, *José e seus irmãos*, vale-se do espírito da narrativa – do poder conferido aos sonhos escritos; a isso que chamamos de "literatura", para explicar que José era um "sonhador". O que atraía o amor do seu pai era a sua capacidade de construir um mundo de sonhos. Sonhos de nossa resistência à vida.

De fato, mais adiante, quando José é visto pelos irmãos já possuídos pelo ressentimento (esse irmão mais novo da inveja) e decididos a eliminá-lo, um deles diz: "Eis que chega o sonhador." (Gênesis, 37:2-18).

———

Sabemos como os irmãos de José jogaram-no numa cisterna fazendo-o morrer para sua tribo e família e, em seguida, como ele foi encontrado por mercadores que seguiam em direção ao Egito (que, naquele tempo, tinha mais templos do que todo o mundo). Mesmo socialmente morto, vendido e comprado, José continua possuído por sonhos. Recusa-se a ser a fantasia sexual da mulher de Putifar, o mordomo eunuco do faraó. É falsamente denunciado e, preso, decifra os sonhos do padeiro-mor e do copeiro-mor da Corte, encarcerados por corrupção. Sua interpretação é perfeita: um dos funcionários será salvo; o outro, decapitado. Percebe-se que o Egito antigo sem telefones era distinto deste Brasil lotado de milhões de celulares. Pois, entre nós, quando se trata de punir funcionários graúdos cujos sonhos de enriquecimento ilícito ampliam exponencialmente suas fortunas, não há faraó que os condene. Nossos sonhos apenas dizem: nada lhes vai acontecer nem em três dias nem em trinta anos!

Mas no velho Egito havia condenação como havia recompensa. E foi assim que José, graças ao ministro salvo, chegou a ter um contato direto com o Rei-Deus obcecado por dois sonhos recorrentes que, na verdade, como José explicou, não eram dois, mas apenas um e denso sonho que não deixa dormir.

Reunido com sua Corte na Brasília no seu tempo, faraó conta seus sonhos indecifráveis. Sete vacas gordas são devoradas por sete vacas escanifradas. Sete espigas maduras se curvam diante de sete espigas feias e secas pelo vento.

José não é nenhum economista, pois Deus – sempre misericordioso – só veio a inventar a economia alguns séculos depois quando a exploração do trabalho atingiu o seu cume, criando espigas cheias e belas que comiam sem parar as magras e as feias. Mas com a precisão e a autoridade cortante de um Mário Simonsen ou de um Delfim Neto, ele não hesita em falar o que lhe cabe.

José diz mais ou menos o seguinte – deixe, caro leitor, a preguiça e veja em Gênesis 41-47 – toda fartura em excesso é uma bolha. Sete anos com grandes ofertas irão ser seguidos de sete anos de penúria. O Rei-Deus deve evitar que a fartura se transforme em bolhas. A oferta deve ser domesticada como um meio de prevenir os anos de privação. José é o primeiro-ministro do planejamento veraz e competente da história. Foi um sonhador. Sonhou que era possível conciliar riqueza e pobreza, fartura e penúria, cargos públicos e honra.

Mais que isso, percebeu a dificuldade de interpretar sua própria história pois, como diz Thomas Mann, é comum não compreendermos a nossa história. A não ser como sonhadores dispostos a perdoar, como José.

Mamãe

O Dia das Mães passa e as mães ficam. Na boa ou má memória, como seres ausentes ou presentes. As provetas podem produzir bebês, mas só a maternidade constrói seres humanos dotados de capacidade para transitar entre afetos, angústias e amor – essa coisa propositadamente desmedida. Não há mãe sem classificação porque todos têm mãe, como se diz aqui no Brasil. E quem tem mãe tem um mínimo de humanidade porque, conforme aprendi na escola, antes de ter lido Câmara Cascudo e de ser um estudante de sistemas de parentesco, a "mãe" é uma entidade interditada. Trata-se de termo sagrado que não pode ser invocado por qualquer pessoa ou em qualquer lugar sob pena de reação imprevisível.

Sonhei com um encontro com mamãe, confidenciou-me nesse último domingo, Dia das Mães, o meu lado mais problemático para o meu lado sem nenhum problema. Essas direitas e esquerdas que alguns ainda carregam dentro de si. E como foi? Um lado perguntou ao outro.

– No sonho, ela surgia bonita e com a fragrância de Leite de Rosas, seu perfume favorito. Abraçou-me com a intensidade do tempo que nos separava desde a sua morte e me beijou no rosto. A mão que tocava o piano deslizou pelo meu rosto aparando minhas lágrimas. Então nós nos olhamos como dois velhos. A idade subtraía a distância que nos fez filho e mãe, mãe e filho.

— Mamãe, mamãe, mamãe... — eu soluçava com o alvoroço alegre dos que sabem que o milagre é veloz. E mamãe me confortava com o sereno carinho das mães — com aquele afago que prenuncia todos os afetos a serem posteriormente vividos ou suprimidos.

— Que luta essa sua, não?

— Verdade, mas todas as portas têm dois lados — respondi.

Ela me deu um abraço. Abraço de regaço e colo de que nós, homens, estamos sempre à procura.

— Eu vejo todos vocês mesmo neste mundo sem tempo ou espaço onde estou. Mas foi o seu chamado que me ressuscitou. Foi o poder da narrativa nascida no seu coração que me deu vida.

— Palavras, palavras, palavras... — repetia o meu lado que havia lido Shakespeare.

Não me lembro de minha mãe comendo. Tenho a memória de papai sendo servido em primeiro lugar e apreciando a nossa boa e farta comida. De mamãe só tenho a recordação da mulher em volta da mesa, servindo a cada um de nós com precisão, cuidado e carinho.

A mais grata memória de minha mãe surge com a música do seu piano. Vejo meu pai mudo e feliz, sentado na velha cadeira de balanço e vejo as mãos certeiras de mamãe atacando as teclas do piano e produzindo o milagre dessa arte que se faz se fazendo a si mesma no momento em que é feita. A melodia enchendo a sala modesta e renovando o encantamento pelo mundo, que tem muito de péssimo, mas é sempre redimido pela música. Essa música que se concretiza de modo diferente cada vez que é "tocada" ou "cantada".

―――

Minha mãe, Maria de Lourdes Perdigão da Matta (Lulita), era filha de uma viúva cujo marido, Carlos da Silva Perdigão, foi assassinado no bar A Phenix de uma Manaus de teatro e sorvetes numa trágica tarde de 24 de setembro de 1908. Morto por dois tiros de um revólver Galand, deixou minha avó, Emerentina de Azevedo Perdigão, com dois meninos e uma menina. Emerentina superou a desgraça ao encontrar em outra tarde um magistrado baiano chamado Raul Augusto da Matta, pai de um menino e de uma menina.

Esse encontro acabou num casamento de viúvos com filhos que logo confirmaram sua felicidade tendo outros filhos. Seis filhos desse novo casamento dos quais a morte levou a metade – dois quando crianças, um jovem e dois adultos. Vovó dizia que sua sina era enterrar filhos e eu mesmo a acompanhei quando ela perdeu seu filho mais velho em nossa casa aqui em Niterói.

Mas para Raul e Emerentina o mais difícil de lidar não foram essas mortes todas (afinal, todos morremos), mas o amor inesperado nascido entre Renato, o filho mais velho do viúvo e de Lulita, a filha mais nova da viúva Emerentina, esses que foram meus amados pais.

– Como foi esse casamento entre vocês, irmãos de criação? – tive a liberdade de perguntar no sonho.

– Maravilhoso – disse mamãe receosa de ser invejada pelos anjos. Era um Paraíso essa intimidade com um meio-irmão que virou namorado e marido. Nessa relação, o "impossível" e o "proibido" se entenderam e eu recebia o máximo da endogamia cujo limite é o incesto, ao lado daquele percentual mínimo de risco da exogamia que, levada ao extremo, como vocês antropologistas sabem muito bem, conduz à guerra. No meu caso feliz – continuou mamãe – quem deu minha mão a seu pai foi o meu amado padrasto, o pai do seu pai; e quem abençoava meu matrimônio foi a sogra postiça que era, ao mesmo tempo, minha mãe, sua amada avó Emerentina. Essa fusão de afinidade com consanguinidade era a felicidade plena: meus cunhados foram meus irmãos. Foi o dia mais feliz da minha vida!

Só tive dias iguais quando você, seus quatro irmãos e sua irmã nasceram. Terminou ela desaparecendo depois de me abraçar longamente e exorcizar as minhas angústias.

Quando esse meu lado terminou a fantasia do sonho, o outro lado, aquele sem nenhum problema, acordou e, incontido, falou alto, quase aos berros: mãe é mãe!

Meu primo Raul

Ao lado de Chico Anysio, que vi e admirei uma ou duas vezes no teatro e em incontáveis ocasiões na telinha da televisão, partiu meu primo Raul Augusto da Matta. Chico é notícia necessária da mídia e, no jornal, ocupa toda uma página. Raul é personagem da humilde coluna. Ao jornal as notícias; à crônica, os fatos da vida e da morte que pertencem eventualmente ao cronista e por meio dele podem, quem sabe, recompensar o leitor. Mesmo quando o seu centro é um morto desconhecido da maioria e o texto fala da perda e do luto.

Será preciso lembrar o poeta inglês John Donne, quando ele descobria que nenhum homem é uma ilha – todo homem é parte de um continente? E que, quando os sinos dobram, eles têm a autoridade de dobrar para todos nós e também para o meu primo Raul? "A morte de todo homem", segue o poeta, "diminui-me porque eu estou envolvido na humanidade."

Estou mais pobre mas, se não fosse por essa morte, eu não seria alcançado pelo poderoso badalar dos sinos que tocam por todos nós. Meus olhos estão turvados, mas eu ouço os sons que nos unem e inventam insuspeitas teias de solidariedade porque não há como ficar indiferente ao nascimento e à morte.

Todas as vidas tocam – querendo ou não – muitas outras vidas. E Raul atingiu a vida de nossa família, primeiro na rua Nilo Peçanha, 31, no Ingá, casa do nossos avós Raul e Emerentina; depois, no apartamento de Renato e Lulita, meus pais, no Edifício Abaeté, aqui em Niterói.

A mediunidade da literatura me deixa ver Raulzinho pela primeira vez. Ele chega, menino alto e de calça curta, segurando uma pequena maleta vindo "sozinho", como gostava de acentuar nossa avó Emerentina "das Laranjeiras, Rio de Janeiro". Ouvindo o elogio de vovó eu imaginava a rua das Laranjeiras como sendo um laranjal e o Rio de Janeiro como a cidade que tinha todos os cinemas do mundo na Cinelândia. Raulzinho deixava meus avós orgulhosos e despertava inveja nos meus irmãos e em mim porque ele tinha o mesmo nome do meu avô, o velho Raul, desembargador aposentado e sisudo, cujo prazer mais visível era fumar um charuto aos domingos. Aos 10 anos, Raulzinho realizava a façanha de vir das Laranjeiras ao Ingá, em Niterói, tomando bondes e barcas. Era órfão de pai e visto como audacioso por andar contando somente com ele mesmo. Logo que chegava, vovó telefonava para a sempre elegante e bonita tia Celeste, mãe do primo e viúva do seu amado filho morto Roberval, avisando que estávamos todos juntos, brincando.

Naquele tempo, a morte estava longe de mim. Roberval, o pai de Raulzinho, havia morrido quando ele era uma criança de 4 anos. Uma variedade de lúpus o levou em dezenove dias aos 39 anos, numa morte que foi o maior golpe vivido por meus pais, tios e avós, sobretudo pelo meu avô Raul. O nome do meu primo falava desse amor feito de obediência, respeito e amizade, tão difícil de articular entre Raul e esse Roberval roubado pela morte. Raulzinho era o testemunho vivo dessa ausência. Vocês não sabem o que é não ter pai, dizia ele para nós cujo pai – sempre presente – não permitia imaginar essa experiência.

Hoje, como membro da fraternidade dos que enterraram filhos, estou seguro de que a postura soturna de vovô tinha muito a ver com esse Roberval, que foi o primogênito de Raul e

Emerentina, dois viúvos que se uniram com filhos dos seus primeiros matrimônios. Roberval transbordava de gosto pela vida. Dançava como Fred Astaire e, estudante de medicina, deu a um viúvo e a uma viúva cujo marido foi assassinado na Manaus de 1908, a prova de que a vida, afinal e a despeito de tudo, valia a pena. Ele está imortalizado numa fotografia – alto e bonito – ao lado de meu avô Raul, igualmente alto e bonito. Detalhe: pai e filho estão de chapéu, gravata, colete e de mãos dadas, como deve ser.

Raulzinho se parecia com o pai. Foi ator e empresário. Casou-se com a atriz Leina Krespi (falecida em 2009), teve Patrícia e Geórgia e escreveu a peça *Caiu primeiro de abril*, que fez muito sucesso em 1964.

A morte obriga a recordar a beleza e o encanto do primo. Estudante de teatro, Raul fazia laboratório com as suas apaixonadas. Declarava, representando, um amor incondicional num encontro para, na semana seguinte, desfazer suas promessas, deixando as moças em lágrimas e às vezes encaminhando-as a nós, os primos comuns que não moravam no Rio e não possuíam o carisma do ator.

Como não lembrar de Raulzinho, Romero, Fernando, Ricardo, Renato, Ana Maria e eu dançando com vovó Emerentina, viúva e jogadora inveterada de pife-pafe e pôquer, capaz de viver com alegria mesmo tendo enterrado tantos filhos, uma das canções de *My Fair Lady* na nossa sala de visitas? Fizemos uma roda ao som do maravilhoso "I'm getting married in the morning", demos as mãos e, com Emerentina no centro, dançamos sacralizando o apartamento com a música e o amor que amenizam as diferenças e as dores.

Raul está hoje com todos os meus mortos que você, querido leitor, não conheceu mas sabe muito bem quem são. A menos que você não tenha amado, a menos que você jamais tenha ouvido o grande sino que dobra por todos nós.

Um dia, quando eu também estiver nesta terra dos esquecidos e, às vezes, lembrados somente para serem definitivamente deslembrados, nós todos – Raul, Raulzinho, Emerentina, Amália, Renato, Lulita, Roberval, Rosalvo, Oyama, Kronge, Marcelino, Silvio, Yolanda, Fernando, Rodrigo, Renatinho, Regina, Romero – e muitos outros, todos esses seres amados vamos nos encontrar e dançar debaixo dos acordes do piano de mamãe, na celebração desse casamento combinado com o fim. O fim sem o qual não seríamos como o Raul desta crônica, amados e pranteados porque somos tudo: apenas humanos.

No táxi – um mundo encantado

Quantas vezes você entrou num táxi e recebeu do motorista um olhar idêntico ao do mordomo espanhol que cuidava do Rubião – visada sinalizadora de que não é fácil passar de pato a ganso? E quantas vezes você, afável, e movido pelo desconforto da proximidade física, não iniciou a conversa, tentando definir o seu papel de patrão, só para ouvir de volta um rosário de mau humor ou de reclamações? Tudo agravado pela sua consciência de estar inteiramente à mercê da habilidade e do bom senso de um sujeito que pilota um aparelho que pode te "levar pra casa" ou para um hospital ou necrotério.

Outro dia, por exemplo, fui confrontado com um motorista que fazia teste nos seus eventuais passageiros. Teste de português, teste de conhecimentos de música clássica, teste de ver quem esculhambava melhor o governo e previa pior destino para o país, teste de diferenciação precisa entre comunismo e capitalismo. Diante da tortura, às 8:30 da manhã e depois de um voo marcado pelo nosso jamais antes visto duopólio aeronáutico que me fez amargar esperas, comer um pãozinho com gosto de cocô mofado e de não ter as escolhas que o demônio do mercado eventualmente permite, o homem, sempre vigoroso, me pergunta: "O mestre não está gostando da conversa?" Respondi o que podia: "Mas o que posso fazer, se não posso sair do seu carro?"

Quantas vezes você não se irritou diante da agressividade e da indiferença de um prestador de um serviço pessoalizado? Agressividade que, quando somada à incompetência, faz do encontro um inferno e conduz a uma senda de riscos? É claro que todo mundo aprecia uma certa quota de subserviência que vem dos rapapés escravistas, temerosos das igualdades desabridas daqueles que jamais entenderam o antigo princípio moral do "mais amor e menos confiança" que rege o sistema. No fundo, gostamos de quem nos serve com o sorriso humilde que promove a sensação de retorno a um lugar conhecido. Com isso, nós que somos sujeitos comuns (chamados, às vezes, com injustiça, é certo, de merdas desta vida), provamos o gostinho do baronato, do que vem com o dinheiro e do cargo público regado a mordomias. Pois dentro da impessoalidade que marca a vida moderna (impessoalidade que funciona por meio de botões, dispensando mesuras e intermediários), os gestos educados reafirmam gentilezas esquecidas e marginalizadas pelo anonimato, que é parte do individualismo igualitário.

Isso é particularmente saliente com os taxistas, mas ocorre com o enfermeiro, o engraxate, o barbeiro e o garçom, que podem servir com o engajamento brioso que admiramos e tomamos como apropriado; ou de modo polido, mas distante. Quando isso ocorre, eles ficam muito mais próximos do carro, do restaurante, da tesoura ou do hospital do que de você: cliente e doente, carente de comida, remédio, beleza, atenção e, sobretudo, daquele sentimentozinho crucial de importância e superioridade.

Num mundo movido a anonimato e impessoalidade, esses servidores que operam profissionalmente numa escala de relativa intimidade física, sempre despertam minha admiração. Não me intriga o último modelo do automóvel, do computador ou da televisão, mas sou fascinado quando testemunho os velhos gestos precisos, cuidadosos e sempre elegantes de quem me serve a comida, corta o cabelo, faz o curativo e dirige o táxi. São esses profissionais que trazem de volta o encantamento – a magia – do mundo. São eles que detêm a chave da jaula de ferro que por um momento nos livra dos automatismos nascidos com a dominação burocrática (e automática, independentemente das vontades, desejos e requisitos humanos) apontada pelo gênio sociológico de Max Weber.

Os melhores profissionais são os que nos fazem ouvir (e contar histórias). São os que atuam em nossos corpos amenizando o desconforto da extremada (ou invasiva) proximidade física que reduz a dor, torna a corrida mais amena, aumenta nosso sentimento de beleza, e acentua a delícia do vinho e da comida, trazendo de volta velhas gentilezas que são parte de quem lida com as alteridades chamadas de "público".

Não deixa de ser paradoxal observar que, no mundo impessoalizado que nos engloba, existam esses barbeiros, enfermeiros, taxistas e garçons que mexem e remexem o nosso rosto, cuidam de nossas feridas, e nos assistem como doentes ou famintos, bêbados e sóbrios, angustiados ou serenos. O que prezamos nesses serviços não é o comportamento seco, eficiente e elegante de um machadiano mordomo espanhol, mas o vapor daquela chaleira aquecida a um toque de deferência, sinal de que não se pode fazer tudo sozinho. Marca de que todos carecemos da complementaridade que nos fala das dependências entre coisas, animais e pessoas. Sinal pungente da humildade da condição humana no seu sentido mais radical.

O grande saco de Papai Noel

Quem se interessa pelo saco de Papai Noel? O trenó puxado pelas renas, suas roupas vermelhas, e casa em pleno Polo Norte – que nos trouxe a chamada "civilização ocidental" – têm certo interesse. O mesmo ocorre com a sua logística que intriga os que, no futuro, serão doutores em gestão e finanças. Como é que ele faz com aquelas infindáveis listas de presentes que recebe do mundo inteiro? Como seleciona os presentes certos num mundo que não tem mais noção de quem é bonzinho ou levado? E num Brasil onde malfeitos são bem-feitos? Quem, afinal, confecciona os presentes que levam a etiqueta *Made in China*?

Daí o inusitado da pergunta que embaraçou meus pais: o que está no gigantesco saco de Papai Noel? Pois se tem presentes, deve também ter venenos.

Num primeiro momento, o saco de Papai Noel é o baú mágico onde cabem todos os desejos. Caixa de Pandora do consumo, o saco produz aquela escuridão brilhante da publicidade que nos faz querer ter. Ademais, ele não está hermeticamente fechado, pois que se abre e fecha no ritmo do nosso desejo infindável de consumir, de ter e de gastar. Papai Noel vem e volta, mas o seu grande saco faz parte de nossas fantasias de riqueza fácil.

Quando eu ganhei um Cadillac rabo de peixe de brinquedo, num Natal passado com os Mendonça Vianna, em São João

Nepomuceno, eu sabia que essa piada de bom gosto havia saído do grande saco de Papai Noel. Do mesmo modo que as obrigatórias Missas do Galo estavam todas dentro daquele apêndice natalino que continha tudo. Soube, na mesma época, de uma contraditória morte em pleno Natal.

O saco de Papai Noel pode ser o mundo e o mundo é o Brasil. Claro que ele é global, mas o seu "aqui e agora" da vida, da doença, do amor, da comida, do ódio, da mentira, do perdão e da morte ficam aqui – ao alcance desta mesma mão que tecla esse texto. Cada qual, disse meu pai, tem o saco de Papai Noel que merece. E ganha o que pediu! – completou sério.

Eu, entretanto, estava numa crise de desejo. Apaixonado pela irmã do Décio (eu, totalmente imbecilizado, beijava com respeito e paixão sua fotografia), hesitava entre pedir a Papai Noel um laboratório de química, uma máquina fotográfica ou um trem elétrico, esse brinquedo que foi o sonho de todos os meninos de minha idade. Em nossa rua, apenas vi o tal trem com um filho balofo de "alto funcionário público" que, graças a uma dessas sinecuras nacionais, havia residido nos Estados Unidos. Afora isso, todos ganhavam sempre o que não haviam pedido.

Vi logo como era raro receber exatamente o que se desejava. O primeiro erro do desejo é imaginar que ele pode ser satisfeito pelo saco de Papai Noel. Um saco que ao longo da vida vai mudando de significado.

Dentro dele há de tudo. Tem o automóvel comprado em 700 prestações, tem a dívida impagável do cartão, tem as ONGs nutridas por verbas governamentais ou por uma prefeitura ou ministério. O saco pode também transformar-se num casamento desandado ou num copo de uísque com soda. Ou ainda numa doença ou loteria. Mais das vezes, é apenas um simples desejo de tomar um copo d'água ou comer um pão quentinho com manteiga. O saco vai mudando conforme a vida que depende do mundo e da idade que faz esse mundo. Crianças, cabemos nele; adultos, temos que carregá-lo nas costas e ele às vezes ele fica muito pesado. Quando somos jovens, ele é esvaziado pelos nossos desejos. E no final da vida, quando o passado conta mais do que o presente, o futuro não existe e o ressentimento do que poderíamos ter recebido é insanável e, por isso, aceito, o saco do Papai Noel é um saco!

Há no mundo um sério problema com merecimentos.

Um frade conhecido meu achava que se havia justiça quando um pai punia um filho notoriamente errado, deveria haver uma justiça cósmica. Se há leis em algum lugar, dizia ele, deve haver leis (e justiça) em todos os lugares. A propósito, a frase é do antropólogo Edward B. Tylor e serve como epígrafe para o livro *As estruturas elementares do parentesco*, que transformou Claude Lévi-Strauss em Lévi-Strauss e que foi publicado no Brasil numa coleção que dirigi.

Pois bem. Como um menino no Natal, o frade buscou essa lei que regeria os elos entre bem-aventuranças e sofrimentos – aquilo que os filósofos chamam de teodiceia – e nada descobriu. Na sua paróquia, numa gigantesca favela do Rio de Janeiro, ele registrava que os generosos, os trabalhadores, os honestos e os que tinham fé eram alvos de assaltos, falcatruas, falsas promessas, deslizamentos e tragédias; ao passo que os mentirosos, os hipócritas e os vis viviam bem. Alguns ficavam muito ricos, seus próximos estavam bem e, mais que isso, eles próprios achavam-se o sal da terra.

Será que Papai Noel recebeu mesmo a minha carta ou ela extraviou-se tangida pelos ventos fortes e gelados do Ártico? Será que ele leu o que eu queria ou simplesmente leu e resolveu não me dar o que pedi? Será, porém, que no ano que vem (se houver ano que vem...) eu vou ganhar o que não ganhei neste ano?

Será que o grande saco de Papai Noel vai nos envergonhar novamente em 2012, fazendo crescer nossas favelas, que irão ficar do tamanho da França? Com a palavra os que acreditam. E acreditar faz parte da aventura humana na qual nenhum de nós entra por querer. Trata-se de um saco infinito. Um saco de Papai Noel...

Paradoxos

Quando cheguei a Harvard, em 1963, um jovem instrutor, Mr. Richard Moneygrand, que tinha interesse num país obscuro e confuso chamado Brasil, teve a gentileza de me mostrar a universidade. Aqui morou Agassiz, ali Galbraith, acolá Talcott Parsons, indicava meu anfitrião. Vi o Peabody Museum e o William James Hall, onde estudei e tive um escritório, e finalmente, como uma apoteose, fui levado à maior biblioteca universitária do planeta: a Widener Library com seus 30 mil metros quadrados e seus 3 milhões de livros que, mudos e alinhavados em imensas prateleiras, formam um labirinto de 92 quilômetros. Essa é apenas uma parte dos mais de 16 milhões de volumes do sistema de bibliotecas da universidade, explicou meu generoso guia. Só fiquei tão impressionado quando fiz minha primeira comunhão, conheci Roman Jakobson e entrei na aldeia dos índios Gaviões pela primeira vez nos idos de 1961. Naquela época, era o leitor quem localizava o livro. Na Widener encontrei toda a obra de Machado de Assis e uma coleção completa dos Boletins do Instituto Brasileiro de Geografia e Estatística, que usei na minha tese de doutoramento sobre a organização social dos índios Apinayé.

No meio da visita, afastei-me do meu guia por alguns segundos, o suficiente para me perder em meio às estantes. Encontrando-o um tanto aflito um pouco depois, fui advertido.

"Tome cuidado. Um aluno ficou dois dias perdido aqui dentro e foi encontrado por acaso pela mais antiga bibliotecária, uma certa Miss Page, cujo fantasma, dizem, especializou-se em resgatar leitores cuja vida intelectual os leva a se perderem em meio aos livros." Sorri com essa história semelhante a um conto de Borges.

Todos sabem que os livros, os princípios, os mandamentos e todas as nobres receitas podem ser fontes de desvios e loucuras. Eles são escritos para iluminar, mas em certos momentos tornam-se obstáculos. Ficar perdido numa biblioteca não seria um sinal de submergir nas ideias que saem como vespas ou borboletas dos seus livros? Eis um paradoxo.

A primeira vez que ouvi a palavra "paradoxo" foi pela boca de meu tio Sílvio no telefone. Ele fazia uma complicada ligação interurbana e encantou-se pela voz da telefonista. Como queria localizar um amigo, ele disse perto de um menino curioso com uma memória literária: "Mas isso não é um paradoxo? Estou procurando um amigo e encontro uma bela voz de mulher!" Ouvi a palavra pelo menos quatro ou cinco vezes naquele telefonema de alguns minutos o qual terminou num encontro entre meu tio e a operadora.

Aprendi, antes de ter lido o famoso livro do filósofo de Oxford, John L. Austin, que as palavras também faziam coisas. Dias depois, soube que a telefonista era feia e que o encontro fora, ele próprio, um paradoxo!

Nada mais paradoxal do que os arautos do impossível, mas poeticamente utópico, desafiador e corajoso – "é proibido proibir" – proibirem biografias. Quem vive do público e ganha do povo a simpatia que endeusa naquilo que chamamos de "sucesso", não pode impedir que suas vidas sejam lidas de fora para dentro. Nisso, o contraste com os Estados Unidos é, mais uma vez, flagrante. No Brasil abundam as "memórias" nas quais o ponto de vista é o do sujeito: a visão de dentro para fora. Nos Estados Unidos, predominam as biografias – essas vidas contadas de fora para dentro, geralmente decepcionantes para a autoimagem que os ricos e famosos têm de si mesmos. Fiquei chocado com as novas biografias de Thomas Jefferson ao saber que esse pilar do igualitarismo teve como amante uma menor de idade, negra, escrava e criada de suas filhas.

Todas as vidas humanas contêm paradoxos. Como aprendemos com Caetano Veloso e talvez com Schopenhauer, "de perto ninguém é normal". Seria isso um bom argumento para tornar a intimidade pessoal mais sagrada do que a liberdade de escrever livremente sobre o outro – quem quer que ele seja? Quem vale mais? A vida pessoal de quem deve tudo ao público, ou a liberdade de escrever? Os gênios morrem, mas a obra fica. Faz alguma diferença saber que Kafka e Benjamin Franklin eram superdesorganizados e que Cole Porter era gay? O mundo está repleto de gente desorganizada e de gays, que jamais serão Kafkas, Franklins ou Porters!

Eu moro em Niterói e já estou imaginando como vamos nos ligar à Cidade Maravilhosa quando o viaduto cujas vigas de aço especial foram feitas para durar séculos, for derrubado. O sumiço de parte dessas vigas e as três horas que levo de minha casa em Piratininga à PUC de carro arrefecem o meu entusiasmo pelo progresso. Um dia, diz meu lado malévolo, vão roubar a Ponte Rio-Niterói ou o Palácio da Alvorada. Teremos um Porto Maravilha, sem dúvida, mas paradoxalmente banhado pelas águas imundas da imensa sentina que hoje é a baía de Guanabara.

Consolo-me com Vinicius de Moraes na sua poesia musicada que mais me conforta e comove:

Às vezes quero crer mas não consigo
É tudo uma total insensatez
Aí pergunto a Deus: escute amigo, se foi pra desfazer
   por que que fez?
Mas não tem nada não
Tenho meu violão...

Aquém da antropologia

Direita & Esquerda

Começo com espinhos – com uma dualidade que define o nosso mundo. Qual é o ponto central da oposição entre Esquerda e Direita – esse dualismo que levou tanta gente (de um lado e do outro) para a prisão, para a tortura, para o exílio, o abandono, a rejeição e a morte? Qual é o rumo desses lados?

Penso que a pior resposta cairia na decisão de ancorá-los num fundamentalismo: numa oposição com conteúdo definitivo. Uma sendo correta e a outra errada, já que sabemos que Direita e Esquerda admitem segmentações infinitas, pois toda esquerda tem uma esquerda mais à esquerda; do mesmo modo que toda direita também tem a sua direita extremadamente direitista. No plano religioso, somos ainda dominados pelo sagrado (situado à "direita" do Pai); mas no plano político ninguém – pelo menos no Brasil – é de "direita". Como ninguém é rico ou poderoso.

Seriam Deus e o Diabo os avatares dessa dualidade? Mas as dualidades não tendem a sumir quando delas nos aproximamos? Ademais, não seriam os dualismos, como sugere um antigo texto de Lévi-Strauss, modos de encobrir hierarquias porque um equilíbrio perfeito jamais existe, e a dualidade mistifica com perfeição as múltiplas diferenças entre grupos e pessoas, juntando tudo de um lado ou do outro ?

O ministro presidente do STF, Joaquim Barbosa – depois de fazer um diagnóstico impecável de nossa hierarquia e do nosso personalismo que realizam a indexação de pessoas, tirando-as da universalidade da lei, essas dimensões centrais do meu trabalho de interpretação do Brasil, disse que os principais jornais do país se alinhavam à direita. Joaquim Barbosa seria meu candidato definitivo à presidência da República e estou certo de que ele venceria no primeiro turno, mas ao exprimir tal opinião eu acho, com devida vênia, que ele perdeu de vista o contexto sociopolítico do Brasil.

Os jornais estão à "direita" porque todo o governo (e, com ele quase todo o Estado brasileiro) está englobado numa "esquerda" de receitas estatizantes que recobre o dualismo político inaugurado com a Revolução Francesa. A razão para o Estado figurar como o nosso personagem político mais importante e decisivo, revela um fato importante. A crença segundo a qual a nossa sociedade malformada, mestiça e doente (destinada, como diziam Gobineau e Agassiz, à extinção pelas enfermidades da miscigenação) teria que ser corrigida por um "poder público" centralizador, autoritário, aristocrático que varreria seus costumes primitivos, híbridos, intoleráveis e atrasados.

A "esquerda" sempre teve como central a ideia de que somente um "Estado forte", poderia endireitar as taras, como dizia Azevedo Amaral, da sociedade brasileira. Essas depravações – Carnaval, comida, sensualidade, dança, preguiça, música popular... – de origem. Taras que um Estado devidamente "tomado" por pessoas bem preparadas (a honestidade não vinha ao caso porque não se tratava de uma questão de "moral", mas de "política") iria mudar por meio de decretos.

Não é por acaso que a esquerda tem sofrido de estadofilia, estadomania e estadolatria. Daí a sua alergia a tudo o que chega da sociedade e dos seus cidadãos. Coisas tenebrosas como meritocracia, lucro, ambição, mercado, competição e eficiência. Tudo o que afirma um viés não determinista do mundo.

Vivemos, graças à Procuradoria-Geral da República e ao STF, um momento especial porque a "esquerda" foi posta à prova e, ato contínuo, foi implacavelmente desnudada. Posta à prova definitiva do poder, ela revelou-se incapaz de honrar com os papéis sociais cabíveis na administração pública e de dizer não aos seus projetos mais autoritários. O resultado tem sido uma reação no sentido de modificação por decreto de mecanismos que buscam arrolhar a imprensa, o Judiciário e o Ministério Público. O ideal, eis o que vejo como reação, seria uma aristocratização total dos eleitos, tornando-os seres inimputáveis. Seria isso algo de Esquerda ou de Direita?

Uma das forças da democracia é, como viu Tocqueville, a educação contínua do seu estilo de vida. A própria divisão de poderes demanda empatia e não antipatia entre eles. Do mesmo modo, a democracia leva a uma visão para além do econômico, do político, do religioso e do jurídico. É justamente o esforço de uma visão de conjunto que obriga as sociedades abertas a se redefinirem continuamente por meio do bom senso, que Joaquim Barbosa tem de sobra.

Ora, isso é o justo oposto de quem deseja que esquerda e direita sejam termos balizadores finais quando o que o momento demanda é que esse poderoso dualismo seja como as nossas mãos. Esses maravilhosos órgãos que nos tornam humanos e que podem ser usados de modo diverso porque, como sabem os liberais, ambas têm um uso alternado e são importantes na nossa vida pessoal e coletiva.

Em torno do espaço público no Brasil

Estou no aeroporto de Salvador, na velha Bahia. São 8:25 de uma ensolarada manhã de sábado e eu aguardo o avião que vai me levar ao Rio de Janeiro e, de lá, para minha casa em Niterói. Viajo relativamente leve: uma pasta com um livro e um computador no qual escrevo essas notas, mais um arquivo com o texto da conferência que proferi para um grupo de empresários americanos que excursionam aprendendo – como eles sempre fazem e nós, na nossa solene arrogância, abominamos – sobre o Brasil. Passei rapidamente pela segurança feita de funcionários locais que riam e trocavam piadas entre si e logo cheguei a um amplo saguão com aquelas poltronas de metal que acomodam o cidadão transformado em passageiro.

Busco um lugar, porque o relativamente leve começa a pesar nos meus ombros e logo observo algo notável: todos os assentos estão ocupados por pessoas e por suas malas ou pacotes. Eu me explico: o sujeito senta num lugar e usa as outras cadeiras para colocar suas malas, pacotes, sacolas e embrulhos. Assim, cada indivíduo ocupa simultaneamente três cadeiras, em vez de uma. Eu olho em volta e vejo que não há onde sentar! Meus companheiros de jornada e de saguão simplesmente não me veem e acomodados como velhos nobres ou bispos baianos da boa era escravocrata, exprimem no rosto uma atitude indiferente bem apropriada com a posse abusiva daquilo que é definido como uma poltrona individual. Não vejo em ninguém o menor mal-estar ou conflito entre estar só, mas ocupar três lugares; ou perceber que o espaço onde estamos, sendo de todos, teria que ser usado com uma maior consciência relativamente aos outros como iguais e não como inferiores que ficam sem onde sentar porque "eu cheguei primeiro e tenho o direito a mais cadeiras!".

Trata-se, penso imediatamente, de uma ocupação "pessoal" e hierárquica do espaço; e não um estilo individual e cidadão de usá-lo. De tal sorte que o saguão desenhado para todos é apropriado por alguns como a sala de visitas de suas próprias casas, tudo acontecendo sem a menor consciência de que numa democracia, até o espaço e o tempo devem ser usados democraticamente.

Bem à minha frente, num conjunto de assentos para três pessoas, duas moças dormem serenamente, ocupando o assento central com suas pernas e malas. Ao seu lado e, sem dúvida imitando-as, uma jovem senhora com ares de dona Carlota Joaquina, está sentada na cadeira central e ocupa a cadeira do seu lado direito com uma sacola de grife na qual guarda suas compras. Num outro conjunto de assentos mais distantes, nos outros portões de embarque, observo o mesmo padrão. Ninguém se lembra de ocupar apenas um lugar. Todos estão sentados em dois ou três assentos de uma só vez! Pouco se lixam para uma senhora que chega com um bebê no colo, acompanhada de sua velha mãe.

Digo para mim mesmo: eis um fato do cotidiano brasileiro que pipoca de formas diferentes em vários domínios de nossa vida social. Pois não é assim que entramos nos restaurantes quando estamos em grupo e logo passamos a ser "donos" de tudo? E não é do mesmo modo que ocupamos praças, praias e passagens? Não estamos vendo isso na cena federal, quando o presidente faz uma campanha aberta para sua candidata, abandonando a impessoalidade como um valor e princípio do conflito de interesses por que ele deveria ser o primeiro a zelar? Não é assim que agem todos os agentes públicos do chamado "alto escalão" quando se arrogam a propriedade dos recursos que gerenciam? Não é o que acontece nas filas e nos estádios, cinemas e teatros? Isso para não mencionar o trânsito, onde os condutores de automóveis se sentem no direito de atropelar os pedestres.

Temos uma verdadeira alergia à impessoalidade que obriga a enxergar o outro. Pois levar a sério o impessoal significa suspender nossos interesses pessoais, dando atenção aos outros como iguais, como deveria ocorrer neste amplo salão no qual metade dos assentos não estão ocupados por pessoas, mas por pertences de passageiros sentados a seu lado.

Finalmente observo que quem não tem onde sentar, sente-se constrangido em solicitar a vaga ocupada pela mala ou embrulho de quem chegou primeiro. Trata-se de um modo hierarquizado de construir o espaço público e, pelo visto, não vamos nos livrar dele tão cedo. Afinal, os incomodados que se mudem!

O Brasil de todos nós

Todos nós somos fadados a falar do Brasil. O Brasil é o todo que nos engloba e nós somos a parte que, sem esse todo, perde o chão ou a terra. Terra é um conceito arcaico. Desterrar foi uma punição tão tenebrosa quanto a morte. Que falem os exilados de todos os calibres. Em inglês ainda se usa *land* (jamais *earth*) mas você tem que assistir a um velho filme de John Ford, *O homem que matou o facínora*, para ouvi-la claramente na expressão "*the law of the land*" porque, nesta película, trata-se de estabelecer o governo da lei numa "terra" sem regras impessoais: num sistema em que as normas não dependem das pessoas que governam as condutas individuais. No filme, vemos uma sociedade onde as relações pessoais com seus sentimentos particulares de simpatia, dívida, ousadia como poder e o poder da ousadia, são dominantes e inventam a figura de um facínora cujo nome é significativamente Liberty Valance. É justamente para regular essa *liberty* que existe a regra da lei geral, com suas instituições a agentes.

No filme, a ausência da lei se faz por meio da violência cara a cara cujos símbolos são o revólver e o chicote. Neste Brasil de todos nós, as tramoias são feitas – eis o que constrange e revolta – indiretamente, com a lei. No Brasil a lei é onipresente, mas ela não tem alma porque nela a autoridade vê apenas a letra, deixando de fora o espírito dos valores da sociedade da qual ela faz parte. Ora, uma lei sem alma é o que vemos, revoltados, em todos os poderes da República onde se prefere atuar mecânica (ou retoricamente) deixando de lado a alma que levaria a um controle dos interesses apaixonados – coisa que os liberais clássicos conheciam bem.

Assim, temos testemunhado muita letra e pouca alma, muito direito e pouca ética. Muita técnica legal e pouco sentimento de justiça igualitária. Seja no julgamento absurdo das menores violentadas, seja na reação às roubalheiras do dinheiro público pelas pessoas justamente encarregadas de administrá-lo.

O conceito de "terra" está enraizado e jamais foi estudado criticamente entre nós. Pois se a "terrinha" fala de um Portugal da origem, a "terra" é o Brasil: aquele lugar onde o gorjeio das aves distinguem o "lá" (do exílio) do "cá" como o lugar plano do aqui e agora. A terra que me recebeu neste teatro. Que me obriga a ter saudade e que, um dia – queira Deus – vai me receber novamente no seu doce seio.

Ainda sentimos mais saudade do Brasil como terra do que como país, para ampliar um estudo magistral que José Guilherme Merquior faz da poesia *Canção do Exílio*, de Gonçalves Dias. Mas quem é que hoje em dia assiste a filmes de John Ford e lê Gonçalves Dias, interrogaria o leitor abarrotado de *Titanics*, rambos e da poesia inefável das músicas sertanejas?

O mundo – seu cronista reacionário – mudou!

Mas, respondo eu: de fato não temos mais as aves gorjeando, nem John Fords. Mas continuamos a sofrer a vergonha das roubalheiras promovidas por um sistema que insiste em não admitir que um "homem público" não tem e nem pode ter – dentro dos limites do bom senso – vida privada! Não passamos uma semana sequer, sem alguma novidade negativa relativamente ao campo público, ao mesmo tempo que o mundo todo vai ficando cada vez mais transparente para cada um de nós. E a nossa novidade é velha: alguma pessoa pública tirou vantagem pessoal de algum cargo governamental: seja na contratação superfaturada de alguma obra ou na compra de um produto; seja numa aposentadoria indevida, na qual a lei é ampliada para o seu caso; seja na obtenção – vejam o surrealismo – de um doutoramento no qual todos os membros da banca fazem tudo, menos examinar o candidato-ministro, o que envilece gente como eu que, para obter o mesmo grau fiz pesquisa, escrevi tese inédita, e como professor, examinador e eventual coordenador de um programa de pós-graduação no Museu Nacional, jamais confundi pessoa e papel na esfera do poder com a vida intelectual. Tudo foi dentro do regimento, mas foi ético? Pergunta esse pateta reacionário que vos escreve.

Alguns cargos públicos, sobretudo os de presidente, papa, rei, governador e prefeito, que o jurista inglês Henry Maine chamava de "instituições solitárias", são papéis ocupados exclusivamente por um ator que, neles, tornam-se um "personagem", uma "figura" ou um "figurão" (quando fazem inocentes malfeitos como roubar alguns milhões de reais de catástrofes). Sua característica básica é que eles englobam totalmente o ator e não permitem que ele possa sair dos seus requisitos legais e estruturais. Quando investido nestes papéis, o ator tem que pesar cada palavra, gesto ou relação. Daí a ética e o viés de sacrifício que o cercam, pois que exigem do ator uma disciplina que nem sempre é seguida porque em sociedades marcadas pela desigualdade, pelo aristocratismo oculto e resistente dos "homens bons" e de suas múltiplas elites (inclusive as populares), como ocorre justamente no caso deste Brasil de todos nós. Aqui, arremato, não é o papel que ocupa a pessoa, mas é a pessoa quem domina, apropria-se e, mais das vezes, avilta o papel.

Falta esse debate na nossa esfera política que adora os gregos como Demócrito e Platão mas carece de Tocqueville, de Weber, de Arendt e de Jaspers. De gente capaz de dizer: isso eu não faço!

A política da não política

Seria possível viver sem política? Haveria alguma situação humana sem necessidade de decisão e, portanto, de politizar? De escolher e inventar destinos? Só nos intervalos, nos entreatos, nas pausas e na plenitude das grandes passagens – quando o mundo fica suspenso entre alguma coisa que vai chegar, mas ainda não está presente – surge o não político, o que não pode ser falado. Só aí o jogo é interrompido. A política do jogo ou o jogo como política continua, mas deve ser visto como um "não jogo".

Fica como aquelas fases pré-vestibulares, quando a expectativa é maior do que o exame. Na preparação de uma peça ocorre o mesmo. O texto está pronto, mas a produção requer um duro encontro entre os atores e os papéis a serem representados. Nos ensaios, vive-se um momento crítico de representações que não são representações, mas experimentos. Não se pode negar que não exista teatro nos ensaios, mas não se pode afirmar ou confundir o ensaio com a peça. Nesses casos, surge o humano do humano; o ser e o não ser; o papel sem ator e o ator sem papel. Nascimentos e mortes, seguidos de renascimentos e ressurreições.

Assistir a um ensaio teatral é testemunhar, como está acontecendo agora no Brasil, a política da não política. Há muita politicagem, mas tudo ocorre em nome de uma não política. Predomina o silêncio dos fracos e não o grito dos poderosos. Estão todos "tapados" como o caso mexicano exprimia de modo nítido. A peça só vira espetáculo quando a cortina é solenemente aberta.

Estamos nessa fase. Temos os papéis, temos a presidente eleita e o presidente que vai sair de cena, mas a peça ainda não está pronta. E como há teatro na política, mas política não é teatro, pois nela não há ensaio e os custos são impagáveis, temos o preocupante não saber como os atores vão viver esses papéis. Revelam-se em toda a sua nudez de corista os bastidores da peça a ser montada pelo governo da presidente Dilma. Olhar o não político no político mostra o lado pessoal e relacional da vida palaciana. Nada mais complicado que escolher num universo de coalizão, um mundo onde se deseja tudo, menos ter o que se foi: oposição. Ademais, quem escolhe: o Lula (que me fez) ou eu (que devo me fazer)? Fico com o PT ou com o PMDB, que imagina ser o partido da modernidade política nacional? Convoco aquele canalha ou fico com este conhecido canastrão porque, afinal, ele me foi indicado por X que, sendo amigo de Z do partido N, tem influência junto a F que pode ser útil justamente porque é de uma teórica oposição?

Sobre os canastrões pairam as dúvidas de sempre. Mas mesmo sobre o diretor-ator principal da peça – a presidenta eleita – cabem incertezas porque até hoje ninguém sabe se o teatro imita a vida ou se a vida imita o teatro. Sem ensaio, ninguém pode dizer como a pessoa vai se sair no papel (e o papel na pessoa). Se os dois vão se juntar como a luva branca na mão do mordomo inglês ou se o ator-presidente vai usar luvas de boxe. Já vivemos os dois casos. Sabemos, porém, que todo palhaço usa botinas maiores do que os seus pés, o que acentua a ambiguidade que conduz ao riso e à comiseração. Quem não riu e chorou com Carlitos? Ou com os presidentes que iam liquidar de uma vez por todas a corrupção nacional e, no curso da peça, revelaram-se larápios dignos de um Oscar?

Esse momento sem política revela os bastidores da politicagem. Primeiro a luta por um partido do Brasil, algo impossível numa sociedade democrática, liberal e igualitária. Impossível porque isso seria equivalente a ter uma única marca representando toda uma indústria ou um time englobando todo um esporte. Como ser o melhor e o mais eficiente se não existe o mais ineficiente?

A disputa relacional, a conta de chegar entre princípios e pessoas, anuncia a peça a ser vista. Pagamos pela sua qualidade de tragédia ou farsa. Pagamos pelos artistas e pelo teatro. Aliás, somos nós – os cidadãos comuns – esse "povo" com ou sem Deus que segura todos os espetáculos deste mundo. Dos enterros anônimos aos funerais faraônicos; das escolhas baseadas na competência dos atores e das que pagam um favor ou se cumpre um requisito formal de apoio, de modo que lá vai um canalha para o papel de ministro o qual, diga-se de passagem, ele irá desempenhar com o mesmo rigor de um ator do quilate de Procópio Ferreira.

Pois atores somos todos desde o dia em que, sem convite ou contrato, viemos ao mundo para tomar parte do dramalhão humano. Uma peça que não iniciamos e jamais iremos terminar. Felizes seremos se, dentro dela, pudermos compreender algum entrecho ou cena. Mais gratos, ainda, se tivermos a sinceridade para nos havermos bem nos papéis que nos foram confiados e que, no fundo, são muito mais importantes que nós. Afinal, nós todos passamos, mas os papéis ficam – eis a lição com que nossos políticos ainda não atinaram. Melhor seria disputar menos e pensar mais nas competências. Quanto mais não seja pela noção de limite do papel que se disputa. O que, afinal de contas, não é disputado nesse nosso Brasil? Com todas essas claras aspirações autoritárias e um grupo de mandões devidamente entrosados e prontos a enriquecer com o nosso trabalho?

Temos o vício da amizade

Ninguém olha o mundo com olhos inocentes.
Sempre se enxerga o mundo editado por um conjunto definido
de costumes, instituições e modos de pensar.

Ruth Benedict

A frase do deputado Edmar Moreira, recém-eleito e já demissionário da corregedoria e da 2ª vice-presidência da Câmara Federal, no momento de uma nova etapa legislativa, remete aos velhos e pouco discutidos axiomas da amizade na vida política nacional.

Ela abre a porta para rever o que em *Carnavais, malandros e heróis* caracterizei como sendo o "dilema brasileiro". A indecisão (que acaba virando decisão) entre as normas da amizade (muito mais aristocráticas do que patriarcais ou burguesas em origem e estilo) centradas na "pessoa" (como uma subjetividade feita de relações sociais hierarquizadas); e a lei que, valendo para todos, administra cidadãos-indivíduos com direitos e, eis o ponto duro de politizar e engolir, deveres! Com as tais obrigações coletivas que nas democracias frequentemente subordinam os elos pessoais.

O bloqueio de uma ética de respeito e obediência às leis tem tudo a ver com o com o vício da amizade como um mecanismo de supressão de algo básico numa democracia liberal. O constante cálculo moral que baliza a consciência dos nossos deveres para com os da casa, em confronto direto com as nossas obrigações para com as normas que governam a rua – o mundo da esfera pública. Ninguém precisa virar calvinista, mas o abandono desse cálculo, tido como burguês pelas nossas elites, torna a coisa pública – a "república" que tanto amamos – uma terra de ninguém. Um espaço sistematicamente apropriado por bandidos de todos os calibres, alguns, inclusive, eleitos pelo povo. Sem a discussão dos limites entre o velho estilo aristocrático de vida social e as coerções democráticas, que sujeitam todos a preços, impostos e leis, continuaremos a privilegiar ladrões bárbaros ou cordiais que, pela amizade e em seu nome, tornam elásticas todas as regras. Sabemos que não há como resolver de modo automático a decisão de ficar com os amigos ou com a lei, mas a frase do deputado revela como é intolerável ficar com apenas um lado, esquecendo em causa própria o outro.

Para mim, o castelo do deputado próximo a São João Nepomuceno – onde, adolescente, vivi e aprendi os axiomas sutis e abstratos das amizades que obrigam a devolver o favor recebido, a mentir em nome do amigo, a pagar amor com amor, a considerar o inimigo do amigo um inimigo, a olhar a mulher do amigo como homem, a não falar mal do amigo em toda e qualquer circunstância; e, eis uma coisa tão difícil quanto não pecar contra a castidade, de ter a coragem de resistir aos amigos – é bem menor do que a brecha aberta pela frase falhada, dita por quem vive o parlamento como um clube de luxo, e não como um instrumento de melhoria coletiva.

Ela tem o mérito, como diria o Oliveira Vianna do ensaio "O papel dos governos fortes no regime presidencial" (publicado no livro *Pequenos estudos de psicologia social*, em 1923), de "sintetizar" um fator central de nossa "psicologia política", a saber: "a incapacidade moral de cada um de nós para resistir às sugestões da amizade e da gratidão, para sobrepor às contingências do personalismo os grandes interesses sociais, que caracteriza a nossa índole cívica e define as tendências mais íntimas de nossa conduta no poder". É justo nessas fronteiras indefinidas entre amigos, máquinas partidárias e administradores que jazem os desequilíbrios do poder nacional. Um poder, que para Oliveira Vianna, tudo congrega e justifica. Sem a consciência dos limites entre o poder do governo e o poder das amizades (e partidos), confundem-se os contornos entre o público e o privado. Contam-se nos dedos casos como os de Feijó (mencionado no ensaio de Oliveira Vianna) e de Vargas, nos quais a motivação pessoal foi inibida em nome de algo maior. Evitar o debate dos limites é o traço distintivo das "agremiações políticas" que, no poder, trabalham para seus próprios interesses, tendo o direito (ou o vício) de não separar o partido do país que agora possuem e controlam. É isso que engendra a "energia corporativa" cuja base é a personalização do poder. É ela que promove a emergência do elemento carismático e salvacionista, capaz de produzir paradoxos, como ocorre quando um presidente eleito por um partido, marcadamente ideológico, governa populisticamente. Ou quando o corrupto e o canalha de ontem torna-se o aliado redentor generoso de hoje, porque aceita o nosso pedido de perdão. Na amizade e no personalismo (que salva os "nossos"), encontramos a raiz dos famosos "dois pesos e duas medidas" que têm caracterizado, em maior ou menor grau – sejamos honestos – a dinâmica política de quase todos os governos.

Tem sido somente agora, graças à estabilidade da economia, que começamos a estranhar o papel da amizade na ordem política e no modo de "fazer política" no Brasil. Esse estilo predominantemente fundado no primado da casa sobre a rua e do "você sabe com quem está falando?" sobre as leis gerais.

Aparições

A democracia promove, sem cessar, aparições. Começa a ficar complicado para quem governa domesticar fantasmas. Os espíritos surgem naquilo que Tocqueville descobriu como sendo o espírito da vida democrática: a opinião pública. Esse poder inventado pela igualdade que ele chamava de força geradora da vida liberal.

Sem opinião pública as aparições somem ou são controladas. Hitler e sua camarilha domesticavam o fantasma do projeto de extermínio de judeus e de categorias marginais como os deficientes, os ciganos e os homossexuais. Havia suspeição do extermínio, não a prova cabal que apareceu na derrocada do nazismo, em 1945, confirmando as atrocidades. O mesmo ocorreu com as torturas da ditadura militar. As torturas eram negadas, ninguém era responsável e até hoje há quem nelas não creia ou admita e, no entanto, como os fantasmas, elas existiram.

O fantasma é parente do boato, do banal "ouvi dizer" que serve como alerta, aviso ou premonição. Os antigos psicólogos sociais escreveram sobre o boato como um desejo secreto (a notícia da morte de uma figura pública repudiada, por exemplo); e pelo menos um antropólogo da minha decadente tribo – Max Gluckman – revelou como a intriga e o escândalo eram elementos fundamentais de controle social. De fato, a igualdade de todos perante a lei era uma fantasia no Brasil. Hoje, graças a uma imprensa livre que honra a reportagem investigativa pois sabe que falcatruas jamais vão ser impressas no *Diário Oficial da União*, começamos a assistir ao julgamento e à condenação de poderosos membros do governo do PT. Se eles irão mesmo para a prisão é outra história, já que pelo menos um ministro do Supremo defende multas pecuniárias em vez de cadeia para crimes de "colarinho-branco", essa excrescência jurídica nacional. Ademais, com a figura da prescrição, é possível que nós, o povo – as pessoas comuns, os governados – tenhamos que indenizar os responsáveis pela politicalha do mensalão e adjacências cujos responsáveis já teriam cumprido suas penas. Os seus ilícitos seriam fuxicos, fantasias, fantasmas e projeções.

O fuxico é a fumaça que faz imaginar o fogo. Onde há fumaça, há fogo, diz-se confirmando uma perspectiva de plausibilidade humana sem a qual a vida social seria impossível. O fuxico é a fantasia que configura um ato antes dele ocorrer ou surgir como realidade, daí o seu poder controlador. O boato tem que ser tratado com cuidado, tal como se faz com as fantasias, porque certos eventos despertam o nosso lado vingativo. Inimigos políticos tendem a fuxicar com exagero. São inventores de fantasmas porque muitas vezes suas fantasias são como os quarenta moinhos de vento que Dom Quixote via como gigantes. Quem não se lembra da campanha contra o Plano Real e a sua "herança maldita"? Mark Twain, cuja independência de pensamento causava inveja até mesmo na América dos livres e iguais, disse uma vez que as notícias (ou boatos) sobre sua morte eram muito exageradas.

Isso é suficiente para estabelecer o elo entre a projeção que aciona o desejo e a fantasia. O desejo de morte do inimigo surge antes de sua morte. O adversário vira um fantasma antes mesmo de ser enterrado.

O Brasil da Era Lula está coalhado de fantasmas e, mais do que isso, de aparições. É o que leio nos jornais com pavor e vergonha. O julgamento do mensalão deixa ver melhor o queijo suíço de falcatruas, nomeações indevidas e das roubalheiras programadas desses tempos. A todo o momento, uma nova aparição, como o caso da super-Rosemary Noronha, essa prova de um aparelhamento deslavado do Estado pelo partido no poder que obviamente quer ser o poder. O partido que eu e milhões de brasileiros supúnhamos que iria liquidar esse Estado provedor, mas ao mesmo tempo canalha, que sempre foi pai dos pobres e mãe dos ricos e, hoje, é a madrinha dos correligionários que, com ele e por meio dele, mas em nome do povo pobre, tornam-se milionários!

O procurador-geral da República no seu libelo contra os mensaleiros assentou vergonha em tudo o que foi feito. O fantasma tornou-se aparição e a aparição virou um cadáver que – espero – tenhamos a coragem de sepultar, ao lado dos crimes cometidos contra o espírito humano nos tempos da ditadura militar. Uma coisa tem uma óbvia ligação com a outra. E uma não pode ser tratada como fantasma (o mensalão) e a outra como verdade, ou vice-versa. Cabe a todos nós rasgar esse véu de uma histórica hipocrisia, sempre justificada pela fantasia dos elos pessoais: aos amigos o heroísmo de um passado que lhes permite tudo; aos inimigos o opróbrio da falsidade e dos interesses ocultos. O Supremo liquidou essa lógica, colocando-a nos seus devidos termos. Todos, inclusive e principalmente os amigos, são também sujeitos à lei.

    A aparição, como os boatos e fuxicos, é um exemplo da operação da opinião pública. Essa figura que, numa democracia, representa o todo e a alma de um país democrático. Esse modo de existir que não é mais um fantasma, mas uma realidade de nossas vidas.

Aqui não tem criados

Como as chuvas de verão, a bênção paterna e o beijo de amor, eu volto ao Meio-Oeste americano. Aqui – meus amigos acostumados à conexão Leblon-New York City – não há a variedade babilônica da Grande Maçã nem aquele estranho (e falso) sentimento de que todo mundo é cosmopolita – essa máscara que as grandes cidades fingem. Pois nessa Champaign-Urbana, Illinois, Estados Unidos, entre imensos milharais e campos de soja, os nativos estão enraizados e não temem confessar que Chicago é a sua mais longínqua fronteira existencial. Como uma vez me disse uma amiga daqui do lado, de South Bend, Indiana: "Eu jamais pensei em sair dos Estados Unidos. Por quê? Ora, porque *everything is here!*" (porque tudo está aqui). A mesma resposta de minha amada e saudosa mãe quando falava de sua idealizada Manaus do Teatro Amazonas, do Clube Ideal e do Alto de Nazareth, onde o universo revestido pelo ouro que recobre grande parte do nosso passado, parecia perfeito mesmo quando o que se viveu foi impensável. O tempo, como sabem melhor os ibéricos, como o padre Vieira, Fernando Pessoa e Eça de Queiroz, é o remédio para tudo. Sobretudo para as nossas mais profundas feridas, porque na sua passagem e na sua majestática indiferença, ele lixa a alma e faz com que os vales e as montanhas de sofrimento, ressentimento, rejeição e frustração tornem-se planícies. "Amanhã", como disse Clark Gable no *E o vento levou...*, "será outro dia!" O problema é ter paciência e esperar. Só o amor – esse amor grandioso, amor humano – fica como alento, oásis e ponte.

Aqui há uma calma de ruas seguras e vazias; uma melancolia que cai das árvores e remete àquelas músicas outonais que falam do milagre das folhas virando chamas. Imagino se Cole Porter, nascido em Peru, Indiana, bem no meio dessas planuras, não carregava no coração esse cheiro de outono quando fez aquelas músicas que eu sempre canto com lágrimas nos olhos: "*Everytime we say goodbye, I die a little/ Everytime we say goodbye, I wonder why a little...*" (Todas vezes que nos despedimos, eu morro um pouco; todas as vezes que nos despedimos, eu me surpreendo um pouco.)

———

Quantas vezes morremos e matamos, como ocorre nas disputas eleitorais que acendem as velhas paixões e revivem suas mentiras como a de que, um dia, com o salvador (e agora perseguido das elites) Lula, o Brasil vai estar pronto e acabado. Ou na sua dura verdade de que toda democracia precisa ser construída todo dia. Estou seguro de que a grande maioria descobriu que popularidade, ressentimento, agressão às instituições liberais e corrupção permanente pulverizam votos. A velha fórmula demagógica de entregar o Brasil a uma tomadora de conta – a supermãe do sistema – não funciona. Numa democracia todos são importantes, acima de tudo o conjunto dos seus cidadãos comuns e ativos, e não um bando de comodistas que precisam de cuidadores. Quem quer entregar o país para uma candidata inventada por um presidente que se pensa dono de todas as verdades?

———

Voltei aos Estados Unidos e fico por muito pouco tempo. A velha familiaridade com o estilo de vida ressurge automaticamente dentro de mim. Ela traz de volta o respeito pelos outros como moeda corrente. E, tal como ocorreu com Alexis de Tocqueville, vejo essa preocupação com o próximo o outro lado de um individualismo que sempre me assombrou. Quanto mais forte o individualismo, mais solidão, menos relações e, no entanto – eis o que Tocqueville foi o primeiro a descobrir – mais associacionismo e institucionalização. Tal como a santidade precisa de pecado, a igualdade e o individualismo necessitam dos seus contrários, como notava o gênio aristocrático desse francês não lido no Brasil porque sempre foi considerado um reacionário pelo nosso radicalismo chique e acadêmico. Com isso, a América é local onde obedecer às regras é tomado como algo positivo e inteligente, não como sinal de inferioridade ou burrice, como no Brasil.

Ontem, por exemplo, um jovem me cedeu passagem na porta de uma loja, reverente para com um *old professor*. Assim que cheguei fui convidado para o tal *lunch* que em nenhuma hipótese pode ser comparado ao nosso almoço. Pois, em primeiro lugar, aqui temos muito a escolher e isso confunde; depois, porque todos servem em bandejas e isso me deixa inseguro (como caminhar equilibrando tanta coisa?); em terceiro lugar porque, ao morder um sanduíche de *tuna salad*, ouço dentro de mim uma voz repetindo: isso não pode ser "comida"!; e, finalmente, depois que comemos, somos obrigados pela etiqueta indisputável e indiscutível do local a – eis a ofensa para o meu lado brasileirinho – levarmos os nossos restos para o lixo! A igualdade tem preço. Um preço alto para quem foi criado com criados, para quem adora mordomias. Pois nesta Illinois que não conheceu nenhuma execrável escravidão, cada um é seu próprio dono e mordomo. Temos, pois, a obrigação de levar nossos restos para o lixo. Esse é um aspecto do liberalismo pouco visto e falado no Brasil e, no entanto, crítico para sua existência. Aqui, reitero, não tem criados.

É duro limpar o nosso lixo, como é complicado enxergar a nossa arrogância e os nossos erros. Em tempos de jornada eleitoral, porém, como na viagem que nos torna peregrinos e dependentes das mãos dos amigos locais, definem-se sinceridades, mentiras e competências. E para provar que as seis famílias donas de jornal não me controlam, faço questão de declarar: para mim, não há dúvida de que Serra é, de longe, o melhor. O resto, amigos, como dizia aquele bardo inglês, é silêncio...

Brasil, Brasil

Escrevi um livro chamado *O que faz o brasil, Brasil?* e descobri que muita gente lia o seu bizarro título como "o que faz do Brasil, Brasil". Nele, eu confrontava um "brasil" como mero espaço geográfico e um "Brasil" como um coletivo com alma. Como uma comunidade capaz de legislar sobre si mesma e discutir seus rumos. Num nível mais complexo, eu confrontei – num momento difícil, pois o livro veio à luz em 1984 – práticas sociais seculares tidas como inocentes e fáceis de mudar ou simplesmente acabar (amizade, comida, festas, trabalho, família, religiosidades) com as instituições recorrentes nas conceituações do Brasil, as quais teimam em reduzi-lo a apenas Estado e "governo" propondo nas entrelinhas um regime ideal a ser um dia milenariamente realizado.

Daí, talvez, o tema da conspiração, o qual, ao lado da comida, do futebol, do fuxico, da "versão verdadeira", do compadrio e do Carnaval, é um dos traços mais constantes das representações correntes do Brasil porque a conspiração liga um brasil com o outro. Dela surge a crença na inveja e no "mau-olhado", como fazem prova as pulseirinhas usadas pela presidente Dilma que, suponho, deve ser materialista. Na política, a inveja não surge como na briga entre parentes, mas como uma obrigação moral (e política...).

Cresci ouvindo falar em conspirações. A primeira era a do Diabo contra a castidade. O erotismo nas suas formas mais banais revelava a presença do Demo em nossos pobres banheiros que só tinham água fria. O Diabo deturpava nossos pensamentos e, tal como a presidente Dilma disse para os jornalistas, manipulava os nossos sentimentos. De fato, na hora de dormir, pensávamos na Gabriela e em vez dela surgir no seu vestido rendado ela aparecia nua, denunciando o pecador oculto dentro do rapazinho inocente.

Um dia, conversando sério com um amigo, pensamos em amputar nossas mãos. Ele havia feito a tentativa de paralisá-las, mas o resultado promoveu um pecado ainda mais delicioso porque "minha mão parecia ser de outra pessoa!", disse num lamento.

Mais tarde, já frequentando um curso de história que, diziam, não levava a coisa alguma e era destinado a incapazes e mocinhas, um colega mais politizado – um realista – me ensinou como os Estados Unidos tinham um plano conspiratório contra o Brasil, o qual era encabeçado por Gene Kelly, Donald O'Connor e Debbie Reynolds por meio de um manifesto chamado *Cantando na chuva*.

O mundo não era o que eu via – comidas, mesa posta, ser obrigado a andar limpo, não ficar sozinho, respeitar minha família e com ela ter deveres permanentes – era um lugar de conspirações e deturpações. De lutas veladas do Bem contra o Mal em suas mais diversas encarnações e somente o confronto no espelho da "conscientização" nos livraria de uma inocência útil.

Passei, pois, de pobre pecador solitário a inocente útil coletivo, aliado inconsciente do grande Demônio chamado Estados Unidos, que todos nós, inclusive os meus mentores, consumíamos em filmes, moda e livros, desbragadamente.

Ainda hoje um lado meu diz que tudo conspira. De uma certa perspectiva, o filme é um mero musical, mas do ponto de vista ideológico e cósmico, trata-se de uma maldita conspiração. Mude-se o ponto de vista e o mundo muda de figura: a música que canta o amor eterno vira ideologia. O mesmo com a pintura de Victor Meireles, Parreiras, Pedro Américo e de Amoedo (apreciada pelo meu avô Raul) e com os livros de Machado de Assis, o qual, um dos meus mentores ideológicos, considerava um alienado porque ele não fora capaz de denunciar a "luta de classes" nem o preconceito racial (logo ele, que era negro!) existente no Brasil.

Esse era um mundo de verdades e mentiras no qual líamos os problemas políticos e sociais como doenças e imposições das quais podíamos nos livrar tomando os remédios e as medidas apropriadas. Nele não havia contradição de valores, mal-entendidos, má-fé e nem consequências não previstas de falas e comportamentos. Você, diziam, tem direito de fazer o que quiser, porque é livre, mas não pode casar com uma negra; não há nada demais em adotar políticas opostas para um mesmo problema como nada impede que o Congresso Nacional coloque na presidência de uma Comissão de Ética, um homofóbico fundamentalista. Deus só fazia o bem e o Diabo, o mal. Não se suspeitava o seu nível de interdependência como, aliás, sabia Santo Agostinho.

Vivi um Brasil que desconhecia a força das pequenas coisas – das comidas, da saudade e das festas de aniversário; dos favores e dos amores. Um Brasil crente que as "criadas", as "amas" e as "aias" eram parte da família que escrevi no meu citado livrinho.

Saudosismo? Nada disso. Quero, isso sim, ajudar a ver o Brasil "inocente" cara a cara com o das conspirações. Um Brasil que, pelo que vejo, ainda se pensa que pode resolver tudo pela lei e pelo decreto.

Cafezinhos e parábolas

Visitei uma grande empresa no Rio Grande do Sul. Palestrei, aprendi e descobri. Sinto-me feliz ao ser recebido em Manaus do mesmo modo com que sou acolhido no extremo sul do Brasil. Na minha primeira vida, estudante de sociedades tribais brasileiras, ficava abismado quando nos mais humildes lares sertanejos e mesmo entre alguns indígenas, a conversa era interrompida em nome de um cafezinho hiperdoce com a seguinte observação: que não reparasse na xícara nem no bule – eram de pobre – mas tomasse a bebida feita com gosto e amizade. O cafezinho é a prova de hospitalidade mais pungente da nossa sociedade. Ele é também o obséquio mais trocado entre pessoas no Brasil.

Nesta ultramoderna empresa do Sul não foi exceção. Cheguei e, ato contínuo, ofereceram-me um cafezinho fresco e quente que tomei com o sentimento de estar usufruindo algo que faz o brasil, Brasil. O calor do café forte, negro e doce sinalizava o afeto de quem o oferece. O doce acentua (ou remove?) do negrume da bebida o seu ar de mistério, dando-lhe o toque das coisas benévolas. O amor e a compaixão são doces, como doces são a compreensão, a paz e a concórdia.

Na friorenta manhã do dia seguinte vou para o aeroporto muito cedo. Sou o primeiro a chegar. Meu pai, Renato, fazia o mesmo. Ele nos obrigava a sair de casa e seguir para as rodovias e estações de trem, quando viajávamos de Juiz de Fora e

São João Nepomuceno para Niterói, nas férias de verão, muitas horas antes da partida. Ficávamos, meus irmãos e eu, brincando entre as malas, enquanto papai bufava de nervoso, olhando o seu relógio Omega de ouro ou acertando o seu chapéu que, como dizia meu amigo Maurício Macedo, dava-lhe um ar de detetive de cinema.

No espaço público administrado pela Agência de Aviação Civil, fiquei a experimentar contrastes. O aeroporto é um mero nome, pois ele nada tem a ver com a modernidade dos aviões que despejam no seu espaço ridiculamente pequeno, dotado de algumas cadeiras desconfortáveis, um banheiro pífio e uma sala de embarque minúscula e sem forro, centenas de passageiros famintos (que, como condenados, comem uma sacolinha de biscoitos com gosto de creme de barbear), aturdidos pelo confinamento e pela ineficiência vergonhosa do lugar. Como tenho o tempo do pai, observo a chegada dos passageiros morrendo de frio. Numa sala de espera sem forro e com poucas cadeiras, tenho uma boa visão da pista e dos empregados que carregam malas e pacotes. Tudo realizado a braço – os carrinhos sendo empurrados pelos peões tal como faziam os escravos de um Brasil que continua tão presente quanto o meu iPhone que desligo. O que testemunho, protegido pelos vidros, é o trabalho desses mesmos escravos fazendo seu velho trabalho braçal em contraste com o moderno pássaro voador que estava para pousar vindo de fora e do céu.

Pavoroso e exemplar contraste entre a esfera privada onde tudo correu perfeitamente bem e a pública onde o tal "Estado" faz, mais uma vez, prova de um estilo de gerenciamento emperrado, partidarizado, sectário, ineficiente e, sobretudo, corrupto. Onde foram parar as tais "verbas" dos tais "planos" e "projetos" que são parte destes governos lulopetistas? Somem pelo ralo dos laços de partido, família e amizade que sempre consumiram a esfera do poder público à brasileira...

Milan Kundera conta o seguinte: uma comunista militante é julgada por crimes que não havia cometido. Sustentou sob tortura a sua verdade demonstrando uma extraordinária coragem diante dos seus algozes. Condenada, cogita-se sobre seu enforcamento, mas, mesmo numa Praga stalinista, há misericórdia e ela segue para a prisão perpétua. Findo o comunismo, seu caso é revisto e, depois de quinze anos, ela sai da prisão e vai morar com o filho a quem, por toda a cruel separação, tem um apego desmesurado. Um dia, Kundera visita sua casa e a encontra chorando copiosamente. Apesar de ter 20 anos, ele é preguiçoso, diz. Kundera argumenta que esses são problemas menores. Mas o filho, indignado, defende a mãe com veemência: ela está certa, sou egoísta e desonesto, espero mudar... Moral da história: o que o Partido jamais havia conseguido fazer com a mãe, ela realizou com o filho.

Num país em forma de presunto, grassa a praga de um estilo peculiar de corrupção. Não se trata de roubar somente pela "mais-valia" ou pelo engodo do mercado e da ganância. Isso também ocorre no país de Jambon, mas aqui o que explode como bombinha de São João é algo paradoxal: o roubo desmedido dos dinheiros públicos realizado precisa e legalmente pelas autoridades eleitas para gerenciar esses recursos. Trata-se do assalto ao Estado pelos seus funcionários mais graduados que loteiam suas repartições em nome de uma antigovernabilidade, pois como governar com os escândalos e as suspeitas de enriquecimento ilícito de ministros? Quando eu era inocente e de esquerda, a nossa luta era contra o "feudalismo brasileiro" encarnado pelos "coronéis". Com o PT veio a esperança de liquidar a corrupção. Afinal, eu testemunhei o então presidente do PT, José Genoíno, repetir com orgulho: "O PT não rouba e não deixa roubar!" Era, vejo bem hoje, apenas um belo mantra, que se desfez no mensalão e no que se seguiu. Moral da história: o que a "direita" jamais havia conseguido fazer no Brasil – coalizão, distribuição de favores, aparelhamento do Estado, elos imorais entre instituições e pessoas, populismo em nome dos pobres –, a "esquerda" – acomodada no poder – institucionalizou.

Cartórios, decretos e diplomas

Em 1968, bastou um simples requerimento para a Universidade de Harvard me enviar pelo correio o diploma de Master of Arts em Antropologia. Dois anos depois – após escrever uma tese – recebi, com a mesma ausência de pompa, o título de Doutor em Filosofia (o tal Ph.D.) que, nos anos 70, causava um furor invejoso no Brasil – esse país das papeladas e dos papelões.

Das carteiras de identidade, alvarás, cartas de motorista, diplomas, certificados, títulos, atestados e certidões que, num sentido preciso e ibero-kafkiano, revelam que a papelada – a carteira e o diploma – contam mais que nós. Essa é lógica dos decretos que aumentam absurdamente os salários dos parlamentares. Eles revelam que a lei não tem nada a ver com a economia moral da democracia. A que condiz com uma concepção do serviço público como expressão de uma aliança positiva entre Estado e sociedade. Pois no Brasil, é a sociedade que sustenta um Estado absurdamente autorreferido e perdulário. Esse é, sem dúvida, o traço distintivo de um presidente que sai registrando a obra em cartório!

Quando recebi o canudo, falei sobre essa informalidade com colegas americanos. A resposta foi dura para os meus ouvidos de brasileirinho socializado para ser um aficionado de títulos: o que vale não é o diploma, mas a obra. Outra experiência notável foi ter que reconhecer a firma do presidente da Universidade de Harvard no consulado brasileiro. Sem tal aval que meus colegas harvardianos achavam absurdo, o diploma não poderia ser levado em conta na universidade que me havia licenciado para a especialização na Harvard. Eis o nosso paradoxo ou *Ardil 22*. Sem um papel você não pode ter o papel de que precisa e sem este papel, você não existe. A vida começa com um papel e você não nasce de uma trepada, mas de uma ida a um cartório.

Pior que isso, só a diplomação de Dilma Rousseff, eleita pelo povo como a primeira mulher a ocupar esse cargo no Brasil. Pela mesma lógica, o voto a fez presidente, mas sem um alvará você não pode exercer o poder que lhe foi dado pelo povo. Essa é uma das provas mais cabais do nosso perverso amor às papeladas que engendram papelões. O povo elege, mas sem o alvará do Supremo, o eleito não é nada. Vejam o absurdo: depois de uma eleição nacional, alguém tem que ungir os eleitos com os santos óleos da burocracia, tal como os papas faziam com os imperadores na Antiguidade. E depois dizem que eu idealizo e invento um detestável "Brasil tradicional" na minha modesta e ignorada obra antropoliterária.

Faço questão de notar, porém, que pouco adianta denunciar esse gosto pela papelada se o drama nacional continua sendo gerenciado por esse importante e pouco discutido teatro de burocracias e formalidades. Pois, entre nós, o documento vale mais do que a vida e a história. O alvará que confirma, também libera os candidatos corruptos, condenados pela Lei Ficha Limpa com base em detalhes processuais. A gramática, como sempre, elimina a verdade do discurso. Por isso gostamos tanto dos diplomas que dizem que somos o que não somos.

Entrementes, porém, já sucede um entretanto: Lula – que vai saindo como nunca nenhum presidente deixou o cargo neste país – manda registrar em cartório os seus feitos como presidente, exagerando aqui e ali nos eventos e deixando de lado o mais importante: ele foi o primeiro mandatário de esquerda eleito no Brasil; foi o primeiro presidente de um partido ideológico, mas que governou como um coronel político tradicional, aliando-se sem pejo ou dúvida aos outros coronéis do nosso sistema de poder. Que o seu partido, dito o mais moderno do Brasil, fez um mensalão e ama os cartórios luso-brasileiros onde tudo cheira a mofo e não há movimento, mas somente papelada. O salvador dos pobres consolida o capitalismo financeiro; o autêntico operário – aquele que seria a voz do povo destituído – foi o mais mendaz mandatário da história do nosso país.

O registro em cartório prova como somos mais da moldura do que do quadro; como gostamos mais do vestido do que da dama; como preferimos a forma ao conteúdo. E como pensamos que a verdade é mesmo feita de papeladas e registros com firma reconhecida.

Como fazer oposição?

Somos bons para mandar e, quando a ordem é dada pessoal e diretamente, para obedecer; mas não conseguimos seguir nenhuma regra. Não somos capazes de nos guiar por normas sem cara ou corpo, mãos e chibata, dívida e promessa. Se o mandão se relaciona conosco, seguimos; se é uma lei escrita em um papel ou revelada em um sinal de trânsito, mandamos plantar batata. Aprendemos, faz tempo, que seguir uma norma feita para todos produz uma ordem anônima, impessoal e universal. Mas seguir tais leis é um sinal de inferioridade. Como discordar delas sem parecer grosseiro ou rebelde? Os superiores fazem as leis e com elas se enroscam em exegeses profundas e eruditas, distinguindo o não do nada e ambos do zero e do vazio; já os subordinados obedecem. A lei não foi feita para todos, do mesmo modo não governamos para todos, mas somente para os necessitados: para o "povo" pobre e faminto. O tão teorizado e um tanto gasto papel de cidadão não engloba o de pobre, esse personagem favorito dos políticos, porque (como os ricos) ele é o foco irredutível de toda a vida política e moral. Em nome dos extremos, todos os extremos se justificam, pois eles são os meios que permitem chegar a um destino do qual o governo seria instrumento. Tudo o mais é ardil.

A lei vale para todos, mas eu não sou todo mundo: sou especial. Filho de dona M. e do dr. P. eleito pelo povo, sou exclusivo. Pelos laços de família escapulo como uma aranha dessas obrigações de todos. Esses que, para mim, são populares e inferiores. Coisas e gentes a serem elevadas e protegidas, salvas e entronizadas em alguns lugares e tempos, mas não todo o tempo. Elas justificam um Ministério da Cultura, jamais a cultura de um ministério. Eis a concepção de "cultura" vigente no país...

Isso explica por que é tão fácil indiciar e acusar e tão difícil prender os facínoras que, livres, ricos, risonhos, engravatados e brejeiros, nos ensinam o estar de paz com a vida. Quanto maior o bandido, mais complicado fica julgá-lo e prendê-lo porque sua fama já o situa num nível especial e diferenciado. Não é por acaso que todo criminoso sonha em virar político. Entre nós, não é o ato mas quem o pratica que condena. Se for pé-rapado, "teje preso!". Se for deputado, entra o recurso e chega a veemente defesa porque "No caso de T., não! Esse eu conheço! Esse é meu amigo! É dos nossos! A ele eu devo favores!". Há a biografia que, na visão autoritária de um mundo graduado, as pessoas comuns não têm porque sendo simples, honestas, indefesas, boas, pobres e humildes – numa palavra: sendo cidadãos comuns e anônimos – elas não teriam, vejam o atraso e a arrogância, história pessoal!

Um dia, ouvi perplexo, um médico famoso dizer que jamais havia pagado um centavo de Imposto de Renda. O rompante do olhar tinha aquele brilho que ofusca os otários e os imbecis que, cidadãos, pagam e não chiam. Um americano que partilhava conosco o jantar engasgou-se. Nos Estados Unidos, todos sabem que só há duas certezas nesta vida: a morte e os impostos, esse dinheiro sagrado que vem do povo e permite a existência do governo. No Brasil, pelo contrário, é o governo que legitima o povo. Um papel timbrado vale mais do que o sujeito que ele representa. Na América, os impostos são as grades da jaula de ferro que, como viram Weber e Kafka, independem da vontade humana; aqui eles são as barras de chocolate comidas pelos políticos.

Fora da situação, somos mais implacáveis do que um carrasco nazista e mais sérios e duros do que guarda americano da imigração. Dentro, amaciamos e viramos cúmplices. "Você deveria ter dito isso antes!", falamos num pedido de desculpas. "Se eu soubesse que era o Chiquinho, eu mesmo teria colocado uma cláusula especial no decreto." Ou, então: "Não custava pedir vistas ou engavetar o processo!"

Como ser oposição se um dia chegamos ao governo e o poder é muito mais um instrumento capital para retribuir favores e não para tentar melhorar o mundo, servindo a este mundo? Se tudo se dividia entre nós e eles, mocinhos e bandidos, revolucionários e reacionários, vira de ponta-cabeça e agora "nós" somos "eles", como fazer? Normalmente, vamos por parte. Os mais próximos, primeiro; depois os outros e o que sobrar vai para a sociedade. Mas o que ocorre quando a demanda igualitária aumenta e a mídia aproxima governo e governados, revelando suas incríveis proximidades? Mostrando como os hábitos ficam, embora a ideologia troque de lugar? Exibindo que, no fundo, todos são muito mais parecidos do que pensávamos?

A resposta, amigos, se resposta existe, é que não pode haver oposição se não há uma efetiva diferença. Democracia tem truques, mas ela não suporta uma ética de condescendência, um espírito com dois pesos e medidas.

Conflito de interesses

Para Ana Maria Machado e Merval Pereira

A expressão é parte do vocabulário dos sistemas políticos que perseguem um equilíbrio inalcançável entre pontos de vista particulares e o sistema que os sustenta em sociedades movidas por competição eleitoral. Quando não há competição eleitoral (como ocorre no liberalismo), há equilíbrio mas, em contrapartida, não há conflito de interesses já que o interesse do Grande Irmão ou do Partido despoticamente sufoca tudo.

Mas no liberalismo de Montesquieu há, de um lado, a motivação por ganhos e de outro, a consciência das implicações (e dos custos) da realização dessas motivações para a coletividade. E quando o Fulano ou Sicrano souberem? Será que a proposta está de acordo com as normas do sistema? Questionam todos os interessados que querem realizar o seu empenho, o qual demanda visibilidade, pois o sistema precisa, como num jogo de futebol, de testemunho público e de "transparência".

O que poderá ocorrer se eu for contratado em surdina, digamos, pelo Ministério do Turismo, para planejar o panorama do turismo no Brasil nos próximos quatro anos pela modesta quantia de 50 milhões de reais? Como ocorreu a contratação? Quem a propôs? Que tipo de relacionamento eu teria com certas pessoas do Ministério? Quem competia comigo ou quem inventou a ideia, e assim por diante, são perguntas mais do que legítimas que surgem aos berros ou sussurros, buscando a legitimidade (ou a face externa) do processo. Porque a legitimidade (uma dimensão capital das ações sociais que Max Weber suscitou na sua obra) diz respeito à presença do público ou da totalidade nos processos sociais. Eu posso fazer sozinho mas quem aprova comprando, lendo ou apoiando é a sociedade! A legitimidade fala da reação da coletividade diante dos fatos que ocorrem no seu meio. Se os fatos forem opacos ou bizarros (como pode um pessoa enriquecer vinte vezes em dois dias; ou porque os "parques de diversão" se transformaram em "parques de aflição" na cidade do Rio de Janeiro), eles trazem de volta a lógica do bom senso – a voz do todo ao qual também pertencemos.

O poder passou do carisma e da tradição (as pessoas nasciam, não se elegiam reis...) ao sistema burocrático-legal que se interpõe e administra os eternos conflitos entre os interesses particulares e a moralidade coletiva. As leis feitas para todos e o seu aparelho institucional são as almas do sistema democrático. Os interesses são as mãos visíveis dos desejos legítimos (ou escusos) de enriquecer e de ter sucesso. O problema é saber o que, como e quando tais interesses se sustentam num jogo no qual muitos agentes começam a oferecer simultaneamente os mesmos bens e serviços de modo cada vez mais igualitário e impessoal ao estado e ao "governo".

Impossível, porém, perceber conflito de interesses num sistema familístico no qual os governantes se apossavam do governo e do "poder", concebido como um modo de liquidar adversários, de ajudar parentes, partidos e amigos; e de aristocratizar quem o alcançava. Nesta concepção não havia uma diferença entre interesses do todo (ou da sociedade), representado pela administração pública, e os interesses do "governo" que se confundiam com os segmentos, certos de que "agora é a nossa vez".

Antigamente, havia quem não pagasse Imposto de Renda no Brasil. Hoje todos pagamos impostos – muitos impostos. A teoria é puro bom senso: paga mais quem ganha mais; e os impostos pagos são redistribuídos em bens e serviços que contemplam todo o sistema engendrando interdependências. Antigamente, prestávamos mais atenção à cobrança; hoje – eis a revolução – prestamos muito mais atenção à redistribuição! A partir da vivência com um mundo mais transparente, repleto de problemas e informatizado, ficou claro que o tal "Estado" – esse engenho que recolhe e usa os dinheiros de todos – não funciona pensando na coletividade que ele representa e deve servir, mas opera claramente em benefício de outra entidade que nós, no Brasil, chamamos de governo e que é, de fato, uma das encarnações mais negativas, senão a mais negativa do Estado entre nós.

É precisamente isso que precisa mudar. Não dá mais para continuar a operar num sistema político no qual "ter poder" é distribuir cargos em vez de usar esses cargos como instrumentos de gerenciamento público. Não é mais possível pensar o "poder" como algo ao sabor de pessoas, partidos e interesses – como um recurso para aristocratizar grupos que dele fazem parte por nomeação, vínculo ideológico ou eleição. Está passando o tempo no qual o governo podia ser "dono do Brasil" e como tal gastar bastarda e irresponsavelmente o fruto do nosso trabalho, ignorando o país e pensando exclusivamente nos seus comparsas. O limite da demagogia que inventou esse híbrido de eleição, populismo e coalizão semipatriarcal tem tudo a ver com a incoerência entre pessoas e papéis. Afinal, um ator medíocre não pode interpretar Hamlet, do mesmo modo que é preciso fazer com que o Estado e, sobretudo, o governo sejam servidores da sociedade, a ela devolvendo o resultado do trabalho de seus cidadãos comuns. Afinal, a César o que é de César e a Deus o que é de Deus. Essa é a questão!

Contatos imediatos

Contatos íntimos com alienígenas são para muitos uma fantasia. Afinal, até hoje só o Super-Homem nasceu em Krypton e renasceu como um americano exemplarmente tranquilo (com DNA liberal e igualitário) no coração da América.
 Tirando o exagero do cronista, pode-se dizer que todo dia temos encontros íntimos com "outros" de vários feitios. O mais comum é a esposa ou a empregada; o mais geral é o avô; o mais intrigante é o descendente que, mesmo tendo o nosso sangue, faz coisas de arrepiar os cabelos; o mais f.d.p. é o governante, que rouba os nossos impostos ou não sabe o que ocorreu com eles.
 O mais enigmático, porém, é o estrangeiro. O que vivia na casa dos nossos ancestrais: aqueles escravos que pertenciam à família e à casa, mas não ao Brasil; e os "índios" que fazem parte do Brasil mas não são brasileiros como nós.
 O "outro" – o alternativo ao nosso modo de ser e pertencer não está em outro planeta, está ao seu lado e até mesmo dentro de você como provam as tragédias. Não é que o mundo esteja ficando mais incerto, como querem os tolos, é que a alteridade é uma propriedade do que chamamos de humano – algo concebido pelo Ocidente como sendo igual pelo menos a si mesmo. Eis uma falácia do tamanho de um bonde ou da corrupção à brasileira.

Foi premonição. Eu escrevi crônicas rememorando visitas ao povo Gavião em 1961 – esses "índios" que são os nossos outros mais próximos – e testemunhei a "invasão dos índios" ao recinto da Câmara dos Deputados. Não é fácil topar com o "outro" cara a cara. O que aflige é não saber as intenções do alienígena. Essas intenções que promovem insegurança e correria que vi na televisão. Suas Excelências se borrando de medo!

Afora isso, vivi a ingrata surpresa de descobrir que o Conselho Nacional de Pesquisas me obrigava a declarar no meu Currículo Lattes (onde rotineiramente registro minha produção acadêmica) uma inesperada filiação étnica ou racial! Pode-se evitar a declaração, como fiz. Mas sem a resposta, os dados de minha biografia acadêmica obrigatória, sujeita às penas da lei, não são enviados. Eis uma desagradável experiência do "outro" num órgão para o qual eu sou, na área das ciências sociais brasileiras, um contribuinte de primeira hora.

Sempre fui favorável às quotas étnicas. Cansei de testemunhar a ausência de não brancos só terem uma presença exemplarmente ausente das elites do Brasil. Na rua, negros, pardos, mulatos e mestiços são legião, mas em qualquer foto oficial de qualquer ministério, gabinete, embaixada, comitê ou comissão, os não branquelas são uma nobre minoria.

O que me intriga nessa obrigatoriedade de declarar a etnia ao egrégio Conselho Nacional de Pesquisa, a quem eu devo tanto e sou profundamente agradecido, é descobrir o que a autoclassificação étnica tem a ver com pesquisa acadêmica e científica. O que caracteriza a segregação não é somente a distinção física nem a autoclassificação, mas o loteamento obrigatório e institucionalizado que o Brasil conhece muito mais como pobreza do que como raça. Num concurso público eu acho importante prever quotas para não "brancos". Sobretudo, enfatizo, não "brancos" pobres. Mas qual é o propósito de saber se sou desta ou daquela etnia quando eu registro no meu Lattes um artigo ou livro que acabo de publicar?

Não estaríamos correndo o risco – como dizem meus colegas Yvonne Maggie e Peter Fry, entre outros – de promover racismo quando o nosso objetivo seria reduzi-lo ou liquidá-lo?

Conta o folclore que um famoso intelectual, notável pelo seu engajamento no sentido de transformar o Brasil, ao ser apresentado ao formulário de visto para visitar os Estados Unidos (cujos órgãos de fomento à pesquisa não têm um Lattes, mas que tem um presidente negro e teve KKK e segregação racial) no qual se solicitava uma declaração de "raça", ele não marcou "branca", "negra" ou "indígena", mas escreveu "humana"!

Espero que sejamos todos dispensados dessa asneira racista.

Cristaleiras

Nosso universo social se divide em bens e serviços e, na categoria dos bens, há os móveis e os imóveis. Os primeiros vão da camisa (que, dizem os sábios, só precisamos de uma unidade para sermos felizes) ao automóvel, à casa e à conta bancária que fala daquilo que permeia – como as orações no mundo religioso e o favorecimento partidário no político – tudo.

Sobram, é claro, os "móveis" que fabricam a paisagem da casa e são o foco ou a imagem central – símbolos – do que chamamos de "propriedade privada". Pois quase sempre começamos nossas vidas de casado comprando os móveis (a cama e a mesa) da casa para depois completarmos o seu interior com poltronas, armários, aparadores, guarda-roupas, criados-mudos e esse objeto ímpar e, até onde vai minha enorme ignorância e vã e superada antropologia, as cristaleiras.

Eu só tive consciência desse móvel quando fui aos Estados Unidos e verifiquei que os americanos davam mais valor as suas vastas e confortáveis poltronas e estantes, do que a esse repositório de "cristais", situado justamente num local de destaque nas salas de jantar ou em outros espaços nobres das residências. Ali, num certo dia nebuloso, perdido no vasto labirinto da minha memória, mamãe (e não papai, que estava mais ligado na primeira gaveta do seu guarda-roupa, a única trancada e com direito a chave de nossa casa) dissertou sobre cristais da Baviera e da Boêmia, pegando com extremo cuidado terrinas e xícaras de chá tão finas quanto papel que teriam vindo da China e seriam a única herança de vovó Emerentina. Uma herança obviamente passada por linha materna (de mães para filhas) tal como canetas, relógios e revólveres passavam de pai para filho. Um belo exemplo de descendência paralela que, por motivos que não posso detalhar aqui, faz parte da minha vida intelectual.

Na América sempre tocquevilleana, não existiam essas um tanto ostensivas cristaleiras feitas de vidro e espelhos, um móvel que lembra uma catedral, uma caixa de joias e os cetins que envelopavam (revelando, contudo) o corpo das mulheres. Objeto destacado da casa a ser visto, admirado e eventualmente aberto com extremo cuidado para visitantes ilustres ou ocasiões preciosas como aniversários, mortes e casamentos – os grandes ritos de passagem que marcam as nossas vidas.

Dir-se-ia que a vida marcada pelo ascetismo laico calvinista e pela religiosidade cívica rousseauneana bloqueava essas demonstrações ostensivas de coisas preciosas, já que, para eles, o viver para dentro era mais importante do que essa vida cristalizada para os outros (sobretudo para as visitas importantes ou de maior prestígio), como é o nosso caso. Vi muitas cristaleiras na minha infância e juventude e, quando casei, compramos a nossa que imitava o móvel dos nossos lares de origem. Nossa cristaleira foi inaugurada com um singelo conjunto de cinco pequenas taças de cristal da Boêmia de tonalidade vermelha e hastes leves e delicadas como as pernas das bailarinas. Taças que, com o devido elixir (no caso, o vinho do Porto), ajudam a produzir esses sonhos que são a matéria de nossas existências.

Um dia, numa discussão acalorada entre professores mais velhos, ouvi de um deles o seguinte: "O Fulano procede como um macaco em cristaleira!" Jamais ouvi definição melhor daquele colega que, por qualquer coisa, usava um canhão para matar um passarinho e fazia uma tempestade num copo d'água, numa descalibragem tão recorrente nos sistemas autoritários, de Estado forte, nos quais a cleptomania se legitima em cleptocracia como faz prova hoje em dia a nossa elite política enriquecida e, mais que isso, aristocratizada com o dinheiro dos nossos impostos que segue diretamente não para obras públicas, mas para as suas cristaleiras.

Nas casas tradicionais do Brasil, as cristaleiras representavam – ao lado do branco dos vestidos das noivas e da limpeza impecável da casa – a pureza das mulheres; e a mulher como símbolo maior da pureza. Como figura situada entre os anjos e os homens, por contraste com as que (sem casa e cristaleira) dialogavam com as forças satânicas que, entretanto, permitiam o teste e demonstravam a existência desse dom complexo chamado de "liberdade", que nos foi dado por Deus na forma do livre-arbítrio. Dom sem o qual faria com que tudo fosse determinado e justificado, tirando o mérito das escolhas e impedindo que o mundo tivesse significado. Pois o problema não é a cristaleira, mas a inefável transparência que a constitui, deixando ver em dobro tudo o que colocamos dentro dela.

No plano coletivo, sou inclinado a sugerir que a cristaleira de um país é o seu governo e, no seu governo, o seu Parlamento. A tal transparência tão invocada pelos mais atrasados coronéis que hoje mandam na nossa riqueza, gastando-a com nomeações de partidários e familiares. Transparência que é, de fato, uma mera palavra de ordem para encobrir os móveis de chumbo de um Brasil sem crítica, sem contraditório político, sem – enfim – igualdade e transparência. Esse translúcido móvel feito em vidro e espelho que permeava as casas que, como a República e a Democracia, guardava pureza, honra, compaixão e uma honestidade que sumiram da política nacional.

De que lado está o Estado?

Vale a pena ouvir a tradicional canção rebelde, "Which side are you on?" (De que lado você está?) – preferencialmente na voz de Pete Seeger. É simultaneamente música, palavra de ordem e ladainha que os mineiros de carvão do Kentucky recitavam, em 1931, quando se organizaram contra os proprietários, naquele capitalismo de tal ordem hegemônico que os trabalhadores sequer tinham o direito de organização. A canção mostra as diferenças de um mesmo "modo de produção", mas ela assusta ainda mais pela insistência na tomada de posição, impedindo o acordo, o jeitinho e a interdependência hierárquica que constituem elementos básicos da construção do nosso mundo social. Pois, no Brasil, a questão tem sido sempre a de escolher não escolher e assim não ser antipático ou "sectário" a ponto de tomar partido e ser consequente com a individualização disso decorrente.

Esse tomar partido abre uma reflexão sobre os laços entre Estado e sociedade. Afinal, o Estado veio para proteger, defender, ajudar e servir, ou para atrapalhar? Sobretudo quando decide entrar com seu pesado legalismo ibero-nacional, cuja burocracia nasce intrincada a procedimentos que não visam à igualdade ou à destruição da dominação patrimonialista ou carismática, como queria Weber, mas que recria e garante privilégios e hierarquias, atiçando carismas. Produto da Contrarreforma, esse gosto pela papelada moldada, nos séculos XVI e XVII com a ajuda do Direito Romano no que veio a ser Portugal (e, depois, Brasil), inventa uma nova hierarquia. Nela, o Estado passa a ser o patrão da sociedade que, por força da lei, tem que obedecer às suas normas. Por isso, continuamos a fazer "revoluções" (como a de 1930) cujo protagonista é sempre o Estado – um "Estado Novo". A grande questão não é discutir o papel do Estado, mas de rediscutir o seu papel junto de quem o sustenta: a sociedade; ou seja, todos nós e não apenas os eleitos e seus altos funcionários sustentados pelo nosso trabalho.

Um cara sai de carro e imediatamente observa que as avenidas e ruas estão entupidas. Não se trata de engarrafamento, mas de um enfarte. Tem mais veículos do que espaço. Ato contínuo, nosso herói cai numa cratera que liquida a suspensão do seu automóvel. Mais um problema para essa semana que começa obrigando-o a pensar naquele curso de zen-budismo pela internet. Mais adiante, no confronto com um semáforo quebrado faz meses; local onde pode ser assaltado e faz com que todos tentem exercer seus velhos privilégios de família, tentando passar em primeiro lugar; ele recorda que parte do preço do seu carro foi um altíssimo imposto destinado ao aumento e à construção de vias urbanas e de rodovias. Ou seja, ele toma consciência de que o imposto enterrado no seu carro não voltou para ele na forma de uma melhoria. Muito pelo contrário, esse dinheiro tem ajudado a aparelhar o governo do momento que, sem nenhum pudor, contrata novos funcionários leais à sua ideologia, do mesmo modo que tem enriquecido e aristocratizado seus funcionários. O entupimento abre sua cabeça para esses pensamentos nada ortodoxos, já que sua educação passou pela escola segundo a qual progresso é Estado. É óbvio – ele pensa – que quanto mais eu pago ao Estado, mais ineficiente o Estado se torna. Neste momento, chega à sua cabeça a imagem de um amigo que, partidário do governo, tem três polpudas aposentadorias e um emprego no qual não trabalha, mas despacha. O atributo mais importante deste Estado, conclui, não é servir ao cidadão, mas ser um mecanismo de aristocratização e de enriquecimento dos partidários do governo, agora funcionários e administradores cujo objetivo explícito é gerenciar por gerenciar. Esse cara passa a semana nesse inferno.

No sábado, para esquecer, sai com a mulher. Seguem para um restaurante, comem e tomam umas e outras. Na volta, é parado pela blitz da Lei Seca. E nota, um tanto parvo, a eficiência prussiana do aparato estatal que o distingue com um impecável bafômetro e com agentes tão supereducados e hábeis quanto os da Gestapo, do FBI ou da KGB. Quase sorridentes, eles tiram-lhe a carteira por ter tomado "dois chope!". São tão distintos que ele não consegue sequer esboçar desculpas ou tentar o jeitinho. Fica alegre com isso e sabe que está na pátria brasileira.

De que lado você está?, pergunta aos administradores que mecanicamente gerenciam o "Estado". A resposta é simples: estamos do lado da cobrança e da perseguição. As ruas esburacadas, os assaltantes e a total indiferença para com o trânsito – ou seja, essa brutal ineficiência – contrastam veementemente com a eficiência da Lei Seca e dos impostos.

Agora ele sabe que onde está o Estado, não pode estar o cidadão decente. Faltam ao governo bom senso e limites. Falta o sentido do lugar de um Estado moderno numa cidade moderna. Falta discutir o papel dessas imensas burocracias patrimonialistas, tocadas a ideologia salvacionista no Brasil. Daí essa gigantesca máquina, boa para cobrar e negar, e péssima para concordar. Isso, pensa o nosso cara, só no Carnaval!

Democracia é educação

Todo mundo fala em democracia e educação sem perceber que as palavras têm conotações especiais. No Brasil, a palavra educação não significa somente instrução, mas polidez, calma e delicadeza. O "mal-educado" ou o "ignorante" não é quem não tem saber, mas é o "grosseirão" inclinado ao gesto brusco ou à violência. O "bem-educado" é aquele que – calado, consciente e superior – espera a sua vez.

Fazemos uma clara distinção entre o "bem" e o "mal-educado": o fino e o grosso, o sensível e o boçal. Essa representação enlaça o par "educação e democracia". Pois a voz do povo mostra uma dualidade hierárquica. No plano superior, ficam os "bem-educados" (gente instruída e fina). No inferior, estão não apenas os não instruídos, mas os mal-educados. Embaraçamos a ignorância definidora do não saber com a grosseria – esse Avatar atribuído aos afoitos e, por extensão preconceituosa, aos subalternos. Seria isso um resíduo explosivo de um passado que combinou numa equação rara, aristocracia branca e escravidão negra?

Imagine o seguinte. Numa festa, chega a cascata de camarões. Os "mal-educados" avançam sobre os deliciosos crustáceos e dão conta do prato. Atropelando a fila, locupletam-se e – porque são "mal-educados" – "pegam" o que podem para seus maridos e filhinhos. Os "bem-educados" olham a cena com o horror dos semissuperiores, confirmando como a sua boa "educação"

– que segue princípios igualitários gerais como o de esperar pelo seu turno – impede tal conduta. Eles confirmam sua "polidez" mas verificam que não comendo os deliciosos camarões, são bobocas ou babacas, porque simplesmente deixam passar uma oportunidade que era de todos, mas que foi aproveitada pelos mais espertos: os "mal-educados!"

Moral: o conceito de "educação" tem que ser entendido dentro de um sistema sócio-histórico para poder ser aplicado com eficiência. Um dos problemas das escolas públicas numa sociedade com uma concepção hierárquica de educação é que o ensino pode ser bom, mas o ambiente seria marcado pela "má educação" (significando ausência de "boas maneiras") dos alunos. Sem perceber que, entre nós, a "educação" vai além da instrução, nada fizemos para introduzir uma "educação para a igualdade" e para uma cidadania sem favores e sem os usuais "você sabe com quem está falando?"

No Brasil, uma definição igualitária de educação como um instrumento universal de saberes é filtrada. Há um toque de superioridade no "ser educado" que aristocratiza paradoxalmente o processo, tornando-o exclusivo. Neste sistema, a instrução seria distinta da "boa educação". Um engenheiro pode ser competente, mas mal-educado. E isso pode fazer com que prédios e pontes sejam construídos por linhas tortas.

Não pode haver projeto real de democracia igualitária, fundada no liberalismo meritocrático e competitivo, sem um sistema educacional universal que busque a todo custo atingir a todos.

Mas como realizar isso sem abrir o embrulho das ideias preconcebidas sobre "educação"? Como, então, reformar esse sistema tornando-o uma força de internalização de igualdade e de democracia? Convenhamos que para o antropólogo de Marte, que escreve essa coluna, isso não deve ser fácil em escolas nas quais as crianças tratam seus mestres por "tias". Ora, o primeiro espaço público que todos experimentamos de modo profundo é justamente o da escola. O drama que testemunhei no rito de passagem do "primeiro dia de aula" dos meus filhos e netos fala eloquentemente dessa transição dos papéis desempenhados na casa, na qual se é "filho", "sobrinho" e "netinho", para o papel de "alunos" sem nenhum privilégio, exceto – é claro – quando a "boa educação" interfere, fazendo com que seus mestres os tratem como "sobrinhos" interrompendo uma mudança crítica.

– Ele é filho do ministro – disse a professora. – Não vai entrar na fila da merenda junto com os outros. Ademais, ele traz a merenda de casa!

Esse diálogo mostra como uma educação para a igualdade é muito diversa de uma educação para as boas maneiras. Do mesmo modo e pela mesma lógica, quando se observam os poderes da República tentando uma hierarquia na qual o Executivo seria o mais importante e o Judiciário estaria submetido ao Legislativo, vê-se uma recusa da educação. Da educação como um sistema destinado a estabelecer para cada poder limites e papéis autoimpostos. Essa capacidade de conter-se voluntariamente dizendo não a si mesmo. Esse apanágio do liberalismo que começamos a descobrir lentamente, como insiste o meu lado otimista. Por isso, democracia não depende apenas de educação, como se diz a todo o momento. Ela é, sobretudo, um processo penoso de aceitar discordâncias. Democracia é educação.

Profetismo de coluna

Quando fiz minha primeira pesquisa de campo, em 1960, entre os povos Terena do Mato Grosso do Sul, como entusiasmado assistente do meu mentor e professor, Roberto Cardoso de Oliveira, demiurgo da moderna antropologia brasileira, ouvi de um senhor de origem polonesa com um óbvio olhar oblíquo sobre o Brasil, a seguinte história:

"Num lugarzinho perdido no miolo do Brasil, havia um boi – chamado Boizinho – que era um exemplo de trabalho e dedicação. Para tudo era chamado e a todos atendia com exemplar competência e entusiasmo. Se queriam arrastar uma tora, chamavam o Boizinho; se era para arar um pedaço de terra, o Boizinho resolvia; quando se tornava necessário puxar uma carroça maior e mais pesada, lá vinha o Boizinho. De tanto trabalhar, fizeram-no – como prêmio – funcionário da prefeitura. Na primeira emergência a que foi chamado, respondeu: 'Não vou! Agora sou funcionário municipal.'"

Na XIV Bienal do Livro do Rio de Janeiro, dialoguei com o jornalista Larry Rohter, ex-correspondente do *New York Times*. Ele, americano, falou do livro de reportagens que escreveu sobre o Brasil, publicadas no livro *Deu no New York Times* (Rio: Objetiva, 2007); eu, brasileiro e antropólogo, falei do meu livro de crônicas sobre os Estados Unidos, *Tocquevilleanas: Notícias da*

América (Rio: Rocco, 2005, cujo título, como explico neste livro, foi mudado).

O encontro, exemplarmente mediado pela escritora e jornalista Regina Zappa, foi uma boa oportunidade para, mais uma vez, testemunhar ao vivo que ninguém, como disse São Mateus, é profeta em sua própria terra. Pois só os marginais e os de fora – os profetas – enxergam as rotinas e os pensamentos que pensamos sem pensar. Só eles têm aquele sal do estranhamento e da outridade capaz de revelar a multidão de desconhecidos que estão, fora (e dentro) de cada um de nós.

Tal como o Boizinho funcionário municipal, que não queria nada com o trabalho estava escondido no outro (e no mesmo) Boizinho, que era o maior trabalhador do lugar, eu revelei novidades do sistema americano para Larry; do mesmo modo que ele, como um estrangeiro relativo, revelou novidades para nós. Como miniprofetas dissemos coisas que de outro modo pressentíamos, mas não víamos com nitidez.

Deste modo, Larry comenta no seu livro uma das minhas crônicas sobre o (para mim) estranho "futebol americano" como revelador de uma atividade exclusivamente masculina numa sociedade zelosamente pluralista. Ao passo que Larry produziu um comentário de alto significado sobre a vida política brasileira – o único, aliás, que foi divulgado pela imprensa – quando, ao falar sobre a sua célebre matéria sobre a relação do presidente Lula com a bebida, disse: "Nos EUA, qualquer comportamento que possa impactar o desempenho de um funcionário público é pauta. Lá, quem tem cargo público não tem vida privada – isso não existe, Clinton que o diga. Aqui, há essa ideia de casa e rua como coisas distintas. Eu discordo." Em seguida, voltou-se para mim, pois era óbvio que fazia uma referência ao meu livro *A casa e a rua*, no qual eu mostro como, no Brasil, casa e rua não são governadas por regras únicas, pois cada um desses espaços tem suas éticas e moralidades.

Aqui, certos cargos – o mais exemplar deles é o de presidente da República – estão excluídos do bom senso. Mas existem os profetas. No mundo moderno, eles viraram jornalistas que denunciam eventuais desvios e têm a licença poética da "liberdade de imprensa" para tanto. Essa licença dos que têm a obrigação de noticiar o mundo, mas devem sempre ouvir o outro lado e evitar tomar partido. Deste modo, o jornalista americano diz, com todas as letras, que o responsável por um cargo público é por ele dominado ou englobado. Lá, o direito a ter uma vida privada, que pode ser contrária à do papel público, como ocorre rotineiramente no Brasil, onde bandidos tomam conta dos dinheiros do povo, não deve existir. Quem ocupa um cargo público tem que honrar e respeitar esse cargo. É dele um devedor. No Brasil, o cargo é dominado pela pessoa ou pelo partido. A falta de separação entre a pessoa e o papel mostra o viés aristocrático brasileiro. A ausência de consciência entre o público e o íntimo revela o igualitarismo tão admirado por Tocqueville na sua memorável visita aos Estados Unidos e, ao lado dela, a minha permanente surpresa com a riqueza dos debates entre estrangeiros relativos.

Se o Boizinho de nossa história fosse americano, ele, como funcionário municipal, trabalharia mais para a sua comunidade. O papel de funcionário englobaria o do ex-bom Boizinho particular. No Brasil, conforme sabemos lendo os jornais que inutilmente profetizam em terras familiares, o Estado cola-se às pessoas, criando apenas privilégios e superioridades, jamais deveres e obrigações. Sendo outro o englobamento, outra é também – como estamos fartos de saber – a profecia.

Discordância e democracia

Um dos textos mais perturbadores que li não foi escrito por um dramaturgo, mas por A. R. Radcliffe-Brown, um importante antropólogo de Oxford cujo projeto era uma contradição em termos: construir uma ciência natural da sociedade humana. Ao discordar de um dos seus professores e verificando que a sua dissociação era irremediável, mestre e discípulo chegaram a um acordo paradoxal: concordaram em discordar.

Achei fantástico esse negócio de poder concordar em discordar quando todo o meu aprendizado acadêmico (e cultural) era o de concordar a despeito da discórdia! Esse apanágio dos autoritarismos e do processo paralelo de se sentir culpado que nasce quando somos corrigidos porque discutimos com tio Amâncio, cujo lema era: "Ler demais produz parafuso de menos." Eis uma frase que certamente acolhi. Os Amâncios têm muita razão e exatamente por isso merecem ser contestados.

E o Brasil não tem oposição porque, entre outras coisas formais (reformas disso ou daquilo), falta-nos a índole individualista-igualitária baseada não no egoísmo, mas na aceitação da discordância.

Eliminar a opinião divergente tem como principal aliada a internalização da culpa. Quem não percebeu aquele olhar que se segue a um "casual": "Eu sei o que anda aprontando"... Ou quando o puto do diretor nos manda morder a língua insinuando que teríamos falado dele "coisas terríveis". O medo do inquérito ou – quem não lembra? – da denúncia. Eis um modo de governar por meio da culpabilização de todos contra todos, produzindo o que, em outro contexto, Hobbes chamou (porque ele pensava que todo mundo nasce com 20 anos) de Leviatã só que, quando não se trata de interesses, mas de culpa, temos uma "harmonia" cujo centro está no recalque e no dogma da transparência absoluta que suprime o direito à autonomia e à prerrogativa de ser diferente num universo de iguais. O que nos leva de volta à lindeza democrática de concordar em discordar.

Algo que eu chamaria de compreensão amorosa. Esse gesto fundado no paradoxo posto por algum outro situado fora ou dentro de cada um de nós. O desviante tomado como traidor pode também ser um guia, porque enxergou o que ninguém viu. A literatura de Kafka é anterior às considerações de Max Weber sobre a dominação burocrática. Do mesmo modo que o Thomas Mann de *José e seus irmãos* antecede as fundamentais considerações críticas de Louis Dumont sobre o indivíduo e o individualismo como invenções culturais. E não foi por acaso que Freud leu tanto Dostoievski quando estudou os danos nascidos quando uma emoção troca de lugar com outra.

Seria preciso invocar Jesus Cristo, que no seu acordo diante da dissonância, pediu perdão por todos nós que rotineiramente o assassinamos de vários modos, inclusive por meio da intolerância religiosa? Dele foi a proposta da doutrina paradoxal de amar a puta a ser apedrejada e de dar o outro lado da cara, ainda intacta, para as devidas bofetadas.

Qual a vantagem de, agora sim, amar um Brasil governado pelo meu partido? Seria amor ou obrigação o resultado do mandamento que exige honrar pai e mãe? O respeito é algo que chega de fora para dentro, como ocorre no amor aos ditadores e nas concórdias políticas sem oposição e com vantagens financeiras, como ocorre hoje no Brasil, ou algo que decorre da compreensão?

Essa compreensão que exige a dissonância e o insólito. O não previsto que jaz em todo planejamento humano justamente porque o verdadeiramente humano é uma caixa de surpresa da qual escapolem a decepção, a frustração e a perda: esses alicerces da vida. A individualização precisa do seu contrário a ser obtido na relação e na visão do todo que permite a discórdia positiva. O retorno do limite.

Quando um professor diz a um aluno: eu e você podemos concordar em discordar, ele permite que o aluno possa ser um pouco aplicado e um pouco vadio; que ele seja um tanto submisso e um tanto insubmisso; que ele seja apaixonado e, ao mesmo tempo, capaz de ver algumas coisas com objetividade. A objetividade que não leva à forca é a que está dentro de cada um de nós. É preciso aprender a discordar para poder dialogar positivamente com os personagens que habitam nossas almas. Não sei se Fernando Pessoa, poeta, foi capaz de realizar isso, ele que em toda a história da literatura foi tanta gente, conforme reafirma o admirável livro de José Paulo Cavalcanti Filho.

Mas sei que pessoas e sociedades incapazes de diálogo interno, por mais doloroso que isso possa ser – vejam o Japão e a Alemanha aprendendo liberalismo democrático depois da derrota de 1945; vejam os Estados Unidos produzindo toda uma literatura e uma arte contra o capitalismo e agora mesmo dando uma nota baixa a sua dívida – jamais alcançam o cerne do ideal democrático. Eis um ideal somente alcançável pela capacidade de discordar de si mesmo como rotina, como eu – réu confesso – tenho feito desde que cheguei a este triste e miserável mundo de todos os deuses (e de todos os diabos)...

Emergências no Brasil

No Brasil, a palavra emergência é um desses vocábulos com muitos sentidos, quase todos reveladores da dimensão mais profunda da atmosfera local. Dou um exemplo: se um inglês grita *help!*, ele é imediatamente socorrido. Se uma companhia aérea americana, pequena ou grande, recebe um pedido de passagem numa *emergency* – isso já ocorreu comigo – o lugar vai ser obtido. Palavras como socorro, perigo, ajuda, emergência e expressões como vida ou morte têm o poder de suspender as rotinas diárias e deflagram atitudes condizentes. O atendimento e a atenção têm que ser imediatos.

Aqui elas dizem o mesmo, mas dependem de quem está do lado de cá (como vítima ou doente) ou do lado de lá da porta do hospital ou do balcão de atendimento. Entre nós existem mediações e tudo depende do "caso" – e o "caso", conforme sabemos, mas não discutimos, tem a ver com conceitos tipicamente brasileiros como "a pinta", "a cara", "o jeito" – a tal aparência. O modo pelo qual a vítima ou o doente é socialmente classificado.

Em todos os encontros impessoais no Brasil, o modo de falar, o tom de voz, o porte, a roupa, a cor da pele, a gesticulação, o cabelo e o penteado, os adereços, o andar e até mesmo o grau e limpeza, o cheiro, o relógio ou o anel – com maior ou menor peso, mas com a cor da pele, sejamos sinceros, sendo muito importante – são peças básicas no acolhimento ou na rejeição de uma emergência. Acostumados a ver as pessoas situando-as apenas como inferiores ou superiores e jamais como iguais, as emergências e os socorros (esses momentos que nos igualam como seres mortais e capazes de ser ofendidos, feridos e socorridos) passam numa primeira instância a "saber quem é a vítima" para, em seguida, dar-lhe atenção ou desamparo.

Donde o antipático mas preventivo "Você sabe com quem está falando?" diante de balcões de repartições públicas, hospitais e postos de saúde. Nas emergências, tendemos a seguir a mesma lógica das tramoias políticas. Diante da suspeita de crime ou, como diz a presidente, do "malfeito", procuramos primeiro saber quem é para depois demitir, indiciar ou blindar! Embora, como estamos fartos de saber, o bom senso quase sempre demande providências imediatas.

Fala-se muito em cidadania, mas a questão central é que esse papel continua dependendo de quem o desempenha. Se for nosso, recebe a blindagem que o torna superior às leis e fica dispensado dos socorros; se for pessoa comum, entra nas emergências. Esses atendimentos que, com ou sem plano de saúde, podem levar ao cemitério independentemente de quaisquer circunstâncias. Pois "socorro" e "emergência" são palavras que em todo lugar, exceto no Brasil, têm a força de suspender as circunstâncias.

Em maio do ano passado, tive um mal-estar e descobri, depois de uma consulta de emergência, que estava com uma crise de vesícula. Tinha que extirpá-la o mais rapidamente possível, o que fiz dois dias depois. Passei, assim, pela famosa cadeia medicinal deflagrada pelo estado de emergência que vai do atendimento imediato ao diagnóstico, passando pela intervenção, recuperação e retorno à vida normal. Mas esse processo só foi feliz porque durante todo tempo eu tive a sorte e o privilégio de estar acompanhado por médicos amigos. Recebi deste modo não só a competência da sabedoria médica habitual, mas uma decisiva e grata atenção. Eu pago caro por um plano de saúde mas, mesmo, em plena crise, eu demorei mais ou menos seis horas para ser internado num grande hospital de Niterói porque o plano fala em Rio de Janeiro e Niterói é nele classificado como Leste Fluminense! Quer dizer, a contiguidade entre o Rio de Janeiro e Niterói sumiu porque o plano de saúde comporta um detalhe burocrático típico do moderno brasileiro. Esperei, mas comigo esperou a equipe médica, até que as tramas do plano fossem resolvidas e deixassem passar o doente.

Cheguei ao hospital às 9 da manhã e só fui operado às 6 horas da tarde, depois de uma troca interminável de mensagens e telefonemas entre Rio e Niterói. Felizmente, tudo deu certo. Mas e se eu fosse – digamos como hipótese – um negro desconhecido e educado na boa norma da igualdade que abomina o "Você sabe com quem está falando?" que recria a desigualdade, onde deveria reinar uma equidade plena mas devidamente enfartado? Em caso afirmativo, eu estaria escrevendo essa crônica no outro mundo.

É preciso rever as condutas que tipificam o espaço público brasileiro, sobretudo no que diz respeito a emergências. Não cabe, numa democracia e num governo voltado para a justiça social e para o povo pobre, nenhuma desculpa que acaba incidindo sobre detalhes legais e que, no final, tenta demonstrar que o doente vitimou-se a si próprio. O caso da trágica morte do sr. Duvanier Paiva Ferreira, secretário de um Ministério voltado justamente para os recursos humanos e uma agência de saúde, é exemplar. Primeiro, porque não houve o famoso "Você sabe quem está falando?"; depois, porque a vítima era um negro importante. Será que em todos os atendimentos os doentes devem fazer um escarcéu? O socorro e a emergência não podem admitir demoras, desculpas e, sobretudo, esse detestável legalismo nacional que trava o mundo (e a vida) em nome de uma serenidade jurídica que simplesmente não deve existir nas crises de saúde e jamais podem prevalecer na batalha entre a vida e a morte! Bem faz a presidente Dilma em mandar averiguar o caso. Melhor ainda seria interferir, com uma maior consciência sociológica, nos protocolos dos atendimentos emergenciais.

Entre Judas e Jesus: Recordações sobre como ser isso ou aquilo

Ao ler a preleção política de Lula sobre como ser amigo de Jesus, sem esquecer as lições de Judas, algo básico para governar o país, fui tomado pela lembrança de um antigo seminário que discutia "identidades".

O curso, ministrado em Harvard, pelo jovem professor-assistente Richard Moneygrand, atraiu muitos alunos, fazendo explodir de inveja os mestres da casa pelo sucesso do jovem que, marginal ao pomposo estilo harvardiano, tocava numa série de problemas então tabus para a sociologia comparativa dos anos 60. Por exemplo, começar falando das identidades locais (como ser inglês, escocês, galês e irlandês) em vez de produzir a lista batida de atributos dos outros povos, sem indicar que todos eram lidos a partir da perspectiva americana. Assim, em vez dos velhos estereótipos que consagravam os latinos como povos sem ética, como gente que vivia bebendo tequila e só pensava naquilo, Moneygrand abriu seu seminário com uma pergunta paradoxal: Por que – perguntou ele – Deus inventou o uísque? E diante de uma turma aturdida pela ausência das citações de Platão, Mauss ou Franz Boas, ele respondia com uma gargalhada antiacadêmica: "Ora! Porque, se não fosse o uísque, os irlandeses – com o devido respeito – seriam os donos do mundo!"

Naquele seminário eu aprendi que as eventuais consciências de si e dos outros eram efêmeras, deslizantes e trabalhosas. Descobri também que todas as coletividades lidavam sempre com muitos níveis e dois lados. Para os ingleses, os irlandeses eram católicos, malucos e bêbados; para os irlandeses, porém, os ingleses eram hipócritas e sexualmente indecisos. Mas, no Brasil, irlandeses e ingleses viravam "anglos" pontuais e civilizados, por oposição ao bando de mal-educados mulatos locais. Ser isso ou aquilo tinha a ver com o lugar de onde se falava, como acenou Lula.

Não há povo que não se veja pelo direito e pelo avesso, pois as identidades, como os mitos, os filmes policiais, os westerns e as óperas têm sempre um outro lado, dizia Richard Moneygrand. Nós, americanos, por exemplo, temos o mito do controle. O ideal de sermos *cool* como um Shane, mas a histeria, esse reverso do autodomínio, está à flor da pele. Criamos a elegância de Fred Astaire e a imbecilidade dos Três Patetas e de Dean Martin & Jerry Lewis. No drama, fomos de Hemingway, Hammet, Chayefsky, Ford e Capra, sem esquecer os mestres dos quadrinhos, Hal Foster, Alex Raymond e Burne Hogarth, para Oliver Stone, Stallone e Tarantino!

Não é – complementava o mestre – que os latinos não tenham senso de pontualidade! É que, para eles, o mais importante é aquele que completa a cena, por isso os que se pensam como mais importantes, chegam por último. E como todos são importantes, eles aguardam a chegada dos outros, de modo que qualquer ato público é mais do que uma mera inauguração ou comício político disfarçado. É um concurso de hierarquias pessoais. A pontualidade, essa exigência dos sistemas ordenados pela igualdade mas que também comportam super-hierarquias, como o racismo jurídico, é um sinal de inferioridade. Neles, chegar primeiro é ser inferior. Dizer que todos os tipos sociais são mitos é pura burrice, pois tudo o que é humano é, por definição, mito, ideal e, no fundo, perda de tempo, dizia ele para meus colegas lourinhos, alarmados com o seu realismo.

Como no Brasil tudo é misturado, vocês têm problematizado a vida pela lei feita para separar. Por isso, seus heróis são por ela balizados. O bandido modernamente idolatrado com a enorme contribuição dos regimes de exceção, como Robin Hood ou, no dizer de Eric Hobsbawm – um historiador inglês que jamais viveu numa cidade favelizada e comandada por criminosos – como "bandido social", ignora a lei. Já quem a segue à risca, é o "caxias", o "cu de ferro" e o trabalhador. Entre essas duas posições, porém, há a multidão dos "homens livres" ou "babacas". Os "otários" e os "trouxas" que não conhecem as razões profundas da lei, como ocorre no caso dos águias, sabidos, espertos e "malandros" – esses Pedros Malasartes que sabem que entre seguir ou não a lei, há um vasto espaço. A recusa em ver a lei como limite revela a reação brasileira à modernidade ocidental. Pois a inspiração da burla não é igualitária, mas aristocrática. Os malandros apenas confirmam o que os reis e os nobres (e hoje as "elites") realizam: eles, como os grandes futebolistas, driblam a lei. Vejam bem: os malandros não rompem com elas; eles passam por suas brechas. Eles relativizam o limite, tornando-os elásticos, mostrando como é complexa a operação de uma sociedade que tem dois ideais: a do Pobre (que nada pode) e a do Príncipe (que pode tudo). O malandro revela o poder do costume contra a lei e traz à tona o paradoxo brasileiro de segui-la, pois se a malandragem é um ideal, como seguir a lei sem ser um otário? Como diz a canção de Jorge Ben: "Se o malandro soubesse como é bom ser honesto, ele seria honesto só de malandragem..."

Lula está correto: é difícil ficar com Jesus num país de Judas. Afinal, o que seria dos malandros se não fossem os trouxas? Ou dos presentes sem os embrulhos?

Entre muros e passagens

Murar qualquer coletividade pobre é uma expressão concreta (com perdão pelo trocadilho) da nossa mais completa alergia à igualdade como um ideal político. Em vez de um muro, deveríamos estar discutindo projetos capazes de resolver esse estilo de moradia e existência. Repito que, sem essa atitude, o muro será um biombo a ser contornado pelo velho clientelismo político cuja lealdade a si mesmo e ao poder que detém faz o Muro de Berlim ser coisa de juvenil.

Amamos os muros e eles são parte das nossas casas, condomínios, bairros e edifícios. Mas são discutíveis em favelas, mesmo que sua intenção explícita seja a de proteger o meio ambiente.

Quanto mais não seja porque, de saída, o projeto situa a nossa tão estuprada natureza (basta pensar na devastadora poluição da baía de Guanabara) acima da dívida moral, muito mais do que política, que temos com os que são sistematicamente inferiorizados e estigmatizados pela nossa sociedade. O coletivo salva a pátria, porque tira de cada um de nós a "cota de passagem" pelo sacrifício de uma existência mais igualitária que implica viver menos aristocraticamente. Queremos a igualdade como aquele imperador chinês que amava os dragões: quando eles foram visitá-lo em palácio, sua Alteza Imperial mandou matá-los um a um. Eram malcheirosos e expeliam fogo pela boca!

Foram nossos muros arrombados que fizeram com que um ilibado abolicionista, Joaquim Nabuco, exprimisse sua estranha saudade pelo escravo, embora fosse contra a escravidão. Do mesmo modo, somos contra a pobreza, mas não podemos viver sem pobres. Ou não foi exatamente isso que com a bênção da nossa mendacidade inventou as favelas? Se essa brecha no muro de Berlim do nosso pensamento coletivo lhe parece absurda, leitor, conte os empregados (ou "criados") que você tem em casa e faça o seguinte teste: **a)** veja se você os conhece pelo nome completo e não apenas pelo apelido; **b)** se você sabe onde e como moram e conhece sua história de vida; e **c)** confira quanto você os remunera pelo seu trabalho (chamado eufemisticamente de "serviço"), descontando os velhos e batidos argumentos de cunho escravista de que eles têm "casa, comida e roupas velhas" e, quando sabem o seu lugar, contam com a sua admirável solidariedade em caso de doença ou necessidade.

Viver num sistema igualitário obriga a derrubar o açucarado muro do escravismo caracterizado pela complexa interdependência entre fortes e fracos. Mas como pagar bem a arrumadeira se isso implica dispensar a passadeira; o que levaria – eis o impensável – considerar despedir a cozinheira que herdamos de mamãe. Ademais, como diz nossa boa sociologia de revista semanal e salão, isso causaria uma crise aguda de desemprego. Pois a menos que o Estado intervenha, estaremos à mercê da sempre anunciada catástrofe social.

Em suma: continuamos pensando exatamente como os velhos escravocratas que nos inventaram e que, com teorias sociológicas da pior qualidade, nutriram nossos códigos administrativos e jurídicos "democráticos". Republicanos sem deixar de ser aristocratas, adotamos tudo, menos a possibilidade de praticar a igualdade.

Sem os muros das "quotas" – dos benefícios que cercam os altíssimos salários e o pagamento dos impostos, impedindo perceber claramente (mesmo numa era de estabilidade monetária) o quanto desperdiçamos com a nossa máquina administrativa em todos os poderes, com seus empregos sem trabalho, com sua ética nepotista e partidária que despreza a eficiência, com seus "altos" funcionários transformados em nobres, pois não têm despesas pessoais, estão isentos da lei comum e só respondem aos seus pares – onde iríamos parar? Para onde iria a nossa necessidade de sermos superiores e inferiores? Sem os paredões que garantem a má remuneração do trabalho e gratificam regiamente os nobres que fazem "política" cuidando dos pobres e famintos, onde iria parar Dom João Charuto e os Pedros que dormem no fundo do nosso inconsciente? Aqueles que jamais correram o risco de, como os luíses, assumir: eu sou o Estado!, mas falavam: somos donos do Estado! Num caso, a guilhotina resolveu; no nosso, não dá mais para separar o joio do trigo, se é que isso foi algum dia possível.

Eis o que quero dizer: a "farra das passagens" é, de fato, a passagem entre o absurdo de um Estado moldado de forma aristocrática, construído em cima de um sistema fundado na desigualdade – essa muralha monumental de uma administração pública como instrumento privilegiado de aristocratização e enriquecimento pessoal – e os ideais republicanos que adotamos no papel, mas que resistimos a pôr em prática e a inscrever nos nossos corações.

Fantasmas e eleitos

Durante o curso ginasial, ouvi dois aforismos que marcaram minha vida. O primeiro dizia: "Não se pode comer todas as mulheres do mundo, mas deve-se tentar" – ele expressava um impossível ideal varonil que muitos falavam entre sorrisos mas poucos seguiam. O segundo sugeria o inverso, mas no fundo dava no mesmo, porque rezava: "Não se pode ler todos os livros do mundo, mas deve-se tentar."

Todos os "maus alunos" sabiam o primeiro e todos os "bons alunos", aspirantes à castidade, fechavam por muitos motivos com o segundo ideal, o principal deles sendo a ausência absoluta de conhecimento concreto com o objeto do primeiro adágio.

"Como quase todo mundo, eu fui simultaneamente um bom e um mau aluno de modo que persegui sem fé os dois ideais como, acredito, é o destino de todos que vão atrás de causas perdidas."

Ouvi essas palavras de um dos meus tios. Acho que foi de tio Sílvio logo que me casei e comecei a tomar parte na sua roda de botequim que incluía a cerveja (carinhosamente chamada de "lourinha – a edificante") e as histórias de conquistas amorosas que corriam naquela roda de homens maduros e que iam ficando cada vez mais apimentadas (e impossíveis) na medida em que as garrafas vazias de sonhos se acumulavam num canto esquecido da mesa.

Seriam o gozo e o saber ideais paralelos cujo encontro ocorreria apenas no infinito? Penso que não, porque quanto mais se lê, mais se deseja; e quanto mais se deseja, mais aumenta o consumo dos livros. Conheci muitas pessoas que viveram nesse campo minado entre dois ideais aparentemente contraditórios. Se você é mulher ou de outro gênero, não se ofenda: inverta como quiser os termos do primeiro aforismo.

Não se podem ler todos os livros e, em paralelo, "ler" todas as mulheres, sem pensar num outro trilho decisivo. O da memória e do esquecimento. Não ser esquecido soa como terrível no nosso mundo de personalismos egoístas (rotineiros na política) e altruístas (raros em todos os campos, sobretudo no intelectual). E ser esquecido, como na frase vê se me esquece, é um ato de brutal rompimento. Everardo Rocha, meu querido colega e amigo, lembra a carta testamento de Vargas demandando sua entrada na história e esculpindo em bronze uma eterna lembrança; e o pedido sarcástico – "eu quero que me esqueçam" – do último ditador militar, o general Figueiredo.

A luta entre o lembrar e o querer esquecer é imensa e ela é – sem exageros – a fonte do sofrimento. Não há fundo do poço para as lesões do esquecimento, exceto o aceitar ser esquecido. Não são os mortos que nos esquecem; somos nós que não queremos esquecer que eles nos esqueceram. Num mundo sem memória, todos seriam capazes de realizar tudo aquilo que a lembrança proíbe. Seria um lugar desumano, porque lembrar e deixar de lembrar tornam possível a compreensão.

Eu não fiz porque me lembrei de você, diz o menino para a mãe, ou a amada para o amado. Ou: eu fui capaz de fazer porque não me esqueci de você. Foi sua presença dentro de mim que me forçou a realizar aquele ato heroico. Ou: trouxe uma "lembrancinha" para você – ou seja: eu te amo, meu irmão e meu amigo. Minha culpa é a minha lembrança. A memória tem um lado persecutório e o seu nome é passado. Quanto mais lembrança, mais peso. Ou mais saudade: essa lembrança que enternece o esquecimento. Um dos maiores sofrimentos é ter a ilusão de que não se foi esquecido. O esquecimento absoluto, aprendi com os gregos antigos, via Jean-Pierre Vernant, é a morte. A paz é não ser mais torturado pelas obrigações ou deveres que chegam como dardos pela lembrança e pela perseguição do que não pode ser esquecido. Todos os bandidos aguardam o esquecimento e sabem que o crime pode virar piada de salão, porque eles sequer pensam na lembrança que se possa ter dos seus atos. A punição e a vingança têm muito a ver com uma lembrança obrigatória e o perdão e a expiação fazem parte da regalia de poder esquecer – de suspender ou apagar as sequelas da lembrança que nos infligiu consternação.

É impossível controlar a memória porque somos todos feitos de uma infindável dialética de esquecimentos lembrados e esquecidos e de lembranças esquecidas e lembradas. Se isso deixa de acontecer, a pessoa vira um morto sem, como dizia Mark Twain, os privilégios da morte.

Depois de eleitos e empossados, todos esquecem as promessas de campanha. E as falas de corpo presente, os discursos inflamados, indignados e sanguíneos, vindos do fundo do coração, transformam-se em projetos: em fantasmas e almas do outro mundo. São muitas promessas, logo pencas de espíritos que jamais se manifestam por falta de verbas ou de apoio.

Vivemos o período pós-eleitoral. Nele, os corpos dos candidatos, que sofriam os nossos problemas, dissolvem-se no cinismo do poder à brasileira. Transformados em cargos, os eleitos estão nos palácios e nós, eleitores (feitos de carne e osso), continuamos nos bairros sem calçamento e na rua. Eles comem todas e nada leem; nós tudo lembramos e logo esquecemos as promessas e os juramentos: o que deveria ser lembrado.

Flagelos

A diferença entre o cronista e o jornalista não é de estilo ou argúcia. É de tempo. O repórter e o editor escrevem no calor da hora, o cronista tem tempo. Raramente antecipa; normalmente, está defasado ou no mundo da lua. É o caso hoje. Já esquecemos o flagelo dos deslizamentos, mas entramos no das mudanças políticas não planificadas por eleições. O caso de uma parte do mundo árabe, começando pela Tunísia e pelo Egito, é prova disso. E a nossa falta proverbial de ações preventivas relativas aos flagelos, outra.

Os flagelos suspendem a convicção burguesa e iluminista de um mundo ordenado, funcionando por etapas. Como as histerias e neuroses, eles são casos reveladores de intrusões obscuras. Como um clamor liberal pode surgir numa burguesia que seria a beneficiária de todas as ditaduras? Tal qual os deslizamentos de Friburgo e Teresópolis, os flagelos políticos das mudanças radicais e não planificadas são revelações de que a ordem do mundo não segue os padrões de nossa vã sociologia política. O mundo é mais embaralhado do que pensamos e ele dá saltos mortais inesperados.

Por isso eu me interesso pelas teodiceias das catástrofes. Tanto das naturais, quanto das políticas. Estou muito interessado nos seus significados cósmicos. Ou seja: como o acidente capaz de produzir tanto sofrimento e compaixão ocorre aqui e não ali. Se – como dizia o frade Junipero no prodigioso livro de Thornton Wilder, *A ponte de San Luiz Rey* – existem leis em algum lugar, deve haver leis em todos os lugares, cabendo aos observadores, descobri-las. O problema é que, quando fazemos um mapa moral da vida coletiva, o que encontramos é uma balbúrdia. Os bons e fracos sofrem tanto quanto os canalhas e fortes como faz prova a nossa história política, toda ela marcada por reviravoltas que não conduzem a mudanças mas repetem velhas jornadas. Em geral, digo logo, os flagelos subtraem a nossa onipotência tecnocientífica e nos nivelam às humanidades ditas primitivas, atrasadas ou arcaicas. Eles colocam numa nova perspectiva coisas que julgávamos definitivamente resolvidas; ou que estavam ocultas pela nossa mendacidade político-eleitoreira.

É assim que quero falar dos flagelos. Não desejo examinar o seu sentido técnico ou político (a ele fortemente ligado), que é sempre prático, mecânico e reativo: as casas desabaram porque foram construídas numa encosta errada por meio de uma licença fornecida pelo populismo irresponsável dos políticos que "servem ao povo" e assim ficam imensamente ricos; a revolta foi desencadeada pelos oprimidos que demandam liberdade. Mas quero vê-los no seu sentido moral ou cósmico. Aqui, cabe perguntar: como as populações atingidas explicam o flagelo? Por que esta encosta e não aquela? Por que a minha casa e não a do outro? Só entendendo essas razões, podemos fazê-las cobrar reparos, liquidando o populismo.

Além disso, é preciso saber mais sobre as diferenças entre os flagelos. Uma peste tem um peso diverso de uma tempestade. Ela chega sorrateiramente, como a epidemia de virar rinoceronte do formidável Ionesco. Um sujeito se transforma em rinoceronte aqui, outro ali, ninguém dá muita bola e logo nos deparamos assustados com uma multidão de rinocerontes e descobrimos algo duro e protuberante na nossa própria testa...

Terremotos e tsunamis, como os deslizamentos, não se anunciam. Por isso, denunciam a temeridade de viver de certo modo num dado local. Eles mostram o horror de uma falha humana porque afinal o mundo é, de cabo a rabo, humano. Por isso, demandam uma busca de responsabilidade moral e de proação, coisas que não temos a coragem de fazer no Brasil. De fato, atingindo indivíduos de modo paulatino, as epidemias são rarefeitas, enquanto um deslizamento (ou terremoto) tem a propriedade de simplesmente acabar com o chão – a terra – onde se vive e no qual a própria ideia de equilíbrio, de centro e de base da vida se estrutura pois, nesses eventos, milhares são fulminados de uma só vez. Daí a sua tragédia. No plano social, somente os golpes de estado e as revoluções se comparam com esses grandes desastres naturais. Esse "natural" que se confunde com um Deus que pune seus filhos desgarrados e assim deixa escapar administradores públicos (chamados erroneamente de "políticos") e especuladores (chamados enganosamente de "empresários") canalhas e irresponsáveis. A atribuição de uma imputabilidade divina recalca a causa imediata (o descaso dos gerentes públicos), do mesmo modo que ela bloqueia a ação preventiva porque, afinal de contas, tudo foi uma obra do acaso, que não é responsabilidade de ninguém.

Deixamos de ordenar o mundo humanamente, não quando abrimos mão do que não podemos controlar, mas quando deixamos de lado o que é nossa obrigação prevenir. Um deslizamento não tem motivo ou intenção, mas sem intenção e motivo – ou seja, sem pôr as cousas numa ordem, situando o que é mais ou menos importante e valorizado – nós não poderíamos viver coletiva e humanamente, pois nada faria sentido. Dos baralhos aos eventos de nossas vidas. O problema é que, no curso de uma vida, há muitos embaralhamentos. Vivemos embaralhados nos baralhos e não é fácil separar as cartas e armar novos jogos. Coisa que, como dizem os flagelos, o Brasil precisa realizar com urgência.

Fracasso e sucesso

Vencer ou perder, governar ou desgovernar, poupar ou gastar, trabalhar ou dormir, honrar os cargos ou vilipendiá-los, enfim: ser ou não ser seriam – como variantes possíveis de fracasso e sucesso – as duas faces de uma mesma moeda?

No Brasil, sucesso e fracasso têm se constituído em moedas diferentes. A do sucesso pertence ao nosso grupo ou partido; a dos outros é a do fracasso. Ou, dito de modo mais familiar, a moeda do sucesso é a do governo (que tudo gasta de modo irresponsável); a do povo, porém, está sempre em falta. Ou, pior que isso, inexiste. Porque, como diz a fórmula malandra: não há verbas para o nosso projeto de poder.

E qual é o projeto de poder dos governos? É melhorar o trânsito e liquidar gargalos em setores críticos? Não! O projeto do governo, como revelam os noticiários e as tentativas de inventar fracassos com uma crise entre poderes, é permanecer no poder.

Essa é a lei de ferro que faz com que, no Brasil, os elos entre sucesso e fracasso permaneçam sem reflexão, como se um lado nada tivesse com o outro quando, no fundo, há um laço íntimo entre o ir para frente e o seguir decididamente para trás.

Como ironiza Joseph Heller na figura do Coronel Cargill, um personagem intrigante do livro *Ardil 22*. Cargill, um ex-marqueteiro, agia como um político – ele era especialista em fracasso. Ele sabia – por isso ele merece reflexão – que o fracasso é tão difícil quanto o sucesso!

O fracasso do Brasil não é exclusivo nem obtido de graça. Tal como o nosso sucesso, ele não é tampouco espontâneo. Tem sido planificado por gerações de imperadores e barões e com a plêiade do que hoje – com a abolição da escravatura e a proclamação da República – chamamos de secretários, ministros, aspones, diretores, parlamentares e presidentes. Esse "poder público" que continuamos a tratar com um misto de sacralidade, respeito, hipocrisia e extremada covardia, o qual é uma esfera em pleno processo de encontro com a sociedade que ele controla, comanda e, no meu humilde entender, explora brutalmente. Exagero? Sem dúvida.

Mas impressiona ao jovem antropólogo dentro do velho professor, cronista, avô, péssimo escritor e eventual cantor ridículo de canções fora de moda, perceber com nitidez fotográfica, como o "poder público" está em toda parte e em todo lugar, deve quase sempre tudo à sociedade, mas sempre erra e fracassa redonda e irritantemente onde se mete. Nós, o povo (ou, para sermos mais precisos, a sociedade), não podemos fracassar e, num certo sentido, continuamos invisíveis e anônimos. Mas os sócios do tal "poder público" são as celebridades inimputáveis que, embora tenham tudo, saibam tudo e controlem tudo, não são – nem nas crises e denúncias – responsáveis por coisa alguma. A nós, pobres anônimos sem poder, cabe existir como "povinho carente" e sem rosto, mas somente para os demagogos. E, de quebra, somos responsáveis pelo fracasso do Brasil.

Ainda estamos longe de conceber, saindo da velha e grossa casca escravista, que o "povo" é o conjunto de cidadãos que concede autoridade administrativa a uns poucos que, por sua vez, recusam (a não ser em casos extremos) a colocar suas caras a tapa. Ou seja: a assumir com todas as letras o que fazem para seus estados, cidades ou país.

De um lado há os grandes atores; e, do outro, os chamados "merdas". Todos nós, leitores, que pagamos impostos e que, ao contrário dos nossos gerentes, não podemos errar debaixo das penas da lei. Conheci, graças a Deus, de longe, poderosos que se pensavam imortais e só viraram povo quando sofreram perdas, quando enfrentaram a doença ou quando descobriram com horror que eram mortais, embora o cargo que ocupavam não fosse.

Sucesso e fracasso, atraso e progresso ainda se dividem de modo crasso e reacionário no Brasil. O povo é ignorante e atrasado, o Estado – porém – é sábio e avançado. Ele entende tanto de sociologia que, quando decide mudar um costume estabelecido, inventa uma lei! O problema é que, como as coisas estão interligadas, logo ele próprio é vítima das leis que promulga. Entre as autoridades e a sociedade, há um fato curioso e absurdo: até hoje, quem se investe como parte do "poder público" esquece imediatamente depois da "posse" que ele (ou ela) faz parte da sociedade e que esse tal de "poder público" deve algo a essa mesma sociedade e não o contrário. Eis um fato notável do poder à brasileira.

Outro dado diz respeito ao seguinte: a força da autoridade é sempre aplicada com mais consistência contra o "outro", como agora testemunhamos nessa briga irresponsável de incêndio entre o Congresso e o Supremo. Um conflito sintomático do desejo óbvio de vingança por parte de parlamentares que foram condenados e que, cedo ou tarde, a prevalecer algum senso de justiça, devem pagar o que devem à lei e ao povo. Esse povão sem rosto feito de vozes desarticuladas mas que hoje falam muito e batem num ponto básico: como ter autoridade sem cara? Como ter cidades onde vivemos e morremos sem um dono – um responsável a quem a população concedeu pelo voto um tempo para gerenciá-las com decência? Não se podem culpar costumes por ausência de trabalho administrativo público decente, responsável e eficiente. Se há erro, mudemos a "cultura". No fundo, trata-se de tirar os caras dos palácios e colocá-los na rua, ao nosso lado. Penando em inomináveis engarrafamentos e filas de hospitais e escolas. Como dizia meu velho amigo Richard Moneygrand, o brasilianista mais brasileiro que conheci: "DaMatta, o problema de vocês é o palácio. Vocês lutam pela democracia, elegem os caras e depois os colocam em palácios. E aí, meu caro, vocês voltam às velhas deferências – mas com o dinheiro do povo."

Manifestações e passeatas

A repórter fuzilou desafiadoramente: professor, como explicar essas manifestações?
Não é fácil ser professor e cronista. O papel de cronista leva para uma querida reclusão, para uma ampla liberdade interior. O de professor tem uma face inevitavelmente resignada, coercitiva e pública. O resultado é que o meu pobre eu que, melhor do que ninguém, entende a sua imensa ignorância, brigava com o meu senso de responsabilidade pública. Esta queria colaborar; aquele, conhecedor dos seus limites, só queria dizer o que ninguém disse: que eu não sei, que ninguém sabe ou sabia...
Que falar do mundo é um palpitar de ignorâncias e aproximações. Que o futuro a Deus pertence e que o futuro, como ensinava Santo Agostinho, é o presente prolongado. A Certeza, essa deusa em cujo altar depositamos flores (e grana), é tão difícil quanto a Verdade. A "notícia" é justamente o imprevisto que desmancha planos e, supomos, aponta caminhos. A vida é cheia de surpresas. Projetos perfeitos para melhorar o Brasil produziram efeitos contraditórios. A esquerda, como disse o próprio Lula, não estava velha? E a popularidade de Dilma não subiu? E os fatos envolvendo o PSDB? Afinal, é tudo farinha do mesmo saco?
Nossas ações têm consequências imprevistas. O bem pode gerar o mal e até mesmo a má-fé pode engendrar o bem. Aliás, o ditado – há males que vêm para o bem – diz muito quando

é lido pelo avesso: há bens que vêm para o mal. Tudo o que fazemos, leitores, deixa rastro por mais calculistas, delicados ou cautelosos que possamos ser.

———

Então, professor, como explicar o atual momento? Pensei imediatamente na dificuldade que tem o pensamento moderno (que privilegia o indivíduo) para entender algum movimento coletivo (no qual o ator é uma coletividade). A soma não nos intriga, mas a interligação nos deixa apalermados. Curioso como a tecnologia traz de volta o mundo como um todo. Agora mesmo, Obama discute um modo de disciplinar a espionagem global que, do ponto de vista dos Estados Unidos, faz parte de sua patriótica defesa. Uma tecnologia específica nos obriga a tomar consciência de suas implicações abusivas e relembra a totalidade da qual somos parte.

Lembrei-me do Lévi-Strauss de *Tristes trópicos* (de 1955) quando, com aquela sua excepcional visão distanciada que transforma tudo o que é atual e presente em algo minúsculo e relativo, afirma que todo avanço tecnológico implica um óbvio ganho, mas igualmente uma perda. Freud advertiu, em 1930, em *O mal-estar na civilização,* como é um engano pensar que o poder sobre a natureza – esse apanágio de nossa "civilização" – seja visto como o centro da felicidade. Falamos com um filho que está em outra cidade pelo telefone, ou lemos a mensagem de um amigo querido que fez uma longa viagem. Curamos igualmente muitas doenças e prolongamos a vida. Mas isso não prova um estado permanente de felicidade. Muito pelo contrário, tais exemplos não seriam a prova de um "prazer barato"? Como numa noite fria pôr a perna de fora do cobertor e depois cobri-la novamente? Porque, acrescenta Freud, se jamais tivéssemos saído da aldeia, nossos filhos e amigos estariam ao nosso lado e toda essa tecnologia seria inútil. Ademais, complementa, "de que nos vale uma vida mais longa se ela for penosa, pobre em alegrias e tão plena de dores que só poderemos saudar a morte como uma redenção?" Em seguida a essas observações realistas (e proféticas), mais do que pessimistas como o próprio Freud as classifica, ele chega a um ponto essencial: não temos o direito de considerar que um estado subjetivo, como a nossa felicidade, seja imposto a outras pessoas, épocas e coletividades. Mudar de ponto de vista e relativizar são uma sabedoria e uma cambalhota. O controle da natureza não justifica o controle sobre outras formas de vida.

Sou visitado por minhas netas, jovens, animadas, lindas como uma praia de janeiro e cada qual abastecida de um celular. Amorosas, elas conversam com o avô mas nenhuma deixa de teclar o seu aparelho que é mais uma prótese a provar a nossa sempre carente humanidade. Contador inveterado de histórias, lembro-me de um evento ocorrido quando era menino e vi meu pai, feliz, tirando de sua pasta maços de dinheiro cheiroso – uma bolada! – que correspondia a um aumento de salário pago retroativamente. Somos reativos: só agimos depois das tragédias e dos escândalos; mas somos também retroativos porque dependendo da categoria e da pessoa, o "governo" paga direitos passados. O "legal" é tão generoso como um beijo na boca...

Logo percebi que as netas ouviam pela metade. Claro: cada uma delas estava enredada, falando ao mesmo tempo com outras pessoas as quais eram muito mais (ou tão reais) quanto eu com meu corpo e minhas fábulas infelizmente permanentes.

Entendi que minhas netas não estavam sós. Cada qual era uma multidão. Uma delas, inclusive, manifestou que contava o que eu contava para mais dez amigas – na hora e no ato. Eu pensei estar num encontro de família e estava, sem sair de casa, numa passeata.

O manifesto da baixaria

Um fantasma ronda o Brasil: o fantasma da falta de educação e da baixaria. Juízes do Supremo, parlamentares, ministros, altos empresários e governadores perderam o senso luso-brasileiro e ameaçam um bate-boca generalizado. Alguns tentam conjurar essas brigas antiaristocráticas que pegam mal porque revelam muito do que não pode ser mostrado.

Aqui se faz um apelo aos leitores. Sejam sinceros e tirem a honestidade da zona cinzenta dos pecados e dos malfeitos. Façam o contrário dos diplomatas e dos populistas: proclamem o que pensam e sentem. Seremos todos acusados de intrigantes e boquirrotos pela direita (a dona da bola e, por isso mesmo, corrompida), pela esquerda (revolucionária, é claro, mas no poder e com vastos limites) e pelo centro, que sempre foi o berço do nosso moralismo que diz que vai, mas não vai, antes de saber pra onde a coisa está indo e, por isso mesmo, emudece porque a sinceridade que iguala é o maior pecado de um sistema desigual.

Critique abertamente e não se esconda no anonimato. Seja grosso com os pulhas que roubam o nosso dinheiro e discorde. Não escolha a pusilanimidade dominante.

– II –

Contrariando frontalmente a visão geral do escândalo que cobre o nosso país de egrégios gregos gregários – de Deltas a Demóstenes – envolvendo governantes e governados, eu afirmo que, quando o bate-boca ocorre nas altas esferas, temos um sinal de lucidez, de democracia e de progresso. No contexto da hipocrisia nacional, uma discussão entre ministros do Supremo é algo revolucionário.

Todo tribunal é feito de conflitos, denúncias e busca da verdade. Exceto no Brasil onde ainda se tem o direito de mentir e se é obrigado a engolir choro. São os conflitos verbais que deixam surgir a Verdade com sua nudez transparente e escandalosa.

Chega de botar a poeira debaixo do tapete em nome de uma ética aristocrática. Vivemos um momento no qual o igualitarismo rompe nossas portas e, como um hóspede imprevisto e não convidado, demanda – acima de tudo – um mínimo de sinceridade. E a sinceridade só surge quando nos entregamos a forças maiores do que nós. Como foi o caso do ministro do Supremo que, criticado pelo colega, reagiu numa veemente e histórica entrevista.

Esse manifesto discorda da opinião segundo a qual o Supremo fica menor quando seus membros discordam. Pois o seu autor está absolutamente seguro ao dizer que, quanto mais os agentes públicos ficarem putos uns com os outros, mais democracia igualitária cairá, como chuva de verão, sobre todos nós.

O imprevisto é o centro da vida democrática. E o imprevisto maior do Brasil no qual vivemos é a descoberta do papel do Estado não como fulcro de igualdade de oportunidades, mas como uma fonte de aristocracia e de enriquecimento ilícito. Só a baixaria pode liquidar a perversão de combinar até mesmo as discórdias. Temos que reformar a nossa boa educação de senhores de engenho que leva à mentira e ao agrado do governante para pegar o contrato sem discutir mérito ou eficiência. Mesmo – pasmem – quando isso pode existir. O bate-boca no Supremo não diminui a Corte magistral. Muito pelo contrário, ele torna essa Corte mais honrada e democrática. O Brasil precisa ser desmascarado e posto a nu para si mesmo. É hora de ver o fantasma.

– III –

Democracia é partejada por igualdade (todos podem falar, mesmo errado) e individualismo (todos têm o direito de querer) – esses valores que produzem conflito. O conflito revela o lado vivo do Supremo Tribunal Federal. Ele mostra que os nossos supermagistrados são humanos e suscetíveis de raiva, ressentimento e vingança. Por isso a discussão não é só mais do que bem-vinda: ela é fundamental.

– IV –

Sem opinião não há sinceridade. A medida da honestidade jaz no que realmente pensamos de algum assunto ou pessoa. É, pois, imperioso acabar com as luvas de pelica. Discutir não é ser mal-educado, é afirmar que – finalmente! – podemos concordar em discordar. O Brasil precisa ver as suas meias furadas.

– V –

Acabemos com a frescura dos lenços de seda – sejamos igualitários. Olhemos os fatos que estão nas manchetes e enxerguemos o que dizem. O bom-mocismo nacional é uma simpatia e uma gracinha, como dizem os grã-finos, mas é também o modo de obter altos faturamentos não só em obras, mas em projetos do governo. Essa coisa personalizada e com dono mas sempre isenta, sempre ausente, sempre vendo o debate como uma baixaria e, por isso, sempre inocente, porque não se mete ou é responsável por coisa alguma!

Irrompamos respeitosamente com dona mamãe. Ela diz: seja paciente com o tio Fulano ou com o Dr. Sicrano. Eu vos digo: sejam mal-educados e profiram o que pensam. O Brasil precisa de bate-boca – esse cerne da oposição! Mande o professor às favas, denuncie o prefeito, o senador, o empresário, o chefe e o presidente – caso eles sejam mentirosos, incompetentes e desonestos.

– VI –

Desvende o Brasil. Seja um mal-educado dizendo o que você pensa. Só assim realizaremos a nossa tão atrasada revolução igualitária obrigando que esta CPI promova um desmascaramento geral. Rezemos para que todos botem a boca no mundo e sejam sinceros. Se isso ocorrer, faremos o inusitado: não vamos certamente acabar com a corrupção, mas iremos ferir de morte esta República que aristocratiza seus altos funcionários e torna milionários os seus sócios. Mal-educados do mundo, uni-vos!

Medalhões presos?

Uma carta do meu amigo Richard Moneygrand, o emérito brasilianista da Universidade de New Caledônia, reafirma o que, para ele, seria a maior meditação sobre o personalismo elitista brasileiro: a "Teoria do Medalhão", escrita por Machado de Assis para a *Gazeta de Notícias*, em 1881.

De fato, ela foi fundamental quando escrevi sobre o "Você sabe com quem está falando?" como um "rito de autoridade" e, nesta reflexão – publicada como um capítulo central do meu livro *Carnavais, malandros e heróis: para uma sociologia do dilema brasileiro*, em 1979 – eu afirmava que a questão central do nosso sistema era uma ambiguidade que tomava ora a hierarquia, ora a igualdade como elemento englobador de nossos conflitos sociais, levando o sistema ao que seus intérpretes antigos e modernos viam como instabilidade, infantilidade ou erro.

Embora a igualdade seja um valor formal e legal, a desigualdade advinda da velha aristocratização continuava a ser um ideal pouco politizado entre nós. Ora, é justamente isso que Machado nos apresenta em sua "Teoria do Medalhão". No fundo, o medalhão como a "grande figura" (o "gente boa", o "número um" etc.) é o tipo ideal que congrega na sua ambiguidade, o nosso cinismo ideológico tão difícil de politizar e legalizar. O medalhão é, pois, o sintoma de nossa alergia ao "homem comum", o qual nenhum de nós quer ser ou com o qual nenhum de nós quer ser confundido.

Mas eu não estou aqui para falar das minhas superficiais teorias do Brasil. Eis a carta de Moneygrand, um professor estrangeiro que, por definição, sabe muito mais que eu:

Caro Roberto,

Eis que vocês revivem novamente mais um drama promovido pelo vosso sistema de privilégios ou distinções (como diria o bom Bourdieu) com a prisão dos mensaleiros mais distinguidos, todos atores centrais deste governo lulopetista que prometia tornar o Brasil menos injusto. Como – eis a questão – prender deputados, tesoureiro, presidente e chefe da Casa Civil da Presidência, o cabeça do esquema; o qual, ademais, incluía como operadores pilantras igualmente medalhões, se todos foram cabalmente condenados? Um esquema, digo de passagem, testado também com o PSDB em Minas Gerais. Prender gentinha e pessoas comuns é banal. Mas como prender superiores, trancafiar "os homens" e enjaular mandões apadrinhados pelo governo?

Não tenho tempo para mencionar nomes e detalhes porque em meia hora devo me apresentar à corte do meu condado para finalizar o divórcio com a minha quarta esposa, a queridíssima Susan, já que caí de amor por Ellen (três anos mais jovem e com um doutorado em antropologia ontológica) neste último verão.

Mas revisitei o "velho" Machado e o encontrei mais novo do que nunca. Como você há de lembrar, a "teoria" se faz em plena passagem de um dia pra outro e como um presente de aniversário para um filho rico e idiota, no momento em que um pai sábio e realista assinala que ser "medalhão" é o papel social mais importante da cena brasileira. Entre todas as carreiras, diz a portas fechadas, o ideal no Brasil é ser um medalhão. E quais são as características dos medalhões?

A primeira é a atitude ou a forma. A gravidade: esse mistério do corpo mas que, neste seu Brasil, manifesta-se pela seriedade rabugenta e pela ausência de riso. Encontrei muitos brasileiros assim: sérios e sempre prontos a darem uma bronca nos fracos e a beijarem o rabo dos fortes.

A segunda é não ter ideias. Sobretudo, ideias novas. Até hoje os medalhões continuam falando em defender o povo pobre, em combater a violência e proteger os vulneráveis (esse novo conceito para os fracos e os subordinados), mas sem apresentar nenhuma novidade, porque não arriscam ter uma opinião individualizada e fazem parte de uma turma ou partido. Seguem a mediocridade geral.

A terceira é trivial e vossos administradores públicos são pródigos em exibi-la. Refiro-me a usar as locuções convencionais, as fórmulas consagradas e incrustadas na memória coletiva. Seguir a inércia geral com frases feitas é básico na construção do medalhão.

A quarta é a publicidade. Oferecer jantares e obséquios, distribuir comendas e diplomas produz a propaganda e engendra a imagem da "boa gente" do sujeito relacional e "boa-praça". Essa é a marca da vida pública brasileira feita mais de fortunas pessoais roubadas ao povo por meio de "irmandades" confundidas com partidos políticos, do que de políticas públicas efetivamente transformadoras.

A quinta é não ter opinião. Ou seja: mesmo pertencendo a um partido ideologicamente cheio de opinião, jamais infringir as regras e as obrigações estabelecidas como o dar para receber.

A sexta, taxativa, é ser vulgar. Declare, como fez Maduro outro dia, que os comunistas roubam tanto quanto os capitalistas. Ou, como os medalhões mensaleiros, que você é um "preso político" e não uma exceção que confirma a regra: políticos que estão (mesmo contra a vontade) tentando prender!

A vulgaridade que impede o embate de ideias e as decisões que resgatam a virtude forma o centro dos governos de coalização que vocês tanto admiram e que nós, nesses Estados Unidos, não conseguimos realizar. Essa cisão e essa conjunção entre ser ideologicamente preciso e pessoalmente impreciso são base no medalhão.

Como medalhão, você tem que ser igualitário no discurso público, mas desigual na vida caseira. Há muito mais em Machado, mas um divórcio e um juiz que não ri e uma mulher zangada me esperam. O certo, porém, é que seguindo essa teoria vai ser um problemão prendê-lo no Brasil.

Calorosas lembranças,

Dick

Mensalão e Olimpíadas

Estou dividido entre assistir às provas olímpicas e testemunhar o julgamento do mais vergonhoso plano de permanecer no poder da história da nossa douta, legalística, aristocrática, populista e milagrosa semirrepública. No caso das Olimpíadas, as regras são simples (não há recurso) e a igualdade competitiva é clara; no mensalão, tudo é opaco, exceto a acusação, a vontade antidemocrática de poder que o engendrou, e o desejo de que as coisas não terminem em leite condensado.

Digo semirrepública porque a expressão reitera o que, em 1979, no livro *Carnavais, malandros e heróis*, eu chamei de "dilema brasileiro". A oscilação de uma nação que quer a igualdade perante a lei mas na qual o Estado jamais deixou de isentar alguns dos seus cargos da responsabilidade pública, abandonando para a sociedade o papel de burro de carga de um sofisticado drama na qual ela sempre desempenhou um papel subordinado. Quando passamos de Império a República, continuamos hierárquicos e aristocráticos mas até um certo ponto; e, já republicanos, adotamos a igualdade mas com uma tonelada de sal, inventando todas as excepcionalidades que impedem a punição dos poderosos e condenam os subordinados ao castigo. Daí a importância olímpica do Supremo Tribunal Federal, cuja conduta do julgamento em curso será importante para alterar o dilema.

Temos não muitas formas de igualdade e diversos estilos de aristocratizar. Nosso maior problema não é a desigualdade; é, isso sim, a nossa mais cabal alergia e repulsa à igualdade! Quando sabemos quem é o dono, ficamos tranquilos, mas quando todos são nivelados e postos em julgamento, entramos em crise. Em toda situação reinventamos a hierarquia, mostrando quem é inferior. Nas tão odiadas (e igualitárias!) filas, isso é mais do que patente.

No trânsito, uma igualdade estrutural é, infelizmente, constitutiva como digo em Fé em Deus e pé na tábua, e o resultado é esse escândalo de acidentes e imprudências, todos capitulados na mestiçagem das leis que igualam de um lado para excepcionalizar do outro.

Não foi fácil, neste Brasil de Pedros (de Avis e Bragança), criar um padrão de troca único, nivelador e confiável e, por isso, as nossas doutrinas políticas mais chiques até hoje odeiam o mercado e a sua igualdade competitiva que implica meritocracia. Essa disputa tão óbvia nos Jogos Olímpicos que levam ao conflito aberto e ao bate-boca – esses reversos dos padrões de comportamento nobres, baseados quase sempre na insinceridade; no realismo político segundo o qual os fins justificam os meios e o ganhar a qualquer custo; e na mentira como moeda corrente. Em suma, tudo isso que está inscrito e será julgado no mensalão.

Vivemos um momento histórico dramático: o da impossibilidade de hierarquizar impunemente, como tem sido o costume. E, ao lado disso, a demanda pela igualdade que evidentemente vai obrigar a uma transformação dos velhos códigos de comunicação sobretudo os legais que, no Brasil, mudam e se atualizam menos do que as reformas ortográficas! Essa demanda tem aspectos radicais no que tange aos que ocupam cargos públicos. Está em curso, hoje em dia, uma intolerância jamais vista contra a ética de favores e personalismos que impediam suspeitas, avaliações e julgamentos.

Aliás, o libelo do procurador-geral da República, Roberto Gurgel, foi incisivo no sentido de não isentar os atores, aceitando as desculpas mais comuns das sociedades arcaicas, reacionárias e hierárquicas: a tese do eu não sabia, a qual, no fundo, desvenda a posse do papel pelo ator – ou, pior que isso – o controle e a propriedade do político e do partido do cargo público e, no caso do mensalão, da própria máquina política.

Quando se trata de falar da igualdade como um valor, não há como não discutir algo jamais visto na chamada "política" nacional, pois é o povo que legitima pela eleição o gerenciamento de um cargo que não pertence a nenhum poder, mas à sociedade como um todo. Por isso o povo – por meio dos tribunais e da lei que a todos subordina – pode punir o ocupante que trai o seu papel. Nosso viés aristocrático tem inibido a discussão do laço entre pessoa e papel. O que conduz ao inverso da nossa tradição, pois num regime igualitário, quanto mais nobre e importante o papel, menos desculpas para a improbidade de quem o ocupa. O poder não pode mais continuar a ser visto no Brasil como uma medalha de ouro olímpica, com direitos a isentar os eventuais crimes de quem está no poder. Ele deve ser redesenhado como algo que implica direitos e privilégios, mas sobretudo honra, austeridade e obrigações. Na democracia, como viu Tocqueville, os cargos públicos implicam mais deveres do que privilégios. Como, aliás, ocorre nas Olimpíadas, pois quando um atleta recebe uma medalha de ouro se vê compelido a ser também possuído pela excelência que o prêmio representa.

Resta esperar que o TSF decida olimpicamente – *sine ira et studio* (sem raiva, preconceito ou condescendência), como dizia Max Weber – e, assim fazendo, mude a índole das práticas políticas brasileiras.

Mentira e politicagem

Seria a mentira uma realidade da política brasileira? Sobretudo neste momento em que o governo de dona Dilma constitui uma Comissão da Verdade, mas um dos seus ministros – justo o do Trabalho, que é o apanágio do seu partido (o dos trabalhadores) – mente de modo claro, aberto, insofismável e – mais que isso – com uma verve e um nervo dignos de um astro de novela das oito?

Fiquei deveras assombrado por sua ousadia e desenvoltura de ator, quando – perante o Congresso – ele diz não conhecer o empresário com quem jantou, andou de avião e contemplou – com um olhar digno de um Anthony Hopkins – um pedaço de papel com o nome da questionada figura, numa simulação dramática que era maior prova de que mentia descaradamente.

Ou seja, para o governo é mais fácil resgatar o passado fabricado pelo autoritarismo do regime militar – um momento no qual opiniões conflitantes eram proibidas e que engendrou oposições à sua altura e igualmente fechadas; passando por alto pela Lei da Anistia –, do que emitir um ministro mentiroso. Continuamos a refazer o que não deveria ter sido feito e a não fazer o que o bom senso exige que se faça.

Viver em sociedade demanda mentir. Como exige comer, confiar e beber – mas dentro de certos limites. Os americanos distinguem as *white lies* (mentiras brancas ou brandas) – falsidades sem maiores consequências, das mentiras sujeitas a sanções penais e éticas. Pois como todo mundo sabe, a América não mente. Ela está convencida – apesar das bolhas e dos Bushes – que até hoje segue o exemplo de George Washington, seu primeiro presidente; um menino obviamente neurótico que nunca mentiu. Na América há todo um sistema jurídico que dá prêmios à verdade, muito embora, num lugar chamado Estados Unidos, minta-se à americana. Ou seja, com a certeza de que se diz a verdade, somente a verdade, nada mais do que a verdade. E que Deus me ajude! Foi o que fez, entre outros, Bill Clinton, quando negou ter tido sexo com a "dragonarde" Monica Lewinsky porque o que eles fizeram justamente no Salão Oval não estava na Bíblia.

No Brasil não acreditamos ser possível existir sem mentir. Basta pensar no modo como fomos criados para entendermos a mentira como "boa educação" ou gentileza, pois como cumprir a norma de não discutir com os mais velhos sem enganar? Como não mentir quando a mulher amada chega do salão de beleza com o cabelo pintado de burro quando foge e pergunta: querido, o que é que você acha do meu novo penteado? Ou quando você confessa ao padre aquele pecado que você comete diariamente e dele se arrepende também cotidianamente só para a ele voltar com uma volúpia apenas compreendida pelo velho e bom Catolicismo Romano? Como não mentir diante do seu professor, um Burro Doutor, que diz que sabe tudo mas não conhece coisa alguma? Ou do amigo que escreve um livro de merda, mas acha que obrou coisa jamais lida? Ou para o netinho que questiona, intuindo Descartes: se existe presente, onde está Papai Noel?

Como não mentir se o governo mente todo o tempo, seja não realizando o que prometeu nas eleições, seja "blindando" os malfeitos inocentes dos seus aliados, seja dizendo que nada sabe ou tem a ver com o que o ocorre debaixo do seu nariz de Pinóquio?

Numa sociedade que teve escravos e não pode abrir mão de empregadas domésticas, entende-se a malandragem de um Pedro Malasartes como um modo legítimo de burlar senhores cruéis. Mas não se pode viver democraticamente aceitando, como tem ocorrido no lulopetismo, pessoas com o direito de mentir e roubar publicamente. Mentir para vender um tolete de merda como um passarinho raro ao coronelão que se pensa dono do mundo é coisa de "vingança social" no estilo de Pedro Malasartes.

No velho marxismo no qual fui formado, tratava-se de uma forma de "resistência" ao poder. Mas será que podemos chamar de "malfeitos" o terrorismo e o tráfico? Seria razoável aceitar a mentira como rotina da vida política nacional porque, afinal de contas, o "Estado (e a tal governabilidade com suas alianças) tem razões que a sociedade não conhece" ou, pior que isso, que o nosso partido tem planos que tanto o Estado quanto a sociedade podem ser dispensados de conhecer?

No Brasil das éticas múltiplas (uma mentira e uma verdade para cada pessoa, situação, tempo e lugar), temos a cultura do segredo competindo ferozmente com a das inúmeras versões que, normalmente, só quem sabe a mais "verdadeira" é quem conhece alguém mais próximo do poder. Entre nós, a verdade tem gradações e lembranças. No antigo Brasil do "você sabe com quem está falando?", dizia-se: aos amigos, tudo; aos inimigos, a lei! Hoje, nos vem à mente uma velha trova mineira: "Tu fingiste que me enganaste, eu fingi que acreditei; foste tu que me enganaste ou fui eu quem te enganei?"

Com a palavra, os eleitos e os nomeados.

NGOs e/ou ONGs

Como as ONGs e os "ongueiros" de plantão estão em moda, comecemos do começo que, dizia Guimarães Rosa, é tudo. E o começo aqui é a *Wikipédia*, a mãe de todos os burros virtuais.

Em inglês, o verbete NGO ensina (os grifos são meus): "Uma organização não governamental (NGO) é uma organização legalmente constituída, criada por pessoas naturais (cidadãos, no sentido amplo do termo) ou legais que operam independentemente de qualquer governo. O termo se origina na Organização das Nações Unidas e é normalmente usado para se referir a organizações que não fazem parte do governo e que não são criadas como negócios com fins lucrativos. Em caso de serem fundadas parcial ou totalmente por governos, elas mantêm seu estatuto não governamental pela exclusão de representantes e membros do governo de sua organização."

Vejamos agora, na mesma *Wikipédia*, outra definição em português: "As Organizações não governamentais (ONGs) atualmente significam um grupo social organizado, sem fins lucrativos, constituído formal e autonomamente, caracterizado por ações de solidariedade no campo das políticas públicas e pelo legítimo exercício de pressões políticas em proveito de populações excluídas das condições da cidadania. Porém seu conceito não é pacífico na doutrina (...). Essas organizações podem ainda complementar o trabalho do Estado, realizando ações onde ele não consegue chegar, podendo receber financiamentos e doações dele, e também de entidades privadas, para tal fim. É importante ressaltar que ONG não tem valor jurídico.

Nenhuma instituição social entra em espaços vazios. No Brasil, as ONGs mudam de significado e são um elo explícito entre o governo e certos setores sociais. Assim, as ONGs que têm aparecido no noticiário político-criminal, derrubando um monte de ministros, têm sido atores ideais na negação das origens dessas associações que, no mundo moderno (e, evidentemente também aqui no Brasil), estão divorciadas formal e explicitamente de propósitos político-partidários, embora tenham forte atuação política como todos os seres ativos de um sistema social igualitário, liberal e democrático.

Resultado: temos no Brasil, ONGs e ONGs, seguindo lógicas diversas como testemunhamos com aversão no caso do Ministério do Esporte e sob a égide do Partido Comunista do Brasil. Logo, diga-se de passagem, esse ministério cuja responsabilidade é gerenciar, estimular, regular e incrementar o esporte. Essa atividade na qual é imperativa a consciência das normas, a competitividade é fundamental, a igualdade perante as regras é indisputável e a eficiência é a marca registrada dos bons atletas e times. É lamentável!

Aqui, cabem as duas formas. Na sociedade e na banda sadia do sistema político atuam as NGOs que não visam lucro e são universalistas e conscientes da sua importância para o bom funcionamento da sociedade. No lado podre do sistema, dominam os "ongueiros" filiados a partidos políticos em ONGs e que trabalham mais para o partido do que para a sociedade. Com isso, as ONGs são um novo tipo de compadrio político-eleitoral e, como organizações de fachada, elas acabam modernizando ao contrário, servindo ao governo em nome da sociedade. O que deveria ser um instrumento de igualdade passa a ser mais um instrumento de desigualdade como é o caso da corrupção. Algo parecido tem ocorrido no capitalismo americano que virou, como alguns cronistas têm acentuado, um "capitalismo de companheiros ou compadres" – um *cronie capitalism*. Felizmente, em ambos os casos, existem protestos. Aqui há uma marola contra a corrupção. Nos Estados Unidos, como diz Nicholas Kristof no *The New York Times*, o "Ocupar Wall Street" não é um movimento para liquidar o capitalismo, mas para devolver-lhe a responsabilidade e os limites.

Levamos séculos para estabelecer um sistema político no qual uma competição eleitoral livre, norteada por regras que valem para todos, levam ao poder representantes da sociedade. Soa estranho pensar seriamente num mecanismo que venha, pelo voto, "deseleger" pessoas e, em paralelo, processar legalmente – isso mesmo, leitor, levar à barra da Justiça – administradores públicos notória e recorrentemente preguiçosos, incompetentes, desonestos, e sórdidos como esses que temos sistematicamente conhecido no Brasil. O *recall* americano é um mecanismo interessante e deveria ser discutido seriamente entre nós. O processo civil seria um outro recurso, talvez mais efetivo. Sou assaltado ou testemunho o assalto de minha neta Serena aqui em Niterói e tomo as providências no sentido de processar o secretário de Justiça ou o delegado de Polícia local. Peço justiça por danos morais porque, se há gerenciamento público sustentado regiamente pelos desabusados impostos pagos obrigatoriamente pelos moradores da cidade, tem que haver um sistema correspondente de atribuição de responsabilidade que torne o mundo público mais justo no Brasil!

O velho Brasil da casa e da rua

O olhar é tudo. De um viés oficial, balizado pelo eurocentrismo e pela experiência americana clássica, o Brasil oficial é uma balela. Aqui não havia nada: nem lei nem rei. Os mandamentos e as ordenações elaboradas pelos letrados (que Sérgio Buarque de Holanda chama, no seu clássico, *Raízes do Brasil*, de "eruditos"), seriam "em verdade criações engenhosas do espírito, destacadas do mundo e contrárias a ele". Haveria um autoritarismo da lei como compensação para a anarquia social reinante. Numa sociedade tida como desordenada, a lei e o estado ordenariam a confusão.

Eis um despojado resumo de um conjunto de observações pioneiras sobre as relações entre estado e sociedade no Brasil. De um lado, um acervo de leis abstratas porque universais, difíceis de serem cumpridas; do outro, a cumplicidade de instituições e costumes anárquicos tornam a lei um obstáculo e um testemunho contundente de que as coisas não funcionam.

Mas se olharmos esse mesmo Brasil como um sistema de instituições e costumes – como um sistema cultural – o que vemos é um todo ordenado verticalmente, no qual a busca não é para quem está ao nosso lado, mas para quem está em cima ou embaixo. Daí o discernimento de Tom Jobim – um músico – o que, nessas coisas, tem um peso considerável, quando ele afirma como o sucesso – essa categoria social dos países competitivos e meritocráticos que ordenam horizontalmente o mundo – é uma ofensa pessoal no Brasil. Vale grifar o pessoal porque o problema foi e ainda é quem faz ou é acusado de fazer e não o que foi feito. O jogo é complexo: quanto mais leis, mas os elos pessoais (hoje poderíamos falar em laços partidários) se reforçam e as neutralizam como eu disse, em 1979, no livro *Carnavais, malandros e heróis*. Um ensaio em que pela primeira vez se afirma, usando Tocqueville, como o Brasil era muito mais aristocrático do que supunha o nosso vão republicanismo.

Gilberto Freyre, outro intérprete modelar, não fala em leis nem no Estado. Para ele, pelo menos no seu livro mais popular, *Casa-Grande & Senzala*, o Brasil aparece apenas como um "sistema social total" como dizia Marcel Mauss. O que movimenta a sociedade brasileira é o patriarcalismo escravocrata. São os valores familísticos que permeiam o Brasil.

Trata-se de outra perspectiva.

Se olharmos a máquina administrativa, a sociedade seria relativamente incoerente e até mesmo anárquica; mas se o ponto de vista for o da casa-grande e da senzala com suas interdependências, não atinamos que existe uma legislação que legitima a presença do escravo como um morto-vivo ou, como diz Manuel Carneiro da Cunha, como um estrangeiro dentro da sociedade. Mas a ética não escrita, mas vivida, do parentesco, do compadrio e da amizade fazia do escravo um ser não somente indispensável, mas querido como fazem testemunho os pungentes escritos quase confessionais de Joaquim Nabuco.

Se você, leitor, está achando tudo isso muito abstrato, leia com calma os diálogos amorosos e paternais entre Carlos Cachoeira e Demóstenes e entre eles e os seus prepostos e desses subordinados entre si. Sérgio tem razão na hipótese da lei contra o costume; mas Freyre também tem razão ao enfatizar o patriarcado escravocrata contra o mundo da "rua" com suas leis ou posturas que deveriam valer para todos, exceto para os fidalgos, para os altos funcionários do governo e para os "homens bons". Nesse Brasil, ninguém queria ser um "peão". Um mero plebeu ou "cidadão". Sim, porque esse último escândalo cujo centro é o laço íntimo (e, sem dúvida, amoroso) entre empresários, um contraventor, nobres governantes e ilustres fidalgos, administradores do Executivo, Legislativo e Judiciário é legal e legítimo em muitas dimensões, mas obviamente está fora da ordem igualitária. Ele revela como persiste no Brasil a figura do "cidadão de bem" (réplica moderna do "homem bom") por contraste cultural com "cidadão comum." Esse merda que somos todos nós.

Como cidadão, você paga sendo sujeito da lei, como amigo dos "caras", porém, anulam-se em nome da lei (mas não da eficiência ou do mérito) as regras que governam o Brasil como Estado nacional. O caso Cachoeira e quejandos revela como o Brasil dos palácios (ou casas-grandes) tem regras e éticas. Só que elas não são discutidas em função dos requisitos de uma governabilidade num universo globalizado e digital onde a transparência é uma dimensão (queiramos ou não) crítica do poder e do gerenciamento público em geral.

O que os jornais estampam não é algo fora do comum. Todos temos uma lealdade absoluta (e comovente) com nossos amigos, parentes, compadres e subordinados que, de modo regular, pagam o pato como os nossos "delúbios" e aloprados. Agora, o que os jornais não falam é a força destes elos que são mais potentes do que os decretos e normas que gerenciam os serviços e o bem comum – aquilo que é definido como sendo de todos mas que – eis o óbvio ululante que ninguém vê – é governado por pessoas que, por serem pessoas, são precisamente os nossos afins, pais, irmãos e companheiros. Nossos camaradas e amigos de fé. Esses homens bons, todos maravilhosos em pessoa e todos complicados quando se trata de distinguir o legal do ético no uso da coisa pública.

O Brasil é um bonde

Andei muito de bonde e a recomendação peremptória dos meus pais era que eu não saltasse do bonde andando. Confesso que no curso de minha vida saltei muito pouco de bonde andando mas, em compensação, peguei muito bonde errado quando, por exemplo, escolhi ser professor e pesquisador. Mas ninguém é tão perfeito, como os bondes do Rio de Janeiro ou seus parques de diversões fazem prova, porque, entre outras coisas, eles ainda não têm esses "marcos regulatórios", que são o sonho dos hipócritas de plantão.

―――――

Um amigo de infância perdeu um pé ao saltar de um bonde andando, tal como um dos meus mentores perdeu o casamento ao derrapar e colidir com um ônibus quando disse à esposa que estava fazendo uma pesquisa numa biblioteca mas, na verdade, voltava repleto de culpa de uma visita a uma ruiva supergostosa que atendia pelo nome revelador – eu juro que isso é verdade – de Tara.

―――――

Hoje vivemos num Brasil sob o signo de Mercúrio, a divindade do comércio e do dinamismo. Aquele que, sendo mediador, faz as trocas, cruza dos ares e mares rapidamente pois, sendo alado, tem uma velocidade (esse símbolo da ganância e da transgressão que não pode esperar, não sabe o que significa a palavra suficiência) e engloba os mais básicos princípios do bom senso. Aviso aos governantes: evitem os meios de locomoção muito eficientes, sobretudo os helicópteros, mas evitem também os bondes e as montanhas-russas das quais vocês, políticos profissionais, são contumazes usuários.

———

O Brasil é um bonde.

O bonde que se despentelhou numa ladeira do bairro de Santa Teresa, no Rio de Janeiro, vitimando passageiros e o seu motorneiro que, sendo o mais humilde, será o culpado. Tal como foi o engenheiro do parque de diversões que matou outros cidadãos. O jogo do poder à brasileira consiste nos poderosos teorizarem sobre suas responsabilidades, isentando-se a si mesmos e a seus asseclas. A tal faxina (todos já entenderam) é sempre para os outros. Os donos do poder (à brasileira) estão isentos de culpa.

———

Estamos fartos de ouvir os donos dos ministérios ou secretarias onde ocorrem acidentes ou delitos dizendo que não têm nada a ver com os fatos. Não acuso ninguém. Acredito sinceramente que todos são tão honestos como Pedro Malasartes. Chamo atenção, apenas que, enquanto não tivermos a coragem de processarmos em alguns milhões de reais os nossos governantes e o próprio Estado, vamos continuar – desculpem os mais sensíveis e os mais frescos – fodidos! O nosso marco regulatório é o processo. O deles é a hierarquia, que livra os poderosos dos deveres que também fazem parte do poder.

Se os caras ganham milhões à custa do nosso trabalho, nada mais justo ou lógico que haja alguma relação de responsabilidade entre nós e eles. Indenizações não trazem meu filho de volta, mas permitem um bom papo com meu amigo Joãozinho Caminhador, um velho amigo escocês que me ouve e conforta em vez de tentar tapar o sol com a peneira ou produzir essas desculpas esfarrapadas ou, pior ainda, esses surtos de indignação de bandidos especializados em roubar o que é nosso.

Outra saída seria sugerir para a austera presidenta, que herdou a hóstia consagrada de honestidade e da eficiência do governo Lula, que criasse um ministério anticorrupção, inspirada nos nossos irmãozinhos de carma indianos. Um órgão destinado a examinar contratos, acordos, aumento de patrimônio, nomeações, indicações – mas sobretudo contratos e inocentes exonerações. Tal instituição, livre dos constrangimentos partidários, mas engajada e constrangida pelo dever de apurar e forçar um mínimo de sinceridade, teria o dever de conferir por que os governantes sempre aumentam seus patrimônios 200 vezes em dois anos e outros, como esse cronista bastardo que vos fala, não consegue – PQP! – ir além de uma vida confortável, mas pobre se a compararmos com a grande maioria dos elegantes quadrilheiros que passaram pela tal administração pública.

Eu sei que a culpa é minha. Quem mandou ser professor e antropólogo proxeneta de índios, como dizia o Darcy Ribeiro, e não um antropófago ou político comedor de recursos públicos? Quem mandou ser descrente e não vender a alma para algum partido ou ideologia? Quem mandou não ser indigenista e ter uma turma e um partido?

Esse é o meu bo(n)de. E o do Brasil? Bem, o bonde do Brasil segue em dois trilhos. O primeiro é acreditar que os governos podem mesmo contratar objetiva e impessoalmente num país no qual ser compadre e amigo é mais importante do que ser cidadão. O segundo é verificar como o poder corre ligado (*bond*, em inglês) a trilhos sem freios e sem oposição. A prova é a foto estilo bonde do ex-presidente Lula, da presidenta Dilma e do maestro e guerreiro (diria mesmo um São Jorge) do Brasil, Zé Dirceu, emoldurando os dois numa imagem que causa estupefação, mas que diz tudo do momento brasileiro. Ele, de roupa branca; ela, com uma blusa vermelha e o mestre de duas vidas e falas vestido do negro dos cisnes excepcionais. Dos seres acima do bem e do mal, que são o símbolo mais perfeito do bonde – digo, do governo – que hoje temos no Brasil.

O homem no topo

Quanto mais alto o homem, de mais coisas tem que se privar.
No píncaro não há lugar senão para o homem só.
Quanto mais perfeito, mais completo e quanto
mais completo, menos outrem.

Fernando Pessoa

Em 1982, recebi de presente duas intrigantes caricaturas. Numa delas, um sujeito pronto para dormir não via mas, pela cara, suspeitava de um monstro escondido bem debaixo de sua cama. Na outra, um escalador solitário no topo de uma elevada e íngreme montanha descobria que, se desse um passo adiante, cairia. Era o homem no topo de todas as possibilidades de que falava Fernando Pessoa no seu *Livro do desassossego*.

Hoje, depois que muita água correu debaixo da minha ponte, eu vejo com clareza o significado do presente. A primeira caricatura era uma advertência. Pois naquela época, eu colhia os resultados dos meus estudos do Brasil não como nação e sistema político-econômico, como era trivial realizar, mas como sociedade e ideologia. No afã de abrir um caminho sociológico nesta direção naquele período ainda sombrio da vida nacional, é possível que todos, menos eu, vissem o monstro debaixo da minha cama. E, no entanto, lá estava ele, deixando ver a dimensão misteriosa de toda a cama. Já que o leito, como diz Thomas Mann, é uma mobília metafísica: nela somos concebidos e ali somos paradoxal e rotineiramente levados a uma agradável experiência com a morte. Por meio do sono reparador, comprometido com o doce abandono da vida ativa e consciente.

Muito mais intrigante, entretanto, era o desenho do homem no topo de todas as possibilidades, uma admoestação direta sobre os perigos do sucesso. Pois a caricatura do homem vitorioso e desamparado, no exíguo píncaro da mais alta montanha, mostrava um escalador atônito diante da inexorável realidade de ter chegado a este local tão ambicionado somente para descobrir a fatalidade que seria dar um passo adiante. A planície tem uma amplidão barata mas, como compensação, no cume só há espaço para uma pessoa. O paradoxo de quem está no auge de qualquer coisa é que o cume imobiliza. Chegando lá, você começa a perceber, como nos desenhos dos célebres cartunistas americanos, Liza Swerling e Ralph Lazar, que só lhe resta continuar subindo, cair ou descer. Aliás, é precisamente isso que todos esperam. Só os mais rematados idiotas não sabem que o êxito é uma gaiolinha frágil e minúscula presa por um prego enferrujado numa parede de barro. Não é, pois, por acaso que quem está no topo sinta-se vigiado, perseguido, malquisto, irritado, injustiçado e ressentido. No topo, o sujeito sofre de vertigens, azias, medos, raiva, vaidade, onipotência e pode perder a cabeça.

Quanto maior o gigante, maior o tombo. Essa, penso, é a frase usada para quem é bem-sucedido no Brasil. Entre nós, o "subir na vida" (essa banal metáfora do sucesso) comporta – como em outros lugares – a imagem da escalada, mas também fala de um significativo crescimento. Entre nós, sucesso, prestígio e poder aumentam o tamanho. Fazem o sujeito virar "homem grande" (não necessariamente "grande homem"), promovendo gigantismo e obesidade. Muita banha, no corpo, na mente e na fala. Um agigantamento frequentemente mantido a triste puxasaquismo e vergonhosa condescendência. O "por que não te calas" do rei de Espanha ao Chávez não foi só uma admoestação política, foi sobretudo uma receita de regime alimentar.

Hoje, dia 21, Obama está inaugurando o seu período presidencial já que, no mundo político-cultural americano, o sujeito não "toma posse", mas abre uma etapa histórica que leva o seu nome. É o seu primeiro dia no topo de todas as possibilidades em termos de política e de poder. Suas responsabilidades são incomensuráveis. Os dilemas morais que enfrentará com a premente obrigação de decidir são imensos. No topo do país mais poderoso do mundo, ele será visto pelos adeptos do terrorismo ideológico e intelectual como responsável por todo o mal do mundo. Poucas pessoas chegam tão perto da divindade, quanto esses sujeitos no topo das grandes potências. Eis um ser humano que ocupa um papel social dotado, entre outras coisas, da capacidade de redimir ou destruir não somente seus inimigos, mas o planeta. Eis a mais plena imagem do homem no topo de todas as possibilidades. Que esse Deus patriarcal, onipotente, onisciente e onipresente do Islã e de Israel o tenha! E que o seu carisma – esse dom necessário para romper com as barras da jaula de ferro em que estamos metidos – não o abandone.

Em alemão, presente e veneno são designados por uma mesma palavra: *gift*. De fato, dado (ou recebido) em excesso, o presente, como os remédios, envenena. Ele escraviza ou simplesmente mata seus recebedores os quais, como mostrou Marcel Mauss, ficam aprisionados aos seus doadores. Foi o caso do cavalo de Troia, e é exatamente o que ocorre quando o nosso velho clientelismo nos atrela aos favores daqueles que – no topo da montanha – se afirmam como superiores porque sabem que suas dádivas, favores e bolsas escravizam. Afinal, chegar ao topo é um presente ou um veneno? Há, como diz o Ancelmo Góis, controvérsias...

O que mostra o filme?

Dizem que quando morremos vemos o filme de nossas vidas. Um resumo preciso e inexorável de tudo o que fizemos de bom e de lastimoso surge numa tela, revelando as coisas inconfessáveis que escondemos dos outros e de nós mesmos.

Imaginar que o rito de passagem para o outro mundo, que a última peça do nosso "trânsito em julgado" consiste em assistir à nossa vida como uma "fita de cinema" é, no mínimo, deslumbrante. Se tudo é concluído com um filme, estamos todos sujeitos, também no além, a interpretações. Se a vida é um filme, nenhuma vida pode se reduzir a uma verdade única, pois todas são dotadas de abundantes pontos de vista. A hipótese é interessante porque o cinema se abre a muitas verdades e eu estou seguro de que a nossa maior tarefa nesta vida é a responsabilidade de interpretar que – nesta fantasia – continua depois da morte. A vida, como a fita, asseguram e reiteram que somos seres em busca de interpretações responsáveis.

Na cosmologia católica romana, mas não na luterana e na calvinista, podemos seguir para três e não dois e, apenas dois, lugares: Céu ou Inferno. O Purgatório, que relaciona mortos e vivos, figura como um ponto intermediário, ao lado do Limbo – esse não lugar inventado séculos antes da antropologia de Marc Augé. Uma paragem cujos moradores não têm filme!

De qualquer modo, a peça final desse "trânsito em julgado" é um grandioso ato interpretativo no qual os nossos advogados de defesa e intérpretes (chamados trivialmente de anjos da guarda e santos da nossa devoção) estarão a postos para arguir a nosso favor junto ao filme revelado.

Num inquérito antigo, a maioria estava convencida de que ia para o Purgatório. O culto das almas do Purgatório tem muitos devotos. Há quem se esqueça de que você está queimando; mas há quem se lembre de você e, interpretando sua vida positivamente, reza por sua alma, poupando-lhe alguns milhares ou milhões de anos de fogueira.

No nosso catolicismo ibérico e relacional, o Purgatório é a terra das interpretações, o paraíso da crítica, o lugar privilegiado dos tribunais e um grandioso festival de cinema. Por isso eu digo que o mais importante nesta vida não é acumular dinheiro e poder, mas atuar em histórias que possam render um Oscar.

Todo filme revela coisas insuspeitas. Você pensava que o pecado era leve mas o filme revela detalhes de uma má-fé surpreendente. O gesto, a voz e as mãos mostram, na fita, a sua maldade esquecida. Exprimem e denunciam intenções que fazem parte do inconsciente do inconsciente. Sim, porque neste plano, o querer faz parte de um desejo e o desejo faz parte de uma intenção e a intenção – que é parte de sua circunstância de vida – revela-se truncada pela mendacidade. Essa mendacidade que recusa o bom senso sem o qual não se vive debaixo da lei.

No filme final vemos tudo. Na vida terrena, esse mundo que inventa o cronista e a arte em geral, cada qual enxerga um pedaço. Sem a liberdade de todas as vozes, não se chega aos fatos, contados sempre de um único ponto de vista e por isso tidos como ficção. O problema, porém, é que os santos, os poetas e os filósofos descobrem contradições nos mandamentos. A igualdade pode ser incompatível com a liberdade do mesmo modo que o egoísmo, sem o qual não há autoestima, pode ser o fim do altruísmo e da caridade. Há casos de suicídio por amor e de santificação por meio do adultério. Que falem alguns livros do grande Graham Greene. As múltiplas interpretações inventam críticos, hermeneutas, juízes e tribunais que, não obstante, podem também errar mas a quem atribuímos, como os árbitros de futebol, uma decisão – sem trocadilho – relativamente arbitrária. Pois quem merece mesmo ir para o Inferno exceto uns poucos f.d.p.? E o que é o destino senão um conjunto de erros com pessoas certas e de acertos com gente errada? Se o homem se faz a si mesmo como ainda supomos – e se a neurociência deixar – alguma instituição tem que cortar o nó. E essa instituição não pode ser um ator interessado em escamotear papéis. Caso isso ocorra, o palco desaba!

Termino com uma nota simples, clara e feliz. Quero externar a minha alegria por ter de volta o Luís Fernando Verissimo, que quase viu esse filme.

Oi, oi, oi!

Por que esse extraordinário sucesso da música que embalou a não menos formidável novela? Eu digo que o sensual oi, oi, oi está muito perto do ai, ai, ai, que separa o riso da lágrima, o gozo do sofrimento e o luxo do lixo. E, para além disso, ela reúne – cantando – a pobreza vergonhosa com a brutal riqueza muitas vezes ilegítima dos abastados brasileiros. Ouvir um "oi" no lugar de um "ai" (ou vice-versa) é o sinal da aceitação da desigualdade como um fato definitivo da vida. Esse diferencial de dissimulação e ambiguidade que tem sido a balada da maioria dos políticos e o ponto central da grande polaridade ideológica que nos rodeia: a esquerda dos "ai "e a direita dos "oi".
Entre esses polos, porém, há avenidas. Elos como a ponte e a escada a ligar o céu com a terra, a corrupção com a honestidade, e a vingança à redenção. A entrega final às forças da vida que formam o mar do amor – essa afeição confiante que tem mais potencial revolucionário do que todas as lutas pelo poder. Redenção que, nessa *Avenida Brasil*, não impediu que os maus pagassem por seus crimes.
Foi o que vi na novela do João Emanuel Carneiro, realizada por uma equipe e um conjunto de atores – com uma menção especial para Adriana Esteves – extraordinários. A trama gira em torno das avenidas, túneis e interdependências que unem e acentuam os dualismos e as contradições. Donde a sua pegada.

Aliás, os dualismos sempre escondem as mediações e os englobamentos – na novela, as constantes reviravoltas.

No início, pensei estar diante de um conde de Monte Cristo de saia, pois a menina abandonada segue o roteiro de Alexandre Dumas. Edmundo é condenado à prisão na ilha; Nina é expelida de casa para viver numa área marginal. Vai para o "lixão" marcado pela sujeira, símbolo dos seus algozes: a madrasta má e conscientemente adúltera, e o amante. Em seguida, graças a um benfeitor, vai para um lugar neutro onde pode arquitetar sua vingança. Dentro do ninho dos carrascos, ela obtém os recursos (o tesouro) indispensáveis para a realização de uma reciprocidade negativa: confrontar e punir em vez de dar e perdoar. Edmundo vira um Conde; Nina vira Rita, a empregada de Carminha, que seduz pela arte culinária e pelo encanto. Como Dona Flor, ela é mestra das comidas que comem. E aí estamos numa familiar triangulação social brasileira.

Porque a vingança brasileira não termina liquidando o inimigo, mas acaba num abraço redentor. Ademais, os motores do drama são mulheres. Em toda a narrativa, os homens, que se veem como machões e poderosos, são varridos pelo tufão das armas femininas que vão da volúpia (Suelen e Tessália) à ingenuidade (Ivana), culminando com a malandragem, que se transforma em corrupção, pecado e tabu em Carminha, o centro do drama.

O feminino é a avenida que relaciona de modo irremediável a Zona Norte (onde, dizem, estão a cafonice e a pobreza) com a Zona Sul (dos elegantes e dos ricos). Um igualitarismo anárquico e humilde, como o futebol do craque Tufão é, ao lado da deslealdade amorosa e do enriquecimento ilícito – o absurdo do dinheiro pelo dinheiro – um código comum entre o Divino e a nobre "zona" Sul carioca.

O centro da trama é o triângulo brasileiro entre Carminha, Rita/Nina e Tufão. Duas mulheres ao lado do craque de futebol que resolve tudo no campo mas, em casa, faz como os políticos: não sabe de nada. Triangulações paralelas e cômicas como a do Cadinho com suas três mulheres e a da Suelen com seus dois homens acentuam a principal e se resolvem antes que se possa dar um fim a uma traição inclassificável. A que sofre Tufão, o herói futebolístico sem malandragens, transformado em corno e provedor exemplar.

Não se trata, como dizem, de uma novela sobre o subúrbio, porque o subúrbio é um pedaço da cidade. O lixo é a contrapartida do luxo, tal como a pobreza tem como contraponto a aceitação da desigualdade e a sua manipulação política por meio da corrupção ideológica e do dinheiro.

Ademais, os personagens ricos se misturam aos pobres porque a sua diferença não é de grana. Todos acabam num Divino ligado a Ipanema pelo amor, pela música e pelas famílias de carne e sangue que nos controlam e pelas famílias futebolísticas que nos unem no momento do gol.

Finalmente, reitero uma boa novidade. Carminha e Santiago, seu pai abusivo, pagam pelos seus crimes. *Avenida Brasil* termina no Brasil dos nossos sonhos: um sistema no qual os corruptos são desmascarados e os maus pagam pelos seus malfeitos.

O mágico das novelas é contar histórias para nós mesmos. Mas o fascinante em todo drama é que ele tem um começo e um fim. Nossa aflição é ver que, no cenário brasileiro, existem coisas que apenas agora começam a terminar positivamente. Que assim seja...

P.S.: Essa crônica é para Fátima Bernardes e todos os que tomaram parte do seu programa para discutir a novela.

Entre pitos e psius

A primeira vez que tomei consciência do pito e do "psiu" como, respectivamente, reprimenda e forma de chamamento tipicamente brasileiras, foi nos Estados Unidos. Estava com o professor Richard Moneygrand no clube da universidade e usei o clássico psiu brasileiro para chamar um garçom, o que me valeu um pito de Moneygrand. "Aqui não se chama ninguém deste modo, nem cachorro!" – asseverou-me ele seriamente, numa das poucas vezes que me deu aula de civismo igualitário.

Realmente, jamais ouvi alguém ser chamado com um "psiu" na América. Discorrendo sobre o assunto, Moneygrand ligou o "psiu" a um estilo de chamamento axiomaticamente hierárquico, de um superior para um inferior.

A outra vez que me defrontei com o psiu, foi em Paris. Tinha acabado uma das minhas vias-sacras pelos gabinetes dos mestres franceses do momento e, num pequeno bistrô, situado entre a rue des Écoles e o Boulevard Saint-Michel, onde ocorrem, como disse uma ocasião, as verdadeiras mitologias, um companheiro de mesa, bolsista profissional que fazia um interminável doutorado em sociologia e passava todo o tempo falando mal do Brasil, usou o "psiu" para chamar o garçom que, atento, mas aborrecido, nos servia. Até hoje lembro-me dos bufos de ódio do homem que passou um pito, mas um pito em regra, no rapaz.

Liguei um evento ao outro e me dei conta de que só no Brasil os subordinados ouviam e atendiam prontamente esses nossos inocentes e famigerados psius que se confundiam com pitos. Teste que realizei na primeira oportunidade, pois mesmo em ambientes barulhentos como restaurantes e bares, é provável que o garçom não ouça um chamado convencional, mas escuta de imediato o psiu. Do mesmo modo, um psiu mais veemente se transforma em pito.

Seriam o pito e o psiu sobrevivências da escravidão? Ou formas correntes de comunicação padronizada e intransferível, sinal de sua singularidade e manifestação de um viés hierárquico pouquíssimo discutido, mas tão bem estabelecido socialmente que basta um "psiu" para convocar um desses nossos abundantes "pisits", como diz o comediante Renato Aragão quando se refere aos párias e destituídos.

Um passeio pelos livros mostra a sua antiguidade. John Luccock, comerciante inglês que morou no Rio de Janeiro entre 1808 e 1818, menciona no seu livro, *Notas sobre o Rio de Janeiro e partes meridionais do Brasil* que, quando uma pessoa visitava outra, ela batia palmas a fim de atrair atenção; e emitia "uma espécie de som sibilante, colocando a língua entre os dentes, como se estivesse a pronunciar as sílabas tchi-uu". Quatro décadas depois, em 1856, Thomas Ewbank, no seu maravilhoso *A vida no Brasil*, observa: "A maneira como os fregueses chamam os vendedores de rua é digna de nota e de imitação. Saem para a porta ou abrem uma janela e emitem um rápido som, mais ou menos como um 'xit' – algo entre um assobio e a exclamação que se usa para espantar galinhas. É estranho – complementa – que tal chamado possa ser ouvido a grande distância. E que todos usem esse modo econômico e prático de comunicação."

Essa observação minuciosa que os especialistas brasileiros em Brasil jamais realizaram retorna numa pequena passagem do famoso décimo capítulo de *Sobrados e mucambos* de Gilberto Freyre, como o modo tradicional de chamar escravos de ganho. Sabemos que o "psiu" é vizinho e pode ser confundido com uma repreenda, imprópria para ser aplicado a um superior. Prova isso a reação do ministro do Supremo, Carlos Alberto Direito que, conforme li em *O Globo* (do dia 4 de novembro de 2007), teria registrado queixa contra um funcionário do Superior Tribunal de Justiça, do qual era magistrado, quando o subordinado chamou sua atenção com um indigno e habitual psiu. Neste caso, o "psiu" se confunde ao pito trazendo à tona o viés aristocrático do sistema, todo ele marcado por uma alta consciência de posição.

Como um último exemplo, cabe mencionar o pito que o chefe supremo da nação, Lula, passou nos ministros da Agricultura e Meio Ambiente quando eles exprimiam suas discordâncias sobre temas de difícil resolução.

O psiu e o pito são sinais de que uma pessoa mais poderosa (ou maior) engloba contém (ou, em linguagem chula, come) a inferior ou subordinada; ou seja: tem a capacidade de situá-la debaixo de sua personalidade social. Esses pequenos gestos provam alguns dos meus argumentos, segundo os quais o Brasil ama tanto a igualdade e a democracia que rejeita "psius" quando esses pitos e "psius" requerem muito mais do que populismo amoral e ideologia obsoleta para serem domesticados. Pois no fundo eles permitem manter a autoridade pela autoridade, sem explicações, justificativas ou até mesmo o que se deseja. Haveria um modo mais rápido e eficiente de fazer alguém ouvir e calar do que um psiu?

Quantas verdades ou...

Quantas mentiras, eis a questão desse Brasil que um dia foi de todos nós. Como não ter muitas verdades num país onde o real é o que está nos autos? Na terra na qual o que conta são as versões do fato, pois os eventos são sempre inatingíveis? No país onde a verdade é tão variável quanto o clima?

Aprendi como a verdade tinha a ver com força e poder quando, pequeno, me obrigavam a sair de casa de capa num dia ensolarado. Que ela seja dependente de quem fala – os muitos que gostam de mim falam a verdade, os poucos que não me amam, mentem – eu pesquisei, escrevi e hoje lamento que nem a esquerda tenha acabado com essa indecente relatividade.

Uma verdade de um lado e do outro dos Pireneus. Ou, como dizem os velhos ianques hoje quase todos esclerosados, uma verdade acima e outra abaixo do Rio Grande, onde começa a tal "Latin America" – antigo Terceiro Mundo, trocando de lugar com eles.

Uma verdade masculina e outra feminina como me explicava um taxista. Nós, homens, éramos ardentes e infiéis; elas, leais por índole. Não tendo contato direto com a juventude, como eu, o sábio machista não percebia o quanto sua tese poderia ser posta de cabeça para baixo. Os atributos humanos são móveis e, por isso, sujeitos a crenças inabaláveis. Pois só o incerto é alvo de certezas.

Ninguém tem fé num ovo frito! Cremos em Cristo, não nos pregos que o supliciaram. Mas todos sentimos a sombra da superstição, que é o apanágio dos livros sagrados diante de um fato incerto; ou de um evento insofismável, mas deformado pelo poder. Como decidir quando se trata de uma conversa entre um ex-presidente mandão, um ex-ministro da Justiça (que é cega) e da Defesa (que deve tudo ver) e um magistrado da mais alta Corte de Justiça de um país – um juiz ciente de seu saber e das pompas do seu cargo? Num diálogo no mínimo complexo entre essas figuras que dizem o certo por linhas tortas, ou o torto por linhas certas, como não inventar algum tipo de convicção que ajude a suspender o juízo ou a enterrar a razão? Razão, aliás, que, por sua vez, não existe neste nosso mundo submoderno onde nada – e só o nada – é plausível e real.

A verdade verdadeira só pode nascer por fé ou apoiada em critérios externos. Os meios de reprodução da vida seriam provas da verdade. Mas as coisas se complicaram porque tudo é possível por meio de montagens de modo que se pode duvidar da prova fotográfica ou sônica. Um governador é filmado recebendo uma bolada; um sujeito é televisionado saindo com uma cesta de dólares de um elevador; uma senhora, esposa de um ilustre deputado, vai a um banco e é filmada pegando grande soma em dinheiro vivo; ouvimos conversas fraternais entre um senador, um contraventor e seus associados; vemos fotos de um governador com um empresário com o qual se fizeram contratos de milhões.

Em Júpiter e no Inferno tudo isso seria um testemunho. Mas no Brasil do "tu é nosso e nós somos teu" – o velho Brasil do brasileirismo toma lá dá cá que transformou o governo numa casa-grande e a sociedade numa senzala, isso é versão! A coisa

mais inefável no Brasil de hoje é provar algo contra alguém que seja "nosso".
Temos fé ao contrário: acreditamos que a verdade não existe e que os fatos são fabricações. Pergunta-se: a bomba atômica e a goiabada cascão existem? O homem foi mesmo à Lua? Existe morte? Tivemos escravidão? Falarei apenas sobre o homem na Lua. Sobre isso, meu velho amigo Wagner ouvia de sua saudosa e amável avó uma negação impetuosa: seria torpe truque dos americanos! A prova cabal é simples: eles dizem que desceram na Lua e nela, conforme se sabe, não se desce, sobe-se. Ela está no céu, acima de todos nós!

"Encontrei hoje em ruas, separadamente, dois amigos meus que se haviam zangado um com o outro. Cada um me contou a narrativa de por que se haviam zangado. Cada um me disse a verdade. Cada um me contou as suas razões. Ambos tinham razão. Não era que um via uma coisa e outro outra, ou que um via um lado das coisas e outro um outro lado diferente. Não: cada um via as coisas exatamente como se haviam passado, cada um as via com um critério idêntico ao do outro, mas cada um via uma coisa diferente, e cada um, portanto, tinha razão. Fiquei confuso desta dupla existência da verdade."

Essa meditação de Fernando Pessoa, escrita no *Livro do desassossego*, serve de epígrafe ao meu livro *Carnavais, malandros e heróis* (de 1979). Nele, eu argumento que o Carnaval é uma expressão desta sociedade nascida da duplicidade ética que, para o bem e para o mal, acasalou igualdade e hierarquia. Escrevi num momento em que as teorias somente contemplavam o falso e o verdadeiro, o conflito ou a paz, como queria Karl Popper e Karl Marx.

Há um Brasil da casa e das amizades, que não foi soterrado, como as ruínas de Roma, por um Brasil republicano, hoje, petista. Disseram que eu idealizava o Brasil tradicional. Eu pergunto: o Brasil de Lula e Dilma é tradicional ou moderno? Quem fala a verdade? O ex-presidente ou o magistrado do Supremo? Poderia haver uma verdade numa sociedade sem bom senso e sem um mínimo de decência? Essa decência das crianças que sabem quando os doces acabam, porque é no limite que se esconde a verdade?

Quatro palpites sobre um bate-boca

Quando menino, minha avô Emerentina me pediu um palpite para o jogo do bicho – uma atividade que ela praticava com a mesma religiosidade com que fazia suas orações matinais. Pensei num filme de Tarzan e chutei: elefante! O elefante deu na cabeça e dela recebi um dinheiro que virou bombons de chocolate.

São 25 bichos, conforme determinou o cânone do barão de Drummond, o inventor disso que Gilberto Freyre dizia ser um "brasileirismo". Algo genuinamente brasileiro, ao lado da feijoada, das almas do outro mundo, do samba, da corrupção oficial, do suposto orgasmo das prostitutas e do "rouba mas faz". Quanta inocência existe entre nós. É de enternecer.

PALPITE 1 (AVESTRUZ)

O ministro Joaquim Barbosa tem sido tratado como um Drácula brasileiro por dizer o que pensa e sente. Mas, no Brasil, eis o meu primeiro palpite, somos todos treinados a dizer o que não pensamos. Seja porque seríamos presos por corrupção ou tomados como desmancha-prazeres; seja porque faz parte de nossa persistente camada aristocrática não confrontar o outro com a tal "franqueza rude" a ser reprimida por sinalizar não o des-

respeito, mas um igualitarismo a ser evitado justamente porque nivela e subverte hierarquias.
  Somos a sociedade da casa e da rua. Em casa somos reacionários e sinceros; na rua viramos revolucionários e ninjas – a cara encoberta. Somos imperiais em casa, quando se trata das nossas filhas e fervorosos feministas em público, com as "meninas" dos outros. Observo que, quando há hierarquia, não há debate nem discórdias; já o bate-boca é igualitário e nivelador. Por isso ele é execrado entre nós, alérgicos a todas as igualdades. Discutir é igualar, de modo que as reações de Joaquim Barbosa assustam e surpreendem. Afinal, ele é um ministro. Como pode se permitir tamanha sinceridade? O superior não deveria discutir, mas ignorar e suprimir.

PALPITE 2 (ÁGUIA)

Um presidente da instância legal mais importante do país que esconde por educação seus valores seria um poltrão? E isso, leitor, é justamente o que esse Joaquim Barbosa, negro e livre, não é e não quer ou pode ser. Na nossa sociedade, você está fora do eixo (ou da curva) até o eixo entrar nos eixos. Aí você vira celebridade e começa a ser fino como um aristocrata. Na oposição seu senso crítico é gigantesco, mas no dia em que você vira governo surgem as etiquetas reacionárias. Eu queria ir, você diz, mas a minha assessoria impediu. Não ficaria bem...
  Afinal, ator e papel não podem operar como um conjunto? Ou devem agir se autoenganando para serem permanentemente elogiados como "espertos" ou "malandros"? Esse apanágio do nosso sistema político que glorifica a hipocrisia e condena a opinião pessoal sincera que, em circunstâncias gravíssimas como a que estamos vivendo no momento, exige o confronto e, consequentemente, a desagradável rispidez da discórdia?

PALPITE 3 (BURRO)

Como existir democracia sem conflito? Se passamos a mão na cabeça dos mais gritantes conflitos de interesse nessa nossa sociedade de vizinhos de bairro e de parentelas adocicadas pelos compadrios, por que temos de nos sentir aporrinhados porque um juiz confrontou de modo direto um colega cujo objetivo óbvio era o de protelar o arremate de um processo que, no meu entender, vai definir o caráter de nossa democracia liberal e representativa?

PALPITE 4 (BORBOLETA)

Pergunto ao leitor: existe sinceridade sem emoção? Existe honestidade sem estremecimento? Existe algum regime ético no qual se troca convicção por boas maneiras? Afinal de contas, o que seria uma pessoa com "bons modos"? Seria um cagão sem espinha dorsal? Como, pergunto, mudar um país com essa maldita tradição de dizer que somos assim mas no fundo somos assado sem dissensões? Afinal, o que preferimos: o golpe que silenciosamente suprime o bate-boca ou o bate-boca, que é a única arma democrática contra o golpe?

Um amigo me diz que o ministro Barbosa estava certo no conteúdo mas errado na forma; e que o ministro Lewandowski estava errado no conteúdo e certo na forma. Mas, palpito eu, como separar forma de conteúdo quando se trata do futuro da democracia ou de um grande amor? Seria possível uma noite de núpcias com um noivo certo no conteúdo, mas sem traduzir esse conteúdo formalmente?

O sinal dos tempos no Supremo tem sido, precisamente, o estilo sincero e desabrido – honesto pela raiz – do estruturalismo de Joaquim Barbosa. Nele, forma e conteúdo estão juntos como estiveram em todos aqueles que tentam ser uma só pessoa na casa e na rua, na intimidade e no púlpito, entre os amigos e os colegas de tribunal.

Para se ter uma democracia é preciso juntar forma e conteúdo. Não se pode condenar a discórdia e o direito à diferença como somente um gesto de má educação ou de egoísmo autoritário. É preciso abrir um lugar para o bate-boca no sistema moral brasileiro caso se queira terminar com a sujeição e a autocondescendência que nos caracterizam como uma sociedade metade aristocrática, metade igualitária. Prova isso o fato agravante de que, quando essas metades entram em choque, tendemos a ficar do lado aristocrático ou do bom comportamento. Do formal e do legalmente correto, sem nos perguntarmos se o confronto não seria a maior prova de igualdade e de respeito pelo outro.

Será que acertei novamente no elefante, ou deu burro e avestruz?

Somos à prova de palavra

Mesmo sem ter lido Max Weber, o leitor sabe que foi esse sociólogo alemão quem relacionou a ética protestante com o advento de uma índole capitalista. Lutero foi o primeiro a romper com um mundo totalizado pela Igreja o qual foi fragmentado, liberando as dimensões sociais do capitalismo. Disciplina, controle dos gastos e dos modos de agir, orientação para este e não mais para o outro mundo. E, num golpe supremo, a supressão de intermediários: santos, padrinhos e sacerdotes.

Nesta radical transformação, o trabalho foi redefinido e passou de castigo bíblico para ser uma vocação ou um chamado. Ao lado disso, passou-se de uma fraternidade de aldeia para uma cidadania universal. Todos devem, em princípio, receber o mesmo respeito. Diferentemente dos vendeiros tradicionais, o capitalista mantinha os mesmos preços para todos, garantindo qualidade. Seus compradores passaram de desconhecidos e serem enganados a clientes ou patrões a serem acatados e cultivados.

O controle estrito do comportamento trouxe a simplicidade puritana que sustentou o igualitarismo e condenou a ostentação. Isso gerava uma modéstia chocante para quem visitava os antigos Estados Unidos sem gordos e sem hiperconsumismo. Esse conjunto leva a uma busca interminável de coerência entre pessoas e papéis; entre ação e pensamento; entre a conduta dos sócios e os seus clubes, sociedades e instituições.

Não é por acaso que muitos consideram Shakespeare – um autor com uma densa consciência entre atores e papéis: "o mundo é um palco e todos somos atores", ele diz – como um dos fundadores do mundo moderno. Tal seria a norma geral e essa norma guiaria o drama da vida diária, tal como o texto de uma peça define o que ocorre no palco. Não há como ter um péssimo ator desempenhando Hamlet como não se pode ter um senador ladrão ou um ministro do Supremo envolvido com empréstimos de um banco para o qual atuou. Essa coerência entre atores e papéis é corrente em certas partes do mundo e, para mim, manifestou-se no Brasil como um espírito nas primeiras e mais empolgantes passeatas de junho e julho.

O que significa isso?

Eu afirmo que não se pode ter democracia com um comportamento permanentemente dúbio. Uma conduta para dentro e outra para fora. O voto secreto é exatamente isso. O parlamentar usa uma máscara, como um ninja, e vota secretamente, contrariando a mais trivial dimensão da representatividade. Usa o voto secreto (ou se abstém), como ocorreu vergonhosamente na semana que passou, para proteger um colega condenado e aprisionado, mesmo quando sabe que está pondo em risco a confiança na democracia.

Realmente, como ser contra os ninjas que escondem o rosto, como os velhos autores de hediondas cartas anônimas, quando muitos dos nossos representantes escondem em pleno parlamento a sua real opinião, revelando uma evidente ética dúplice? Uma ética desenhada para a tribuna e para o palanque, destinada a manter e arrancar votos; e uma ética para os amigos, parentes e compadres. Uma índole oculta e particular feita para manter favores. Tal conflito, que tem passado despercebido nas nossas teorias do Brasil, é o estopim de crises permanentes e parte do nosso dilema.

Ernest Hambloch, um cônsul inglês com sensibilidade sociológica, dizia que as autoridades brasileiras eram "à prova de palavra" porque não havia, como ainda não há, nenhuma consistência entre o que diziam e o que praticavam. Mesmo admitindo que o sistema liberal deixa muito a desejar, convenhamos que é preciso ter bons atores para levar à frente um teatro democrático que requer senso de limite, consciência dos papéis, e um mínimo de honra.

De fato, como disse aqui neste *Estado de S.Paulo* (no dia 1º de setembro de 2013) o presidente da Câmara dos Deputados, sr. Henrique Eduardo Alves: "O voto secreto gera essa anomalia, porque fica aquele voto de compadrio, do corporativismo, da amizade, do sentimento de pena. Em alguns casos, pesam ressentimentos pessoais em relação a outros procedimentos da Justiça." Mera opinião? De modo algum. Eis um praticante da política nacional, fazendo a melhor teoria, na linha do meu "Você sabe com quem está falando?". Eis uma denúncia límpida da ética dupla que, inspirado em Weber, aponto no meu trabalho.

E para não ficar só nesta tarefa que faz pensar em desistir, coloco a meu lado um autor cuja perspicácia política precisa ser revelada, o genial João Guimarães Rosa, quando ele diz em *Sagarana*:

"Major Anacleto relia – pela vigésima terceira vez – um telegrama do Compadre Vieira, Prefeito do Município, com transcrições de outro telegrama, do Secretário do Interior, por sua vez inspirado nas anotações que o Presidente do Estado fizera num ante primeiro telegrama, de um Ministro conterrâneo. E a coisa viera vindo, do estilo dragocrático-mandológico-coactivo ao cabalístico-estatístico, daí para o messiânico-palimpséstico-parafrástico, depois para o cozinhativo-compradesco-recordante, e assim, de caçarola a tigela, de funil a gargalo, o fino fluido inicial se fizera caldo gordo, mui substancial e eficaz; tudo isso entre parênteses, para mostrar uma das razões por que a política é ar de fácil se respirar – mas para os de casa, os de fora nele abafam, e desistem."

Impossível acabar com a dualidade entre nós e eles, mas é preciso tomar ciência de que não suportamos mais essa química do mandológico para o compadrio que leva ao uso pessoal da norma, transformando tudo no caldo da famosa e cristalina pusilanimidade nacional.

Somos todos passageiros

São 13 horas do dia 23 de outubro de 2010 e eu estou no aeroporto de O'Hare em Chicago. Eu sou um dos treze milhões e duzentos e trinta mil passageiros que aqui transitaram neste mês. Ando, como e compro jornais neste ponto de encontro de objetos voadores conhecidos, os quais carregam e descarregam tripulantes e passageiros. Aliás, o meu filho mais velho muitas vezes aterrissou nessas enormes pistas e voamos muitas vezes com ele para o Brasil. Esse Brasil que tem hoje [são 21 horas do dia 31 de outubro e estou no meu escritório em casa, em dois espaços e tempos simultâneos – essas coisas que só o espírito humano e a literatura permitem]. Meu filho morreu junto com a Varig, mas o aeroporto e o governo Lula continuam, já que acabo de saber do resultado da eleição.

Minhas saudações à nova e primeira mulher a ser eleita presidente do Brasil. Meus votos de que realmente venha a cuidar do povo brasileiro, sobretudo dos mais pobres.

No momento, em O'Hare, eu estou usando o centro de computação e estou me lembrando do filho comandante que perdi graças ao governo que termina, pois em todos esses locais de trânsito aéreo, sua bela, alta e forte figura surge de dentro do meu coração, tornando-o mais forte e mais valente para lutar contra as empulhações do mundo e da vida. Para combater o desânimo, a falsidade e as mentiras do velho populismo brasileiro, que vimos tantas vezes reiteradas neste processo eleitoral por todos os candidatos. Pois nenhum falou de dificuldades, mas – como santos ou virgens – apenas fez promessas. Mas eis que o comandante aparece. Vejo-o uniformizado ao meu lado, incentivando-me a falar o que penso deste Brasil que todos nós temos o dever de mudar. Ei-lo vivo e morto do caixão negro, obrigando-me ao duro diálogo no qual um lado meu se faz de outro. Ei-lo também instigando a minha revolta contra esses populistas populares que se imaginam imortais porque têm um cordão de puxa-sacos.

A grande verdade é que eu estava destinado a aeroportos. Estava fadado a ter essa consciência de ser sempre um passageiro transitório, acidental e anônimo. Eis o paradoxo. Eu, esse ser invisível pronto a ser ferozmente identificado e inapelavelmente esquecido, devo passar todo o dia em O'Hare de onde sigo para Miami e depois para a minha querida Niterói – esse nome impossível de ser pronunciado em inglês. Quando eles têm a coragem de tentar, sai algo como: em Nai-tí-roá! Imagine...

Estou lado a lado de milhares de outros humanos. Todos sem rosto, mas todos com alma e coração. Todos passantes neste ponto de chegada e saída que, como um cemitério vivo, recebe e despacha para a terra dos esquecidos seus cidadãos embarcados em naves voadoras, não em caixões que se movem pelas mãos dos parentes e amigos.

Tomo um café e devoro um bolo. Ao meu lado, senta-se um jovem do Texas que é negociante. Vende e compra adubos e, como eu, vive de transformar bosta em dinheiro. Só que eu transmuto tudo em parábolas ou porcarias (como muitos leitores já me disseram), ao passo que ele – como os políticos – vende merda por esterco. E assim a vida segue com os passageiros passando,

como aquela loura linda em alerta e outros dormindo; outros mais roubando ou enganando e, como falava Manuel Bandeira: com os cavalinhos correndo; e nós cavalões comendo... O sol tão claro lá fora; e em minh'alma – anoitecendo!
A verdade é que, no mundo, todo mundo passa. E quanto mais se quer ficar, mais rapidamente se vai. Como um relâmpago no céu das tempestades de verão ou o arroto em um jantar elegante. Você, leitor, escolhe.

———

Uns vão depressa. Outros muito lentamente. E as duas situações são duras de viver e acompanhar com emoção e amor. Num caso é como um barco que explode; noutro é como um navio que vai partindo de uma ilha para chegar Deus sabe aonde. Talvez do tal além postulado pela incrível resistência humana ao finito, porque o nosso imaginário não conhece fim, nossas almas não têm fundo. Pelo nosso amor que jamais se satisfaz. Camus dizia que há mais compaixão no condenado que sabe quando vai morrer do que em cada um de nós, meros passageiros que não sabemos quando vamos embarcar.

———

Agora vale a pena esperar para ver se vai surgir algum rosto novo no velho cordão dos sicofantas nacionais. A eles eu recomendo discreta contenção, senão o nariz fica um tanto amarronzado.

Um Brasil pré-datado?

"O Brasil de Lula é uma espécie de país pré-datado. Bom para 2014 (Copa), 2016 (Olimpíadas no Rio) e pré-sal (2020)", disse ao Ricardo Noblat, cronista de *O Globo*, o cientista louco Hugo-A-Gogo-Go. Só faltou explicitar a eleição do seu sucessor.

Eis um país programado e previsto.

A pré-datação inquieta. Eu cresci no Brasil do "ao deus-dará". Uma sociedade errada, inferior e, por ser misturada, perdedora. Enquanto os "países adiantados" adiantavam-se, porque tinham agendas, o Brasil, na trilha do mundo socialista, não saía do lugar porque imitava os "planos quinquenais" que magicamente resolveriam todos os problemas. O pré-datado difere do "plano totalizador". Num caso, estamos no terreno das agendas que obrigam a discernir as tarefas de cada dia; no outro, equacionamos de uma vez por todas o porvir. Alheio às agendas, e certo de que o futuro a Deus pertencia, eu achava arrogante pré-datar o mundo como se fazia com as notas provisórias.

Essa aversão a agendas tinha muito a ver com o destino de meus avós, Raul e Emerentina. Ela, sobrevivente de um casamento liquidado pelo assassinato do marido numa sorveteria de Manaus; ele, pela doença que lhe levou a mulher jovem. Viúvos com filhos, eles somaram seus rebentos a um amor capaz não só de produzir novos filhos, mas um casamento entre o filho de Raul e a filha de Emerentina, meus pais. Deles não se viu jamais sinal de revolta ou sofrimento, mas cresci sabendo como foram duramente marcados pela perda de muitos filhos. Enterraram filhos em Manaus, em Salvador e em Niterói; velaram recém-nascidos, meninos, jovens, "homens feitos" e, minha velha avó, solitária e conformada, como testemunhei no verde dos meus 20 anos, ainda levou ao cemitério um filho entrado numa velhice de angústia e desesperança. A vida não lhes deu sucesso ou riqueza, mas as miudezas das quais tão bem tratou Machado de Assis. Essas coisinhas ditas e feitas pela metade, um tanto afogadas pelo silêncio das convenções. Mas foi deles a recorrente experiência de ver a terra cobrir o caixão dos filhos e de viver a chaga aberta com a qual lidaram até a sua partida deste vale de lágrimas, pobres, idosos e íntegros, plenos de aceitação pela parcela que – fazer o quê, leitores queridos – lhes coube neste mundo.

Meu avô Raul encolheu-se no silêncio, acompanhado de um charuto Suerdieck, fumado com serenidade depois dos grandes almoços de domingo. Dele foi também uma impecável polidez que, no rosto bem talhado figurava, no máximo, sorrisos. Como o filosofo Kant, ele um dia chorou porque – impedido pelo derrame cerebral que lhe tolheu as pernas – não pôde levantar-se para a despedida apropriada à tia Celeste, viúva do seu filho mais querido, Roberval, levado pelo lúpus na força da idade. Já Emerentina, falante, alegre e dominadora, optou pelo lado arriscado e venturoso da vida. Era uma apaixonada pelo jogo com o seu rude inesperado e o seu mágico imprevisto. Estou certo de que, para ela, a vida não era somente marcada por surpresas mas era, em si mesma, a própria surpresa. Tirando a "arte", e a irremovível divisão entre vida & morte, só há o transitório da metamorfose, da transformação e do descentramento. Daí, quem sabe, o apego de Emerentina pela "missa das seis" e a sua paixão paradoxal pelo pôquer e, pelo jogo do bicho que praticava não para ganhar, mas para contrariar e confirmar a incerteza que marcou sua vida.

Acertar um palpite é pré-datar um evento e ter a ilusão, própria das sociedades modernas, de controlar o futuro. De saber o que é bom para o Rio e para o Brasil. Dizem que foram os franceses que presentearam o mundo com essas inovações. Foram seguidos em vão por um bando de imitadores que logo descobriram o preço a pagar pelas fronteiras, pelas leis da história e pelas coletividades homogêneas. O século passado fornece um belo testemunho da barbárie, motivada pelos crentes na civilização.

Entramos na fase de um Brasil pré-datado. Alguns prefeririam a agenda de liquidar a desigualdade por meio de um sistema educacional impecável tão complicado de fazer quanto uma Copa do Mundo e uma Olimpíada. Ademais, vale lembrar, há sempre – como ocorreu na semana passada – a droga do inesperado.

Uma carta, talvez uma decisão

Recebi ontem uma carta assinada pelo meu amigo, o famoso embora aposentado brasilianista, Richard Moneygrand. Diz a missiva:

Caro DaMatta,

Aproveito o julgamento do mensalão para manifestar o que penso como estudioso e apaixonado pelo Brasil. Sendo um marginal relativamente ao universo brasileiro, enxergo com mais clareza aquilo que vocês apenas veem. E ver, como dizia o nosso velho professor Talcott Parsons, é ter uma angulação especial.

Daqui do velho Norte, onde tudo se faz ao contrário – estou, imagine, com o meu ar-condicionado ligado ao máximo e não sei se o meu fundo de pensão (estourado na infame bolha financeira descontrolada por Bush e seus asseclas) vai segurar a conta – quero, data vênia e com o devido respeito, dar minha humilde opinião.

Primeiro, uma consideração sobre a organização do vosso STF. Ele aposenta seus ministros após 70 anos, o que dissocia, de modo negativo, a pessoa do papel numa área onde isso não deveria ocorrer. Numa democracia igualitária cuja tendência é a anarquia organizada, como dizia Clifford Geertz, os juízes são como os antigos sacerdotes: o seu papel de julgadores do mundo não pode ser limitado pelo tempo. Eles têm que ser juízes para a vida e por toda a vida. O papel não pode ser esquecido e deve ser um fiel e simultaneamente uma faca permanente na cabeça de quem o indicou e do comitê legislativo que aprovou o seu nome. A vitaliciedade tira do cargo essa bobagem brasileira de uma aposentadoria compulsória aos 70 anos o que, num mundo de idosos capazes, faz com que o presidente pense muitas vezes antes de indicar um indivíduo para esse cargo. Aquilo que é vitalício e só pode ser abandonado pela renúncia simboliza justamente a carga do cargo. Tal dimensão – a vitaliciedade – é mais coercitiva do que a filiação a um partido ou a crença numa religião. É exatamente isso que, no caso americano, faz com que ser um membro da Suprema Corte seja algo tão sério ou sagrado, tal como ocorre com o papado ou a realeza.

Vejam como vocês são curiosos. No campo político, os personagens e partidos menos democráticos lutam e tudo fazem para obter a vitaliciedade no cargo. Não é isso que está em jogo neste caso? Daí as vossas ditaduras. Mas quando essa vida com e para o cargo é positiva, vocês o limitam. O resultado são juízes cujas decisões podem ser parciais e um tribunal sempre desfalcado a menos que vocês decidam nomear juvenis para um cargo tão pesado quanto uma vida.

Outro ponto para o qual desejo chamar atenção, pedindo desculpas se promovo em você alguma antipatia porque, afinal de contas, eu não sou brasileiro e, para vocês, até bater em filho e mulher é coisa que ninguém deve meter a colher – ou seja, só cabe à família –, é dizer que aqui os julgamentos e os processos criminais começam enormes e acabam pequenos. O que se deseja de um juiz não é uma aula de direito, mas uma decisão clara, reta e curta. Culpado ou inocente. Se inocente, rua e vida. Se culpado, as penas da lei e cadeia.

Ora, o que vemos neste vosso julgamento é uma novela. Na minha fértil imaginação, desenvolvi uma teoria e passei a entender por que vocês não sabem fazer cinema ou o fazem tão mal ou tão raramente produzem um cinema de primeira qualidade. Desculpe meu intrusivo palpite, mas eu penso que uma justiça democrática é como um filme – depois de hora e meia, a narrativa invariavelmente termina. Mas a justiça nesse vosso país patrimonialista e democrático é como uma novela: o caso demora décadas para entrar em julgamento e, quando entra em cena, sofre um atraso de uma gestação para ser resolvido. Na vossa etiqueta jurídica que, como dizia meus mestres de direito, reproduz as vossas retóricas sociais, é impossível não ter uma divisão do trabalho barroco com relatores e revisores e, assim com réplicas, tréplicas e votos repetitivos como se o mundo tivesse o mesmo tempo de um Fórum Romano da época do nobre imperador Augusto.

Finalmente, e como último ponto, quero dizer algo sobre a opinião pública, claramente desconsiderada como inoportuna por um dos vossos juízes supremos, o dr. Lewandowski. É óbvio que nada, a não ser a consciência e o saber, deve pautar os juízes. Mas ele não julga para marcianos ou para o paraíso. Ele julga para o mundo e, num universo democrático, a opinião pública representa o poder da totalidade. Uma espécie de termômetro de tudo o que passa pela sociedade. Embora essa opinião apareça na mídia, ela é isso mesmo: um meio complexo e difuso, sem dono e com todos os donos, pelo qual os limites e os abusos se exprimem. Como disse, ninguém, muito menos um juiz do Supremo, deve ser pautado por ela, mas mesmo assim, ela vai segui-lo, pautá-lo e, se for o caso, dele cobrar o que ela achar que ele deve à sociedade. Caso o sistema tenha algo democrático. O juiz deve ser soberano, mas a opinião pública também tem sua soberania porque, como ensina o Tocqueville que vocês não leram, numa democracia ela conta muito mais do que nas aristocracias, porque ela existe antes da política e vai além dela. Nas democracias, mesmo os que não sabem se igualam aos que sabem; e, pela mesma ousadia, os não ricos se igualam aos ricos e é por causa disso que a igualdade aparece quando ela é desejada. Penso que esse é o caso do Brasil que vocês vivem neste momento.

Porque o que está em julgamento neste mensalão não é apenas um ponto de vista político no sentido trivial da palavra, mas o valor da crença da igualdade perante a lei. O que está em jogo é a questão de fazer política e de exercer o poder com responsabilidade e transparência. No fundo, disputa-se o resgate de fazer política partidária com dignidade.

Receba o meu abraço e boa sorte para o vosso Brasil,

Dick

Uma eleição sem regras

O estruturalismo me ensinou que é uma tolice tentar separar forma e conteúdo. A onça é dona do fogo domesticado e civilizador (por oposição ao fogo selvagem e descontrolado) e, por isso, diz o estruturalismo, é preciso saber por que na mitologia grega o fogo era dos deuses que são seres sobre-humanos; ao passo que, na mitologia das sociedades tribais da América do Sul, a posse de elementos essenciais à sociedade, como o fogo, pertence a animais. Saber por que é uma onça que dá o fogo à humanidade é a questão central. É ela que vai ajudar a compreender certos processos e enxergar além das rotinas.

Machado de Assis, décadas antes de Lévi-Strauss, faz algo semelhante no seu conto "A Sereníssima República". Nele, uma comunidade de aranhas que quer ser republicana cria partidos e constrói sistemas eleitorais. De saída, criam uma agremiação retilínea porque as teias que tecem seriam retas e a reta é o reto: o direito. Surge, porém, uma dissidência que funda o partido curvilíneo porque, para eles, as teias eram de fato curvas e recurvado é a parte boa natureza. Da discussão, nasce um partido radical: o reto-curvilíneo que, como o nosso governo populista, messiânico, capitalista, personalista e de coalizão, diz que o ideal é chutar com os dois pés e, se possível, usar também a cabeça e a mão. No Brasil, sociedade escravocrata e familística, os partidos são todos trabalhistas e preocupados com os pobres, os famintos e os operários. Não temos partidos de empresários, banqueiros e comerciantes. Fundados os partidos, as aranhas realizam eleições, mas descobrem um fato perturbador: o número de eleitores não bate com os votos! Mas como eram aranhas e formalistas atacaram o problema de modo radical: mudaram o feitio das urnas! E assim foram fazendo como nós, brasileiros pós-modernos e cosmopolitas, que pensamos resolver os nossos problemas mais prementes com leis e por meio do Estado.

Reclamamos que essa eleição não tem debates arrebatadores, capazes de transformá-la num jogo de final de Copa do Mundo mas – como as aranhas do Cônego Vargas – esquecemos um dado crítico: o modo pelo qual o processo eleitoral tem sido encaminhado desde o seu início. E a marca mais visível de sua paisagem não é exatamente a ausência de grandes projetos, mas a presença de um majestoso projeto de continuidade de poder que, por estar tão presente na nossa mentalidade política, passa tão despercebido quanto as tentativas das aranhas quando tolamente equacionavam a forma das urnas com a honestidade eleitoral.

Ora, o que vivemos hoje no Brasil não é mais a discussão de um plano para liquidar a inflação, deter o comunismo ou o fascismo; ou dividir o latifúndio. Não! O que está hoje em cena é o fantasma de uma total ausência de limites porque o poder executivo abriu mão do seu papel de gerente moral do sistema e virou um entusiasmado cabo eleitoral.

Se tirarmos essa inovação, só temos convergências, pois os problemas são claros e óbvios: é preciso uma reforma política e um sistema eleitoral que amarrem os eleitores e os seus representantes de modo inequívoco; é necessário liquidar as suplências e o controle dos partidos sobre os candidatos; é urgente um programa educacional que ensine a viver mais igualitariamente e menos autoritariamente.

Mas, tal como ocorria com as aranhas, o que passa sem discussão é o projeto sem o qual nenhuma disputa pode ocorrer: o respeito pelas regras do jogo, os limites de cada ator junto aos seus papéis, o movimento da sociedade sobre si mesma, fazendo com que seus administradores sejam menos condescendentes e digam não a si mesmos, adotando um comportamento ético. Esse honrar as normas, essa internalização de limites são os pontos críticos desta disputa eleitoral. Nela, não cabe apenas discutir a morte do planeta e das florestas, as escolas públicas, a violência urbana, a criminalidade e a saúde, mas – sobretudo e acima de tudo – como essas coisas serão alcançadas, como serão implementadas, que tipo de gerenciamento irá torná-las concretas. Em outras palavras, falta um programa que anuncie uma participação maior da sociedade no governo e no Estado. Falta discutir os limites dos papéis vigentes nos cargos do governo para que eles possam ser efetivamente úteis à sociedade para os quais foram criados e não uma fonte de nepotismo e de riqueza ilícita para os seus ocupantes. Numa palavra, falta roubar o fogo da onça. Ou seja: discutir a sinceridade e a ausência de demagogia como programas. Como os programas mais importantes para tornar o Brasil um ator planetário neste século.

Você não vale nada,
mas eu gosto de você!

*Para Francisco Weffort, Luis Eduardo Soares
e o DCE da PUC-Rio, pela inspiração*

Toda novela diz muito. A de Glória Peres, *Caminho das Índias*, tem uma música que é a mais perfeita fórmula para esse Brasil que nos irrita, mas enreda e que, por isso mesmo e apesar de tudo, jamais tiramos da cabeça e do coração. Quando a Argentina chega ao auge de uma crise, eles largam o país afirmando que a grande nação do tango é *"una mierda!"*. Nós, no período da hiperinflação, da moratória, do sequestro da poupança, do mensalão, e das grandes roubalheiras, rasgávamos nossos passaportes e decidíamos ficar. Tal como os personagens da novela – o guarda de trânsito Abel, marido da traidora Norminha – nós tínhamos que esperar "para ver no que dava".

Para termos certeza de que o Brasil era mesmo um país sem solução; ou para sentirmos o dragão inflacionário nos devorar. Vivíamos, ao pé da letra, a letra da música do Dorgival Dantas, gravada pelo grupo Calcinha Preta, que registra graficamente o drama entre Norminha e Abel: "Você não vale nada, mas eu gosto de você. (Mas) Tudo o que eu queria era saber por quê, tudo o que eu queria era saber por quê!"

Aí está, numa fórmula popular e abstrata, o que os grandes intérpretes do Brasil – Sílvio Romero, Nina Rodrigues, Paulo

Prado, Euclides da Cunha, Oliveira Viana, Gilberto Freyre, Sérgio Buarque de Holanda, Caio Prado Jr., Raymundo Faoro, Florestan Fernandes, Vianna Moog, Celso Furtado e quem mais você quiser – tentaram explicar ou compreender: as razões pelas quais esse país tão erradamente construído (de nobres, escravos e capitalistas sem competição, impostos e mercado), tão malformado por "raças inferiores", tão desprovido de elites honradas e de estruturas legais, financeiras e de uma economia e vida política capazes de gerar equidade e honestidade; tão afeito a éticas anti-igualitárias como a da condescendência, do nepotismo e da malandragem não se autodestruía ou inspirava somente ódio, mas interpolava, entre o "você não vale nada, mas eu gosto de você", essa cláusula de todas as redenções: esse arrebatador, porque paradoxal e compassivo: "tudo o que eu queria era saber por quê; tudo o que eu queria era saber por quê!"

Sim, porque enquanto houver o desejo de compreender o elo entre o traidor e o traído, enquanto existir a busca para as razões do comportamento de uma Norma sem normas (ou limites) e o puro pastor Abel (guarda de trânsito), que a deixou viver sem essa consciência de fronteiras, fonte de todas as sinceridades e foco indispensável de uma vida honesta, há que se ter consciência do que já experimentamos e realizamos. Refiro-me à complicada tarefa de livrar o Brasil de alguns dos seus males ditos crônicos e seculares. Não foi o que fizemos quando o tiramos da escravidão e do autoritarismo dos militares? Não foi o que realizamos quando, com o Plano Real, liquidamos o invencível dragão inflacionário? E não é o que hoje experimentamos neste governo do PT e do Lula que seria diferente, ideológico; que não roubava e não deixava roubar, mas no qual vivemos uma extraordinária convergência não só de políticas econômicas, mas de estilos de governar no qual as coalizões espúrias e as ambições pessoais, a mentira e a mendacidade se repetem?

A desgraça é que o Brasil, como a Norminha, tem muitas faces. Há a que se livrou da hiperinflação com mais democracia, e há também a que corre o risco de liquidar-se no neocaudilhismo com a destruição de um partido ideológico, o PT, justo pelo seu líder mais importante, o Lula, na sua sofreguidão de fazer um sucessor. Eu não tenho a menor simpatia pelo radicalismo petista, mas estimo instituições. Tenho certeza de que o Brasil revela uma enorme carência de equilíbrio entre personalidades e valores internalizados indispensáveis ao seu bem-estar social. Entre nós, basta um sujeito virar "o cara" para que ele usar o execrável "Você sabe com quem está falando?" que, como eu (e não Gilberto Freyre, Caio Prado Jr. ou Sérgio Buarque de Holanda) mostrei há trinta anos, numa análise que põe de quarentena as reflexões mais inocentes sobre a implantação da "cidadania" moderna, inseparável do liberalismo. É necessário fazer como os estudiosos do Brasil que não o abandonaram à sua sorte de país errado ou falido, mas amorosamente procuraram saber onde estava o elo entre o enganado e o enganador. O amor, a esperança e a eventual transformação estão na tentativa de saber por quê.

A beleza do laço entre Abel e Norminha está em saber que só se muda o que se ama. A tese do quanto pior melhor, que tanto animou a nossa esquerda, não funciona, porque o conserto (ou a cura) é, entre os humanos, o limite. Não se trata somente de apontar a mendacidade do governo. Não! É preciso descobrir o porquê desse nosso amor por um tipo de poder que faculta a hipocrisia, a chantagem emocional, a roubalheira, a incúria administrativa e todos esses outros monstros que conhecemos tão bem. Se esses caras não valem mesmo nada, não basta execrá-los. É preciso saber por que nós – estão aí as estatísticas – os amamos tão apaixonadamente.

Quase ficção

Notas de um marciano

Cheguei ontem à região tropical da Terra. Curiosamente, o planeta é recortado num conjunto do que eles chamam de países: agrupamentos com histórias ridiculamente parecidas, encapsulados por territórios vistos como autônomos, dotados de leis próprias e norteados por um dogma chamado de soberania. Diferentemente de nós que nos sabemos ligados a todos os seres vivos e a todo o universo, pois nele estamos e a ele retornamos depois dos nossos bem vividos 500 anos com vida sexual plena e ativa, os terráqueos têm uma aguda consciência do diferente. Assim, embora vizinhos e separados por marcos arbitrários, eles vivem como se fossem estrangeiros. Estão convencidos de que são compartimentos coletivos singulares, capazes de praticarem e fazerem o que quiserem, mas para sua desgraça também sabem que são parte de um conjunto maior, conforme é claro ao nosso marciano olhar inconcebível e aterradoramente distanciado.

O resultado desta imaginação individualista é o constante confronto com o bem-estar geral e coletivo; e um conjunto de dualidades que tem sido a tônica da visão de mundo dos habitantes da Terra. Pois, para eles, tudo se reduz a oposições do tipo real/ideal, nós/eles, humanidade/animalidade, vida/morte, pobres/ricos... quando – na verdade – sabemos que quanto mais um lado engloba e recalca o outro, mais esse outro lado retorna assombrosamente fortalecido. Engolfados nessas oposições, os terráqueos tudo pressentem, mas nada podem fazer porque não têm como desmontar o seu sistema e a si mesmos de um golpe. É possível que venham a liquidar-se. De fato, os países que eles chamam de "mais adiantados" e que consideram superiores, são os que mais poluem e destroem e, não obstante, são os que mais exportam o seu modelo de exploração do planeta. Mesmo agora, quando uma consciência planetária os atinge, eles continuam imitando esse modelo que tem como base uma suposta ilimitada riqueza do que enganadoramente chamam de "natureza". Ademais, começam igualmente a descobrir que tudo tem relação com tudo, pois deles é uma coisa única e milagrosa: o seu planeta é vivo. Nele, conforme observamos há milênios com a nossa marciana inveja, tudo tem um ciclo e esses ciclos vitais se entrelaçam em circuitos complexos, de modo que há sempre um jogo milagroso e comovente entre a vida e a morte.

Ao chegar a um país em forma de presunto, chamado Brasil, observo que estão em tempos eleitorais. Curioso que nem o presidente desta chamada República tente agir como árbitro. Muito pelo contrário, sua visão é primariamente partidária, apaixonada e totalmente centrada no desejo de vencer a eleição a qualquer preço. O que ele aceita na vida (perder e ganhar), ele não aceita na presidência. Li sua furiosa entrevista no meu computador telepático e fiquei estarrecido, porque ele fala do papel dos jornais no Brasil, mas todo mundo sabe que ele próprio não lê. Pior: diz que tem azia quando lê algum jornal. Dei um giro pelo país e constatei que, mesmo tendo proclamado uma República em 1889, os ditos brasileiros ainda não têm a menor noção do que seja uma sociedade democrática. Pois confundem individualismo com egoísmo, e egoísmo com altruísmo. Assim, fazem suas falcatruas em nome do que chamam de "povo"; e mesmo tendo uma visão partidária exclusiva e muito radical, a faceta pessoal de suas vidas – seus laços com parentes e amigos – estão sempre prontos a vir à tona nas situações nas quais bens coletivos estejam em jogo. Por isso, os brasileiros adoram "coisas públicas", "espaços públicos" e, acima de tudo, "dinheiro público" que, para eles, pode ser apropriado como se não fosse de ninguém. Como tiveram escravos até um ano antes de proclamaram a República, tudo o que é público pertence à elite que está no poder naquele momento. O processo eleitoral mostra isso claramente, pois os candidatos não apresentam programas, mas rezam ladainhas e repetem fórmulas mágicas denominadas "promessas eleitorais". Meros engodos para que o candidato seja eleito. Na realidade, hoje em dia eles não têm representantes, mas mediadores – ou padrinhos. Candidatos cuja distinção (como a dos santos) é o acesso que teriam ao presidente, tomado como um Deus nesta terra cheia de papagaios, que se repetem incessantemente mas nada dizem.

Quando estava de partida, assisti a um evento notável. Uma reunião de sua Corte Suprema discutindo um projeto de lei que existe em toda e qualquer sociedade civilizada. Trata-se de uma regra que impediria ladrões e corruptos de serem candidatos a cargos públicos e a usarem a legislação nacional que lhes permite escapar de tudo em nome de uma "imunidade política" redefinida em nome da má-fé.

Fiquei alarmado porque, mesmo diante da obviedade da causa, os magistrados se dividiram. Metade apoiava a lei; outra arguia filigranas legais contra ela. Discutiram por mais de dez horas. Não conseguiram decidir. Repetiram, reiteraram e reafirmaram o que foi chamado de "dilema brasileiro" por um tal de DaMatta, um dos mais medíocres estudiosos locais. Aquela indecisão estrutural constitutiva do Brasil, que até hoje o faz oscilar entre seguir o caminho da igualdade, ou o da aristocracia e da desigualdade. A via habitual que garante aos superiores não cumprir as leis. Devo ainda chamar atenção para...

[A essa altura, leitor, eu perdi a comunicação mediúnica com o espírito desse marciano. Sinto muito, mas aqui fico com a depressão e a indignação de um velho brasileiro.]

Na porta do céu

Da hoje talvez esquecida obra do psicólogo existencial Rollo May (1909-1994) ficou em mim a marca de dois dos seus livros. O do famoso *Amor e vontade* (de 1969); e de *Coragem para criar* (de 1975), que li na Universidade de Cambridge, Inglaterra, quando visitava brevemente o seu Centro para Estudos Latino-Americanos, em 1978, e lá terminava o meu livro *Carnavais, malandros e heróis*, no qual tentei revelar o Brasil pelo seu avesso conflitivo, dilemático e hierárquico por meio de instituições tidas como inocentes como o Carnaval, o "você sabe com quem está falando" e os seus heróis – alguns vistos como santos, outros como bandidos, quase todos como malandros. Era necessária alguma coragem para escrever sobre o Brasil sem falar em classes sociais, usar o estruturalismo de Dumont e Lévi-Strauss (tido como a miséria da razão) e citar o reacionário Alexis de Tocqueville e não o revolucionário Karl Marx.

Num desses livros, Rollo May conta o drama do jovem pesquisador que morreu e, chegando à porta do Paraíso, é julgado por São Pedro. No solene rito territorial que vai decidir sua futura vida eterna no Céu ou no Inferno (lembro que Rollo nasceu em Ada, Ohio, e que para os calvinistas não há o razoável e passageiro Purgatório com suas indulgências), o jovem decide que o melhor caminho é confessar e vai logo dizendo que tinha falsificado os dados de sua tese de doutorado em psicologia experimental. O calejado porteiro celestial olha para aquela alma, transparente na sua patética autoconfissão, e profere: "Não, meu jovem. O que pesa na sua vida não foi essa banal falsificação. Falsificar e enganar são dimensões constitutivas dos mortais. Esse é um pecado que não levamos muito a sério aqui em cima. O seu grande pecado, aquele que pode efetivamente condená-lo, é que você foi enviado para um teatro de horrores e para um vale de lágrimas e, no seu trabalho, você o reduziu a um mero circo de cavalinhos. Sua tarefa era compreender as tremendas contradições que são parte da vida emocional emoldurada pela razão e você reduziu tudo a um problema de estímulo e resposta!" Hoje São Pedro certamente mencionaria a neurociência, esse novo reducionismo ocidental.

Tenho sido perseguido por essa passagem e talvez seja por isso que hoje, velho e um tanto cansado dos teóricos que pululam nas universidades, eu prefira ler literatura, onde ninguém precisa falsificar coisa alguma porque tudo já está falsificado, satisfazendo de sobra aquilo que buscamos. A falsificação convincente, com início, meio e fim, que tanto leva a admirar a temeridade do ladrão, a ousadia e a natural mendacidade dos políticos, quanto a bravura sisuda de um deslindador profissional de mentiras, como é o caso dos juízes os quais, com a intrepidez de Teseu, entram no labirinto do monstruoso Minotauro e, confiantes no tênue (mas mágico) fio de Ariadne não se perdem no Dédalo das mentiras, as quais destroem, estabelecendo no ritual do julgamento (esse ato público de regeneração moral) o fim das falsidades.

Essa parábola do julgamento do jovem cientista tem sido o meu emblema neste histórico e crucial ajuizamento do mensalão. Tenho assistido com assiduidade e interesse à atuação dos magistrados e dos defensores e me orgulhado de seus desempenhos. O drama da Justiça ao vivo, num caso tão importante quanto complicado e delicado para a vida democrática do nosso país, é muito semelhante à entrada no Céu ou ao risco de deslindar confusões e decidir o caminho nas encruzilhadas.

Espantou-me como a maioria dos magistrados buscou com zelo e lucidez os fios mágicos – dentro daquilo que os juristas chamam de "contraditório" – para realizar um percurso em busca de uma verdade com duas caras: a da promotoria e a da defesa. Sem, diga-se de passagem, esquecer o direito dos réus. Tudo na ausência da autoridade de um poder final ou divino, exceto aquelas manifestações de onipotência humana que fazem parte de todo confronto público onde o foco é a divergência e, por isso mesmo, prevalece a regra da lei.

Esse espetáculo de civilidade deve ser não apenas louvado, mas visto por todos, sobretudo pelos lulopetistas que estão no governo e nele ocupam cargos da mais alta responsabilidade.

Outro dia, um velho e querido amigo petista reclamou comigo da "politização" do caso. Mas como poderia ser de outro modo se tudo o que era do PT (e da chamada "esquerda" em geral) – do café da manhã aos desfiles carnavalescos e os jogos de futebol, sem esquecer o amor e o sexo – era (ou deveria ser) politizado? E como não ter desdobramentos políticos se o caso começa precisamente motivado por uma perspectiva da política e do poder? O que não se pode fazer é psicologizar o mensalão. Porque nesse caso seria bem pior e o julgamento entraria no terreno das compulsões e esquizofrenias nas quais a mão esquerda ignora a mão direita e deseja decepá-la, como é corrente no caso dos que escolhem o extremo como rotina e método. Ademais, se o caso fosse lido por psicólogos, alguns acabariam num hospício.

Por outro lado, essa politização está contida pelas etiquetas legais e pelos procedimentos jurídicos. Ninguém deseja destruir ninguém e muito menos um partido com a importância do PT. Agora, julgar aquilo que surgiu como engodo coletivo e como um plano para evitar o jogo liberal e igualitário de ganhar para depois perder e, em seguida, ganhar novamente, como sendo um evento trivial seria não somente leviandade mas uma fuga dos desafios que a democracia demanda da sociedade brasileira.

Por isso não há como fugir dessas duras viagens pelos labirintos das verdades e das mentiras. Por mais que isso aflija os que estão no mais alto poder e os que lá estiveram e se sentiram como deuses; ou fantasiaram o mundo como um circo de cavalinhos e pensaram que todos eram otários.

A ida e a volta

Eles toparam um com o outro num congresso mundial em Viena. A Viena das valsas onde, ao contrário do que os seus amigos previram, não ouviram uma só música, pois passaram horas discutindo diferenças e semelhanças entre sociedades e culturas, porque estavam num encontro de antropólogos profissionais e, naquela época, o figurino era o estudo da organização sociopolítica daqueles sistemas marginais, conhecidos somente por quem os descrevia e analisava.

Entre as salas de um palácio onde se improvisaram auditórios, eles se encontraram e como haviam estudado seus respectivos trabalhos, juntaram o interesse intelectual com o pessoal. A tal ponto que a competição, a inveja de alguma frase ou argumento brilhante contra o outro foram superadas pelo que chamamos de "simpatia". Essa ponte inesperada que num mundo de indivíduos concebidos como discretos e autônomos faz com que haja iluminações relacionais entre subjetividades.

O gosto do encontro os fez passar ao largo de suas divergências teóricas. Pois um defendia que o "Homem" tinha uma natureza imutável e o outro se filiava de corpo, alma e coração à tese oposta: a "Humanidade" não tinha nenhuma natureza, instinto ou rumo e, por isso, precisava de livros de mitos e de receituários legais e religiosos que se mostravam como costumes, crenças e rituais mas que, lidos de dentro, faziam parte das possibilidades que permeiam modos de ser neste mundo.

Esse debate foi o ponto alto (ou baixo...) do Congresso. Ele lembrava um Fla-Flu pelo entusiasmo radical com o qual as teses eram apresentadas e defendidas. Mas as teses inexoravelmente inimigas arrefeciam quando, no final das sessões, os guerreiros se serviam de um delicioso vinho branco alemão em taças de cristal ao lado de canapés orientais.

Ao término das discussões, os mestres inimigos surgiam sorridentes e, como generais em trégua, promoviam a paz entre seus combatentes menores cujas feridas cicatrizavam por meio daquela simpatia cordial e amorosa que despe as pessoas de suas convicções, fazendo com que elas sejam novamente razoáveis, inseguras, abertas e dispostas a serem pontes em vez de trincheiras.

Agora, eles bebiam juntos com duas colegas. Um acusava o outro de "essencialista" e "radical", mas o vinho os fazia sorrir em vez de rosnar. As colegas se aproximaram para felicitá-los pelo brilho de suas falas. A francesa resolvia o dilema propondo uma fórmula; a outra moça que, se não me falha a memória era alemã, dizia que ali havia um caso de conflito irreconciliável. São posicionamentos incomensuráveis, disse num bom inglês revelando aos pesquisadores uma boca perfeita.

Neste instante, eles estão à mesa de uma escura boate. Continuam bebendo e na ausência das colegas que retocam o batom, o professor Pedro Babalu diz ao amigo: eu estou muito inclinado a ficar com a francesa porque a alemã, tirando os lábios, é feinha... Certo, respondeu o dr. Raimundo Matos, mas o problema é que eu também estou partindo para a gaulesa. Afinal sou um levistraussiano nato e você não. Mas isso não te dá nenhum direito, respondeu Babalu nervoso. Em seguida, pronunciou uma frase intrigante: Quem não foi não volta – é preciso ir para poder voltar!

Diante do espanto, o professor Babalu explica o sentido da frase enigmática para o amigo. No ano passado, diz, eu estive em Portugal com uma bolsa de estudos que permite tudo, inclusive estudar. Era louco para conhecer o Porto e, estando em Coimbra, fui à estação de trem comprar uma passagem:
– O que deseja?
– Uma passagem de ida e volta para o Porto.
– Só podemos vender a ida!
– E por que não ida e volta?
– Porque, se o senhor não foi, como vai voltar?

―――――

Passou o tempo e os dois se falam pelo telefone. Ambos sabem o valor desses encontros que constroem a vida. Lembra-se daquele Congresso?, pergunta o sempre aflito dr. Matos. Sem dúvida, disse, Babalu. No final, ninguém ficou com ninguém. Claro, arremata o prof. Babalu numa rara gargalhada: quem não foi não volta!

Alcançar o oásis

Estava quase desistindo porque o meu enorme esforço não produzia resultados – ou melhor, produzia somente ganhos marginais, como se diz em economês, essa língua do nosso deserto mundo. Eu me agitava com o máximo de energia embora o velho corpo não respondesse. Bem na minha frente, ela estava perplexa e me olhava aguardando o sinal das miragens que prenunciam o oásis. O tal oásis que não vinha.

Eu não estava nervoso quando sondei a dimensão da tarefa e comecei o movimento repetitivo que levaria ao oásis indicado no meu mapa – uma velha, bolorenta e inconfiável carta topográfica. Ademais, eu seguia os preceitos dos peregrinos aprendidos com os velhos líderes de caravanas acostumados a cruzar o deserto quando estive no Cairo, Egito, graças a um seminário devotado a discutir uma tão necessitada "Antropologia da Angústia".

– Só depois de estar com o corpo cheio de energia é que o beduíno usa com ousadia o seu cajado, sem o qual não se anda no deserto. Até atingir esse estágio, o peregrino deve evitar usar o bordão furiosamente, pois nada substitui uma consciente timidez.

– Mas o cajado não representa o caminhante? – disse eu dando um pequeno gole no meu chá de menta.

– Claro! Mas lembre-se de que tudo o que representa o corpo pode sabotá-lo. A voz aponta a falsidade nas mais fervoro-

sas preces a Alá ou o futuro adultério numa declaração de amor.
As mãos tremem ao assinar um contrato matrimonial com 200 virgens, como ocorreu com o sheik árabe-germânico Waltzer Zinder Ben-Hur, quando ele vislumbrou as delícias que o esperavam sorrindo por trás das vendas que separam fantasia e realidade. O mesmo ocorre com a parte mais importante do corpo, pois seu fracasso faz surgir a pusilânime hiena dentro do homem!
Essas palavras, ouvidas há décadas, martelavam minha cabeça na fase do aquecimento. Um pouco aqui, menos ali, muito (mas sem exagero) acolá. Eu mobilizava meu corpo parceladamente e, à medida que ganhava confiança, as pernas e coxas davam-me um apoio crucial.
Mas o tempo passava e a engrenagem que levaria ao oásis não afinava. A alma, essa entidade ilimitada que se imagina perto de Deus e pode estar em todos os lugares, ensaiou abandonar-me. Nos seus anseios tão incontroláveis quanto uma sinfonia de Beethoven, ela iniciou uma tremenda e insidiosa ventania de pensamentos. Primeiro, lembrou-me que aquela movimentação era ultrajante. Não estaria eu querendo oásis em excesso?
Em seguida, começou a relampejar lembranças intrusivas do tipo: não era melhor estar lendo um livro na quietude da minha varanda? Que tal uma boa conversa com o amigo escocês Joãozinho Caminhador: aquele que tudo ouve e nada diz? Não seria um grave pecado, insistia a alma, querer chegar ao oásis para se refastelar no fundo poço das suas endorfinas, comer as suas tâmaras e passas, quando tudo isso havia sido feito ainda ontem, com o requinte de saborear no final um assado de pernil de cordeiro, devorado à la Herodes?
Tais sinais da mais torpe traição promoviam fraqueza no meu corpo. A alma sabotava e o denodado corpo insistia. Continuar era um pecado e prosseguir um ato de coragem. Eis a triste situação em que me encontrava. Um paradoxo comum entre

nós, humanos e vazios de programação, incertos de quem somos e inseguros sobre os nossos limites.

– Veja, berravam valentemente minhas pernas, mais uns minutos e você chega lá. Note como o cajado está firme. Não abandone o navio: isso não é cruzeiro, é Cruzada!

Como um primeiro sintoma de uma possível pane, porém, senti que o bordão começava a pesar. A alma sugeriu parti-lo em dois. Mas, ajudado pelos braços, dei ao bastão mais uma oportunidade porque o meu cronômetro indicava nove minutos e eu sabia que pelos dez ou onze eu chegaria lá.

Continuei em movimento e, num ato de desespero, dei tudo o que tinha, embora estivesse ouvindo as gargalhadas da alma que, pairando por cima da situação, projetava imagens dos vexames que meu corpo havia provocado. A pedra que jogada para o alto caiu na minha cabeça, valendo-me três dolorosos pontos; o porre de cuba libre tomado na festa de aniversário da irmã do Naninho que me fez sentar no meio-fio; a vomitada nas costas do engenheiro amigo do meu pai durante uma viagem de Juiz de Fora a Porto Novo do Cunha, depois de comer arroz, feijão, farofa de ovo e bife com fritas; a gota d'água que eu penso ter engolido na manhã da minha primeira comunhão...

Perto do desespero, falei baixinho: tudo que tem começo termina. E num esforço supremo e dando tudo de mim, consegui chegar ao oásis. Corri 5 quilômetros em 35 minutos! A moça, cujos olhos duvidavam da minha capacidade, claudicava na sua máquina e, pelo visto, não iria chegar a nenhum oásis. Eu, pelo contrário, descia orgulhoso da minha esteira desértica para receber nas costas molhadas de suor um tapinha do Guilherme, meu personal trainer e xamã.

Era mais uma derrota vitoriosa da alma sobre o corpo e do corpo sobre a alma.

Câncer, formicida e leite condensado

À sentença shakespeariana de que o mundo é palco e todos somos atores, pode-se acrescentar que os papéis recebidos e escolhidos, comprados ou obtidos por mérito ou eleições, devem ser honrados. No julgamento do mensalão, eu pensava assistir a um *E o vento levou*, mas estou testemunhando uma narrativa de Machado de Assis. O mesmo sentimento cerca as eleições cujo resultado vai ser formicida para uns e leite condensado para outros. Mas eu não tenho dúvida de que estamos vivendo um momento de consolidação da igualdade. Há uma virada em curso.

– II –

Ele pensava nisso quando se descobriu com um câncer no pulmão. A doença, explicou o médico, atingira o pulmão direito e também o esquerdo simultânea e fulminantemente. A gravidade do caso veio na forma de uma daquelas incompreensíveis palavras de raiz grega e deu um estranho toque de normalidade para o anormal. Os pulmões iam tergiversar, pedir vistas e, em 90 dias!, parar. Como é que o meu corpo, esse corpo fiel que eu tanto amei, vira-se contra mim? Em vinte minutos e 500 reais, passei de monstro saudável a doente com três meses de vida. E o pior é que, afora uma tossezinha boba, nada sentia. Mais ainda: o leite condensado com o qual sua saudosa mãe resolvia todos os problemas, não funcionava. Leite condensado parava choro mas não curava câncer. Calculou e viu que ele jamais saberia o desfecho do mensalão e da eleição. Saiu do consultório focado na morte prevista. Esse oposto da vida. A vida termina, é claro, mas não se sabe quando. Era bizarro viver sabendo a data da morte. De agora em diante, a última vez seria companheira. Até o cafezinho ou um humilde aperto de mão poderia ser um grande gesto. Diante da vida em processo de liquidação, chorou com pena de si mesmo. Mas tramou uma vingança – um golpe para golpear a vida que o havia traído.

Fez um enorme empréstimo consignado que o governo facultava aos professores das escolas federais. Sendo professor e celibatário, tinha um belo cadastro. Um burocrático gerente fez-lhe um aporte de dois milhões de reais a serem pagos, como disse sorrindo, "a perder de vista..." Jamais serei julgado ou condenado, ria ele pela primeira vez depois do diagnóstico.

– III –

Vamos encontrá-lo agora numa viagem por três cidades do exterior onde passeia como um vagabundo, morando nos melhores hotéis e comendo nos restaurantes mais caros. Oxford (onde havia sido um estudante pobre), Londres (onde raramente se distraía entre suas pesquisas sobre a antiestrutura das ordens estruturais) e Paris, onde entretinha longas conversas com um colega famoso cuja condescendência ele tomava por amizade. A visita a esses lugares como um homem rico, datado pela morte, trazia-lhe de volta um passado envolto em estudo e no tempo que gastara para mesquinhamente demolir o trabalho dos seus colegas mais estabelecidos. Movia-lhe mais a inveja do que o avanço científico, constatou bebericando com indiferença uma taça da melhor champanhe. E nos jantares com os velhos professores e ex-colegas, percebeu como as mais sólidas teorias se desfaziam não apenas no ar, mas na perspectiva da morte prejulgada.

Numa visita ao Instituto onde havia obtido o diploma, encontra uma ex-colega. Saem para um almoço planejado para ser frugal mas que se transformou num tórrido banquete carnal e espiritual. Seguiram para um cruzeiro no qual faziam amor e discutiam os problemas mais sérios do seu próprio trabalho: as antiestruturas que, vistas de longe, se transformam em estruturas; e, em seguida, em processos. E os processos que, vistos de perto, gravitavam em torno de duras e, às vezes, turgescentes estruturas, retomando o ponto inicial.

No balanço do navio e da gangorra do amor, a doença era esquecida e o julgamento da morte dava lugar à vida que, imprevisível, retornava. Os sintomas mais graves jamais surgiram. Foram-se os três meses e ele estava mais forte do que nunca.

Recebi notícias dele nesses dias. Está excitado com o julgamento do mensalão que acompanha religiosamente. Mas não sabe como vai dar conta da dívida. Estou dividido pelo amor e pela dívida, diz inseguro. Agora era a morte quem lhe dava uma rasteira. Sofria a angústia da normalidade dos que não sabem quando vão morrer e têm dívidas incomensuráveis com bancos, com pessoas, com rotinas e com o mundo.

Atormentado, comprou uma lata de leite condensado (que, como dizia sua mãe, resolvia tudo no Brasil) e um pote de formicida (que também faz o mesmo). Em casa, pôs lado a lado o doce e o veneno.

– IV –

Nesse exato momento, toca o telefone despertando-me da história. Era um jornalista solicitando uma entrevista. Coisa simples, professor: estamos fazendo uma matéria isenta sobre o mensalão e queremos saber a sua opinião antropológica sobre a propensão brasileira ao roubo público. Marquei a entrevista para o final do dia. Afinal, nada mais ordinário do que responder a essas questões triviais que os jornalistas fazem o tempo todo. Tentei retomar o meu personagem dividido entre o leite condensado e a formicida, mas havia perdido o contato mediúnico. E, sem ele, o herói simplesmente desvaneceu-se da minha mente. De modo que não tenho como terminar a crônica. Sugestões são mais do que bem-vindas, pois se minha mediunidade literária foi subitamente suspensa, rogo a Deus e à realidade, que ela não tenha acabado.

Adultério na coluna

— O senhor já quis comer a mulher de um amigo? – perguntou brutalmente o motorista que me levava para o aeroporto. Na dúvida brasileira que sempre me assola diante de questões complicadas, tergiversei e tentei retomar o início do nosso papo que falava de problemas muito mais amenos e fáceis de resolver, tais como o banditismo que assola as grandes cidades, o tráfico de drogas, a desonestidade, a vergonhosa conduta dos "políticos", o baixo nível da televisão, a questão da Palestina e – *last but not least* – a disputa eleitoral na qual todos os candidatos têm um mesmo discurso e, até serem eleitos e empossados, todos sabem como resolver todos os problemas do Brasil.

A pergunta indiscreta havia posto fim ao bom papo político justo quando falávamos das traições partidárias. O motorista, a essas alturas um amigo semi-íntimo, defendia a tese de que a ambição e, sobretudo a "vaidade pessoal movia todos os candidatos". Eu aprofundava o assunto, juntando à vaidade, o ressentimento e o sentimento de rejeição – a ideia de ter sido posto de lado e o abandono como experiências que ninguém, nem mesmo os ricos e famosos, perdoa.

— No Brasil, as coisas são sempre personalizadas – perorei alto e bom som, sem me importar se o meu novo amigo entendia o que eu estava dizendo.

Foi quando esse papo centrado no Brasil dos flagelos rotineiros desapareceu diante da questão efetivamente concre-

ta, urgente e hamletiana de comer ou não comer a mulher do amigo.
– Você diz – repliquei ganhando tempo – trair uma amizade pela atração sensual?
– É. Isso mesmo, fazer uma gambiarra, cantar e ir pros nove fora com a esposa de um amigo. Aconteceu comigo. Ela sempre me deu mole, me oferecia café e isso e aquilo e um dia me contou que o cara, convertido a uma dessas novas seitas religiosas, não comparecia mais em casa...
– Não vinha pra casa?
– Não, doutor, não trepava. Deixava a moça – um baita mulherão desse tamanho – sem assistência.
– Era muito bonita?
– Bem, bonita mesmo não era. Mas era um tipão: morena, alta, coxas grandes, peitões do jeito que eu gosto.
– Como foi que você sentiu que dava pé?
– Foi durante um almoço, quando ela ficou alisando a minha perna com o pé. Eu olhei para o meu amigo e ele comia tranquilo o seu feijãozinho com arroz. Enquanto isso, eu, por baixo da mesa, ficava naquela sacanagem de pé com pé e pé na perna. Naquela noite não dormi, pensando no amigo. No dia seguinte voltei e, num entretempo de varanda, dei um beijo na mulher, o que só piorou as coisas. Agora não tinha mais retorno: eu tinha mesmo que comer a mulher do meu amigo.
– Você ficou entre a amizade e o amor – resumi, reafirmando como gostam os cronistas, o óbvio.
– Como homem tive vontade e queria ir em frente pela mulher que se oferecia; mas como amigo tinha a vontade de sair correndo dali. Esse era um sujeito que só tinha me ajudado na vida.
– E aí?
– Aí? Aí ela me liga que o marido vai viajar com o grupo religioso dele. Iam tocar a Trombeta de Jerusalém em Ituporan-

ga ou coisa parecida; que ela ia ficar sozinha em casa e que eu passasse por lá. A voz era de quem estava mandando: vem aqui, seu putinho, e me come! Então deu-se o inesperado. Em vez de ficar alegre e cheio de fôlego, fiquei foi com um medo danado. Todo mundo é canibal e fala em comer gente. Era uma mulher bonita. Estava cheio de tesão, mas o amigo não me saía da cabeça. Como é que ia pra cama com ela, se eu era amigo do marido? Amigo só, não. Eu era o melhor amigo do marido dela! Então eu falei pra mim mesmo: você não queria, seu merda, agora vai em frente e trai a amizade do teu melhor amigo. Ajoelhou, tem que rezar. Agora, tem que comer.

– Você foi?

– Claro. Cheguei ao apartamento e bati na porta. Ela abriu e foi logo dizendo, muito sem graça, mas muito sem graça mesmo, que o marido estava em casa. O tal profeta com o qual eles iam tocar trombeta estava doente e a excursão tinha sido cancelada. O riso de alívio que apareceu na minha cara fez ela ficar com raiva. Logo depois, ao saber que a peregrinação não ia sair tão cedo, soltei um "ótimo", que não pegou nada bem.

– Ótimo? O cara está aí atrapalhando tudo e você diz ótimo?

– Eu me saí com um é claro, um deixa pra lá, um a gente dá um jeito e um deixa pra depois... mas nada escondia o meu alívio. E pior ficou quando dei um boa-noite alegre para o meu amigo, sentindo que o tal amor havia acabado. Ela passou o jantar todinho sem olhar pra minha cara.

– Esse negócio de tirar vantagem de tudo tem seus limites. E aí, você perdeu a mulher? – falei já desinteressado porque não tinha havido sexo e sexo é muito bom de ouvir porque encurta a viagem.

– Perdi a mulher, mas fiquei com o amigo. Hoje, tenho afeição pelos dois. Quando olho pra ela, nem penso mais naquilo.

O táxi chegava ao aeroporto, terminando com a história com uma boa amizade. São as coisas desse nosso mundo, pensei um tanto triste, esse mundo que não toma partido, porque não tem tempo para aprofundar as coisas. Um mundo desorientando e perdido.

Mas, minutos depois, ao escolher meu lugar no avião, me dei conta de que em qualquer mundo, éramos nós que tínhamos que escolher. Não se pode fazer como os políticos que culpam o mundo e o Brasil por suas traições. Não se pode culpar o mundo por decisões que são nossas. Voei feliz por ter conhecido um sujeito que entre o sexo e a amizade, ficou com a amizade. O caso me lembrava outro: o do sujeito mais feliz do mundo.

Aquele que, assim diz a história, não tinha camisa ou tinha somente uma camisa, imagine.

A exatidão como problema

— Lembre-se – disse o dr. Bastos de Paula, um contador que se via como matemático –, você tem que ser preciso: só há uma resposta!

Fiquei cismado. Naquela noite, comemorávamos mais uma vitória política (o nosso principal inimigo havia dito uma tolice) e embora eu tivesse tomado muitas cuias de cauim, nem a animação dos radicais me distraía, confessou Antenor Barbado, um etnólogo que voltava de uma longa viagem de pesquisa à tribo dos Kongrás e estava tão magro que parecia um tísico.

— Todos sabemos, antropólogos ou não – prosseguiu – como a "vida" é complexa. Basta uma hesitação e tudo vai por água abaixo. Ao contrário do dr. Bastos, eu fico muito perturbado quando encontro um problema que só admite uma solução. Por exemplo: o papa renunciou. Como admitir que isso resolve? Agora a Igreja vai ter dois papas. Vai que o renunciante decide palpitar... Olha o tamanho da escrita! A vida não é receita, embora não exista sem elas. Quem sabe para onde seguimos? Como ter exatidão se esse eterno presente que vai virando passado e traz no seu ventre o futuro cega mais do que o sol? Tudo ou nada? Esquece, Bastos!

Mário Batalha, que era um velho, entrou na conversa e falou que três amigos, cujas mulheres sofriam do mal de Alzheimer, fundaram um Clube do Limbo. Um clube dos merdas! Enfatizou um tanto bêbado porque ninguém era mais delicado do que

Mário Batalha, um general de artilharia jubilado sempre armado de pistola que tinha dificuldade em segurar sua cuia porque uma de suas mãos era um gancho eletrônico – uma iHand – de aço inoxidável.

– Limbo? – perguntaram os amigos em conjunto.

– Sim, o limbo onde vivem os viúvos de esposas vivas – disse passando a mão pelo cabo negro pistola que saía indiscretamente da sua cintura. Após o gesto, explicou: – É arrepiador ficar neste não espaço angustiante dos que estão e não são. Nesse poço sem esperança. Espaço revelador, ao contrário do que diz o dr. Bastos, de que tudo tem muitas respostas. E aí há uma charada. Se só há uma resposta possível em alguns lugares, por que em outros essa nitidez desaparece e dois mais dois não fazem quatro?

Contou em seguida um sonho de um desses membros do Clube do Limbo.

– Ele sonhou – disse Mário Batalha – que estava com a doente numa festa de família em Tóquio, vejam vocês, mas sua esposa fugia, como de fato ocorreu algumas vezes durante a doença. Só que no sonho ela escapou. Saí angustiado – prosseguiu Mário, dando voz ao sonho do amigo – à sua procura. Notei, porém, que ninguém se preocupava. Fui encontrá-la numa piscina aos beijos com um jovem japonês. Ela sorria um sorriso sem brilho como o que tem hoje para mim. Senti o velho ciúme misturado a um enorme mal-estar. Minha angústia vinha do fato de saber que tudo aquilo ocorria por causa da doença. Mas voltamos para a festa. No sonho, ela usava um vestido muito bonito e vaporoso. Mal chegamos, ela escapou novamente. Agora por mais tempo porque eu a procurava alucinadamente pelas ruas de Tóquio com a mesma sensação que tive quando recebi a notícia da morte súbita do meu filho. Fui encontrá-la na casa de um político muito rico. Estava obviamente apaixonada e eu, calmamente, como ocorre nos sonhos, perguntei se sua experiência havia sido boa. Ela respondeu que sim. A inocência não vinha do seu ato, mas novamente do mal que a dominava. Entramos novamente na casa e eu tomei uma medida prática. A essa altura, Mário Batalha tomou um largo gole de cauim e olhou dentro dos olhos de cada um dos seus amigos.

– Eu queria amarrá-la ao meu braço com uma corda pois assim ela não fugiria mais – continuou. – Pedi ajuda aos meus parentes que estavam na festa mas eles não me ouviam. Simplesmente sorriam, gozando do festejo. No fundo, pensava eu no sonho, eles parecem felizes. A festa, como a doença, promove o esquecimento. Continuei procurando e comecei a soluçar sentindo um profundo abandono. Era a primeira vez que eu me permitia chorar por mim mesmo com aquela intensidade. Acordei assustado. Estava na minha cama e tudo estava bem. Não havia nenhuma fuga, mas só a doença e a casa de repouso onde ela jazia internada que eu havia pago no dia anterior. Era um mero sonho.

– Vejam – concluiu Mário Batalha – se o sonho é a realização de um desejo, temos muitas incertezas e interpretações – como distingui-las?

Mas a principal delas – articulei eu que ouvia tudo por meio da minha mediunidade literária – era a expressão do sofrimento causado pela doença que separou o homem da mulher. Todas as pessoas normais têm a corda que apaga porque permite o afastamento da lembrança de certos eventos, mas é com essa mesma corda que elas trazem de volta os fatos que vêm do futuro para esse presente que logo vira passado. Mas no sonho desse homem não havia corda. O sonhador era obrigado a admitir a perda e isso o angustiava. É, falou o dr. Bastos, afora algumas matemáticas (e olha que elas são muitas), vocês têm razão. A exatidão é um problema.

Naquela noite, eu me senti mais vivo do que nunca. Minha memória dessa conversa estava intacta. Jamais fiquei tão feliz por me lembrar de tudo.

Peguei o jornal, li sobre a renúncia do papa, o bate-boca entre FH e Dilma, os palpites inevitáveis do Lula-Lincoln e o incrível tombo da moça que ganhou o Oscar...

Como ser ouvido?

Naquele encontro do bem-sucedido governador progressista com líderes estudantis, alguns altamente ambiciosos, outros tocados pela curiosidade, Frederico percebeu que era só o cara que falava. Falava alto, falava de modo pausado, falava simples; suas palavras seduziam todo mundo, mas ele não ouvia. Frederico, meu amigo e também estudante de história, era o único inconformado. O não ouvir era um protocolo. Todo o grupo foi avisado por um ajudante de ordens que Frederico antipaticamente chamou de "puxa-saco profissional" de que estávamos ali para ouvir, não para falar. O "governador" admitia somente perguntas rápidas e objetivas, jamais "questionamentos".
E assim foi. "Os poderosos não ouvem!" disse-me Frederico outro dia numa breve e arriscada visita que fez a minha casa em Niterói. Levou três ou quatro horas do Baixo Gávea ou do Alto Leblon (eu tendo a me confundir com as hierarquias dos bairros dessa cidade altamente democrática que é o Rio de Janeiro) onde reside. "No Brasil, uma prerrogativa do poder é não ouvir. Você pode medir numa escala: quanto menos espera, menos ouve, mais faz esperar, mais é capaz de prorrogar e mais fala – mais poder!"
– E Deus, perguntei provocativamente, ouve?
– Ele recebe muitas mensagens. Mais do que os bilhões de interceptações da National Security Agency do governo americano mas, pelo visto, em vinte ou trinta anos haverá um empa-

te. E olha que, como Deus, eles têm um arsenal de armas de destruição de massa! – ponderou um Frederico agora careca, trêmulo e totalmente míope.

– Como assim?

– Você se lembra daquele nosso encontro com o governador nos anos 60? Pois então. Eles não respondem porque são envolvidos em pedidos e coagidos por favores. Recebem tantas mensagens que não têm como respondê-las. O volume de comunicação em rede os aprisiona a um perpétuo imediatismo. Sabem tudo, ouvem tudo, mas não têm tempo para escutar...

– Como assim? – reiterei.

– Deus, por exemplo, recebe milhões de pedidos de milagre e de perdão. Mas apenas dúzias de arrependimentos. Hoje rezam mais para o Diabo. Deus sofre com uma brutal indiferença. Já os poderosos recebem pedidos instrumentais de emprego e negociatas. Em geral, eles fingem e mentem, discursando sem parar.

– Mas Deus escuta! – disse uma voz pequenina que saía de dentro de mim e eu mesmo não sabia donde.

– Ah! Essa é a diferença! – animou-se Frederico. – Deus sempre ouve os angustiados. Os que chegam ao fundo do poço. Mas os políticos e os poderosos não ouvem – a menos que se sintam ameaçados.

O mundo vai se acabando e nós falamos do trivial variado. Discutimos se vamos comer carne ou salada enquanto a temperatura da Terra está próxima do insuportável. Cientistas apelam aos poderosos e eles não ouvem.

Deveriam apelar para Deus por meio de um telescópio eletrônico?

Dick Ranger, cientista atômico e cosmógrafo internado num manicômio em 1955, no estado de Oklahoma, propunha que Deus seria visto não por telescópios, mas por microscópios. Ele estaria no infinitamente pequeno e não no grandiosamente enorme. Seria o caso?, pergunta o meu lado adolescente que guardou essa possibilidade de um gibi. Afinal, Deus estaria no fundo invisível de cada um de nós. Tão pequeno que jamais seria visto ou ouvido. Sua imagem como um ser enorme e abrangente é uma óbvia projeção do nosso imenso poder tecnológico com seu lado construtivo e destrutivo. Ao conectá-los, há uma liminaridade positiva que junta o corpo com a alma e outra, negativa, que engendra a indiferença ou o nosso famoso e humaníssimo "deixa pra lá"...

Seria o tal Leviatã um mero dragãozinho de livro de Harry Potter?

Que ninguém, contudo, se iluda. A alta temperatura revela a agonia de uma Terra torturada pelos seus filhos. E como todos estão tão ocupados e presos às suas subjetividades – falamos, fazemos e planejamos, mas não ouvimos.

– Como salvar um mundo que jamais teve uma alma? – repete Frederico. – Se as ideias nada mais são, como dizem os mestres da sociologia, do que uma representação de interesses, então o Deus dos Puritanos que inventaram o capitalismo sem querer exprime a irracionalidade e o anonimato do mercado. Se Nietzsche falava do cristianismo como um mero reflexo do ressentimento dos escravos, seria preciso avançar mais na destruição da Terra para que ela possa ser salva. A gente só ouve depois do desastre.

Frederico – meu velho ex-colega e companheiro de pesquisa – cala-se e toma um gole de cerveja.

Sim, mas talvez antes do fim inexorável de tudo, como sábia e melancolicamente diz Lévi-Strauss no final das suas extraordinárias *Mitológicas*, apareça o inesperado decorrente de todos os nossos "projetos individuais", como gostava de dizer um saudoso Gilberto Velho. E dessas contradições, talvez nos venha a roupa para esse Homem que se encontra cada vez mais nu.

Na crise, nada como alguns condicionais

E se o nariz de Cleópatra fosse menor? E se você tivesse sido aprovado no exame da Escola Militar? E se Bentinho tivesse estudado em Harvard? E se os economistas realmente entendessem a crise? E se as leis fossem honradas? E se os holandeses tivessem colonizado o Brasil? E se a sua mulher tivesse tido um caso com aquele carinha de costeleta e bigodinho, metido a cantar boleros? E se o Diabo que você viu naquela madrugada, aos 10 anos, aparecesse de novo? E se Papai Noel existisse? E se você fosse negro, gay e judeu? Ou uma loura gostosa? E se Maomé tivesse se convertido ao cristianismo? E se o positivismo de Augusto Comte não tivesse sido tão popular no Brasil? E se você tivesse ficado perdido para sempre naquele parque de diversões? E se o navio de Darwin tivesse naufragado a caminho das ilhas Galápagos? E se o avião tivesse caído? E se você não fosse tão invejoso? E se não houvesse mulatos, morenos, pardos, cabo-verde, mamelucos, cafuzos, curibocas, mestiços, morenos puxados, roxinhos, neguinhos, brancos-baianos e escurinhos no cenário das peles nacionais? E se Oliveira Vianna tivesse lido Émile Durkheim? E se não existissem titias e babás? Ou "mais ou menos"? E se aquele índio tivesse deixado você no meio do mato? E se você não tivesse tido aquele professor? E se os nossos politicólogos clássicos tivessem lido Tocqueville em vez de Lenin? E se o barão de Drummond não tivesse inventado o jogo do bicho? E se não existissem doenças incuráveis? E se Ary Barroso não tivesse feito *Aquarela do Brasil*? E se os jornalistas brasileiros não tivessem lido H. L. Mencken? E se não tivéssemos Carnaval e procissões? E se não houvesse compadres e amigos do coração? E se Gilberto Freyre tivesse estudado na USP e o Florestan Fernandes fosse pernambucano? E se não existisse o Plano Real? E se você não tivesse escrito aquela carta e enviado ao ministério aquela lista? E se não existisse esmola? E se acabássemos com a arrogância? E se os adultos da sua casa não lhe tivessem enxotado quando falavam de sexo? E se a crise nos tornar ricos e os Estados Unidos pobres? E se as mulheres fossem feias? E se o Diabo fundasse uma Igreja? E se em vez de cineastas tivéssemos diretores de cinema? E se os políticos eleitos cumprissem o que prometeram? E se o mar virasse sertão? E se você fosse a pessoa mais famosa do Brasil? E se não houvesse drogas? E se você ganhasse milhões na Mega-Sena? E se você fosse o Brad Pitt? E se você fosse índio? E se Cristo voltasse glorioso, julgando os vivos e os mortos? E se os operários do mundo se unissem? E se todos acreditassem no Credo? E se você soubesse que iria morrer dentro de duas horas? E se Pedro Álvares Cabral tivesse descoberto a Argentina? E se você tivesse morado na Montanha Mágica? E se seu pai voltasse do túmulo? E se os bichos falassem? E se houvesse pão para os pobres? E se a Revolução Russa tivesse ocorrido na Alemanha? E se a ópera não tivesse sido inventada? E se Machado de Assis fosse alto, branco e tivesse nascido num palacete? E se você não tivesse assistido ao filme *Cantando na chuva*? E se D. João VI não tivesse vindo para o Brasil? E se falássemos holandês? E se você tivesse tido uma governanta francesa? E se você tivesse escrito *Grande sertão: Veredas*? E se tivéssemos tomado o Pão de Açúcar com café com leite? E se Hitler tivesse sido um bom arquiteto? E se não existissem Esquerda e Direita? E se deixássemos de mentir? E se não tivéssemos futebol? E se o Lula não tivesse sido eleito? E se os espíritos se manifestassem em massa? E se os intelectuais fossem à praia em vez de beber? E se não tivesse havido o golpe? E se você soubesse onde mora a felicidade? E se fôssemos todos bonitos, inteligentes e podres de ricos? E se todos os bandidos fossem presos? E se o papa doasse o Vaticano? E se em vez de três, você tivesse dez filhos? E se não falássemos a mesma língua? E se você fosse um deficiente físico? E se não tivéssemos praia e pastel? E se não tivéssemos tido escravidão? E se não existisse poesia? E se você pintasse como o Pancetti? E se você fosse mais comunista que o Prestes? E se não tivesse existido hiperinflação? E se todos obedecessem aos sinais? E se ninguém falasse nome feio? Se não existisse guerra? Ou malandragem? E se o Olavo Bilac aparecesse no programa do Faustão? E se você tivesse descoberto a Pasárgada? E se não existisse violência? E se você fosse poliglota? E se o amor acabasse? E se não sonhássemos? E se ninguém morresse? E se você fosse burro? E se Freud não tivesse nascido? E se não tivéssemos dívidas? E se todos fôssemos lúcidos? E se não existisse o "se"?

    Respondendo a metade, você vira "filósofo". Deixando todas as questões sem réplica, você continua normal. Agora, se você jamais pensou em nenhuma delas, és – como diria Kipling – um idiota, meu filho.

Fábulas: uma origem do homem

Encontro um motorista com fórmulas para tudo. Com o alucinado entusiasmo dos que ficam somente nas ideias, pois sabem que elas não correm o menor risco de serem aplicadas, ele me fala de uma receita infalível e simples para acabar com o crime de morte e até mesmo com as guerras: fabricar armas com senha. Diante do meu espanto, o gênio se explica: a arma só dispara quando o seu legítimo dono tecla a senha. Compreende? Coisa muito simples. Um acordo internacional faria com que todas armas tivessem uma senha e que o seu dono fosse o seu único conhecedor. Convenhamos que isso não é muito diferente da ideia de eliminar mijões com banheiros químicos ou de acabar com a violência da torcida de futebol, dando carteirinha de torcedor para os frequentadores dos estádios, como sugere o nosso ilustre ministro dos Esportes dentro do modelo burocrático-estalinista que faz parte do DNA da esquerda brasileira. Se ficha na polícia – ou seja, se ser dono de uma "carteirinha de bandido" – fosse solução, já teríamos acabado com a violência e mudado o perfil do Congresso Nacional.

Depois de dar quatro horas de aula, entro na barca para Niterói onde sinto saudade do meu pai. A memória do motorista inventor me lembra o tio da mulher de um amigo que havia descoberto a fórmula do "picolé quente", um sorvete que jamais derretia.

Sou, então, inevitavelmente conduzido para a teoria segundo a qual somos todos loucos. Uns mais, outros menos. Mas não há quem escape desse brutal desequilíbrio que se instala quando nascemos e vai crescendo à medida que nos tornamos mais e mais "humanos". O extraordinário filme de Stanley Kubrick, *2001, uma odisseia no espaço*, endossa essa tese, mostrando como os pré-humanos fizeram a passagem da natureza para a cultura enlouquecidos pelo monólito perfeitamente geométrico, inteiramente negro, que promovia uma descontinuidade absoluta na paisagem até então contínua do mundo.

Leslie A. White foi um antropólogo americano que intrepidamente combinou evolucionismo com a descoberta de que somos construídos por símbolos, na melhor estirpe dos românticos alemães como Ernst Cassirer. Escreveu um belo e culto livro, *A evolução da cultura*, e pretendia que o termo "culturologia" substituísse os estudos etnológicos. Teve como aluno célebre, entre outros, Marshall Sahlins e, no Brasil, seu lado evolucionista foi seguido por Darcy Ribeiro. Diferenciava-se do "materialismo cultural" inventado por outro americano, Marvin Harris, que esteve no Brasil e estudou uma pequena cidade em Minas Gerais, porque recusava qualquer reducionismo tendo uma noção clara da autonomia e da arbitrariedade dos símbolos. "Mesa" ou *"table"* não têm nada a ver com o objeto que designam. Quando Leslie White ouvia alguém citar estudos sobre macacos como modelo para o comportamento humano, ele dizia: selecione o mais inteligente e bem treinado chimpanzé conhecido e tente ensinar a ele a distinção entre água benta e água destilada...

O rosto vermelho e os cabelos juvenilmente empinados não combinavam com o talho amargo da boca, adornada por lábios finos. O nome húngaro era de impossível pronúncia para meus ouvidos treinados para os sons neolatinos quando fui apresentado a ele por meu mentor e amigo Victor Turner numa reunião que discutia rituais e teatro em Nova York. Era um antropólogo que havia criado uma nova teoria sobre a "origem do homem". Falava dela com aquela energia fora do comum, típica dos gênios que descobrem coisas inusitadas. Ele sabia como os pré-humanos – os hominídeos – transformaram-se em humanos, pois tinha descoberto a longa e tortuosa (ou talvez inexistente) ponte entre a animalidade, com sua ênfase na reprodução exagerada e múltipla, e a humanidade, com sua reprodução comedida e individualizada. Homens e animais – disse ele sem respirar e num surpreendente rasgo de fé – opunham-se aos anjos que comungavam da divindade, mas não se reproduziam. Em seguida, veio a teoria no seu estado puro.

A humanidade nasceu num relâmpago de loucura: num surto simbólico. O animalzinho que se protegia subindo em árvores para defender-se dos possantes carnívoros que infestavam a savana africana, descobriu um alucinógeno e tomou-o. Viu mil figuras coloridas e viveu a experiência da segmentação entre consciência e corpo.

Aí jazia a explicação para essa dominação do arbitrário cultural que inventava significados sobre pré-mapas biológicos que, até então, tentavam determinar o comportamento do pequeno monstro pré-humano. Ao tomar a bebida que enlouquecia, o animal desceu da árvore, contrariou a lógica da autopreservação, inventou um novo sistema de vida por meio de instrumentos externos ao seu próprio corpo e redesenhou as cartas biológicas na forma de intrincadas receitas culturais. Dos Dez Mandamentos, às constituições; das regras gramaticais, ao mercado autor-regulável; da culinária aos modos mais civilizados de matar. Tudo destinado à desobediência, ao arrependimento, ao desentendimento, ao fracasso e a um estado perene de loucura. Foi a primeira crise mundial.

Esboços imprecisos da vida pública

Eu sinto um cansaço regado a tédio quando ouço a frase: "de acordo com a lei ele (ou ela) pode pegar de quinze a vinte anos de prisão em regime fechado." Ou seja, tudo vai – ou ia – no condicional, que é o modo verbal da fábula. Se a realidade fosse desenhada como um filme de Hollywood dos anos 50, tudo daria certo neste mundo e não no outro. *"Paradise now!"* (paraíso agora), conforme exigiam meus amigos americanos no final dos anos 60.

A pegada do "pode pegar" é a pegadinha por onde passam os criminosos que – eis a vergonha – são também do governo ou da polícia. Tudo pode ou não acontecer como manda um figurino cuja paixão é certamente governada pela duplicidade. A dissimulação, conforme disse Roberto Schwarz – a combinação mais ou menos inocente e mais ou menos cruel dos opostos – é a moeda corrente de uma sociedade até bem pouco tempo feliz e em paz com suas múltiplas éticas. Uma para o senhor e outra para o escravo; uma para o governante e outra para o cidadão.

No Brasil, o rio que separa o lícito do ilícito não é atravessado por um meio móvel – lanchas, canoas ou a nado. Não! Ele é ligado permanentemente por um meio imóvel: uma ponte maior do que a que liga o Rio a Niterói. Nesta ponte está o centro do assunto e o começo (ou o fim) da história.

Ele começou cedo, aos 10 ou 11 anos, quando afanava dinheirinhos da carteira do pai. Seus irmãos roubavam, ele afanava porque, sendo o filho mais velho, considerava que era o mais próximo, logo o que era de um era também do outro. Verbalizava para os irmãos e primos: o que é bom para o papai é bom para mim. O que é do papai – concluía sério – é meu! Aos 15 anos, quando abandonou a escola e começou a frequentar a "zona", que chamava com toda razão de "escola de vida", começou a promover rebeliões entre os empregados para testar sua capacidade manipuladora. Todos diziam que ele fazia intriga; ele dizia que fazia política. Falava ao motorista que a cozinheira não gostava dele e dizia para a arrumadeira que o jardineiro não ia com a cara do porteiro. Depois articulava tudo ao contrário e, frio como uma sombra, aguardava as satisfações e, como mediador de si mesmo, consertava tudo. Viu que numa sociedade onde os laços sociais contavam mais do que os interesses, era tranquilo intrigar para desfazer o fuxico.

Um tio, que era cabo eleitoral, detectou no menino uma indisfarçável disposição para a política.

– É o seu caminho natural – decretou.

– Mas como, tio, se o que faço é intriga?

– Leia os jornais – disse solene o mentor. – Hoje mesmo o senador inventou que o governador deve ser candidato a presidente; enquanto o prefeito fazia proposta de juntar os socialistas com o partido nacional dos patrões e lançou o nome do vice-presidente para governador! – Todos – concluiu o tio – trabalham para o Brasil.

– Mas e os que estão em julgamento por furto?

– Ah! Isso depende do ponto de vista. De um lado são larápios; do outro são heróis porque roubaram para fazer um Brasil melhor. Ademais, como disse um deles, roubaram para o povo

e não para eles. Se não tivessem roubado, outros teriam afanado (como você dizia) do mesmo jeito.
– Mas Deus não disse que roubar é pecado?
– Querido – retrucou o tio –, Deus é brasileiro! Aqui tudo pode ser resolvido no papo, no acordo, na troca e no jeitinho.
– Mas e se der cadeia?
– Ora, se der cadeia o advogado – temos sumidades – embarga e solta. As leis são como a vida: têm vazios. O sujeito pega quinze anos, mas os crimes prescrevem. O crime é visto como uma ofensa efêmera. Depois de algum tempo, ele acaba porque ninguém pode ser julgado por toda a vida.
– Mas as dívidas financeiras aumentam, tio.
– É fato. As financeiras aumentam porque há o juro, mas as dívidas morais – esses crimes contra o patrimônio e as finanças públicas e até mesmo certos assassinatos – esses acabam.
– Sofrem um processo de juro ao contrário, não é tio?
– Isso mesmo. Porra, cara, você é mais inteligente do que eu suspeitava! No mundo desmoralizado dos banqueiros e do mercado, esse mecanismo de espoliação inventado pela burguesia e pelos rentistas, as dívidas aumentam brutal e imoralmente. Mas no nosso mundo social e político, quanto mais você rouba, mais é admirado e fica popular. O Brasil gosta de espertos e mandões com cara de pau. O teste aqui não é dizer a verdade, é saber mentir.
– Veja bem – resumiu o tio muito sério –, mentir é uma coisa, saber mentir é outra coisa. Entendeu?
– Não, tio.
– Eu explico: uma coisa é uma coisa e outra coisa é outra coisa, compreendeu?
– Mais ou menos.
– Vamos por outro caminho. Quando eles fazem é uma coisa; quando nós fazemos é outra coisa. Entendeu agora?

– Claro! É o que se chama de dois pesos e duas medidas. Usei o método para roubar as moedas de chocolate dos meus irmãos quando jogávamos bola de gude. Quando empatava, eu ganhava! Quando havia dúvida, chamava a madrinha, já sabendo que ela ia ficar do meu lado. E, de fato, ela, durona, dizia com o maior descaramento que eu era inocente. Um dia, quando brigamos com nossos primos, ela nos inocentou sem pestanejar. Afinal, vocês são nossos e nos somos de vocês, disse com voz embargada de orgulho cívico-familístico.

– Mas como viver usando medidas diferentes para tudo? – perguntou o sobrinho.

– É tranquilo. Você faz uma lei que é dura, mas que pode "pegar" ou não.

– A lei?

– A lei e o criminoso – terminou o tio acendendo um charuto cubano. – E depois – continuou –, tem o sério problema das penas, que ninguém entende direito, mas isso é outra história...

Pensamentos selvagens

Quando tinha uns 8 ou 9 anos chupei uma laranja tão gostosa que acabei engolindo um caroço. Assustado, corri para o quintal onde, ao lado de um velho mamoeiro e de algumas bananeiras, jazia abandonado um único pé de laranja. Ao apalpá-lo, notei os espinhos e a dureza do tronco que, no final daquela tarde de janeiro, escureciam ao som do piano tocado por mamãe. No dia seguinte, rodeei a varanda onde meu avô e tios discutiam, com aquela paixão destinada a fabricar diferenças nas famílias, a "carestia da vida" e reclamavam do governo. Estava obviamente só e precisava urgentemente saber se o caroço engolido teria consequências.

Será que ia nascer um pé de laranja dentro de mim?

Na entrada da sala de visita, topei com vovó.

— Eu engoli um caroço de laranja... — falei com aquela voz dos desgraçados. Ela olhou para mim e disse sem pestanejar:

— Engoliu um caroço? Está perdido! Vai nascer uma laranjeira na sua barriga e logo os espinhos vão furar o seu corpo!

Esse caroço de laranja foi seguramente a primeira inquietação da minha vida. Tomei consciência do mundo por meio de um caroço de laranja! Entre mim e os outros meninos, interpunha-se um caroço de laranja e, com ele, a morte próxima ou um futuro aleijão. Imediatamente invejei meus irmãos e amigos que, não tendo engolido caroços de laranja, não sabiam de nada:

eram normais. De dentro de mim, valha-me Deus, estava prestes a surgir uma frondosa laranjeira. No limite da preocupação, apelei para tia Amália, solteirona e contadora de histórias, irmã de meu pai:
– Titia, eu engoli um caroço de laranja!
– E daí? – respondeu ela casualmente. – Todo mundo engole de vez em quando um caroço...
Aprendi que preocupações humanas são como o ar. Concretas, fazem voar um avião; diáfanas, esfumam-se como os fantasmas. Tudo depende do modo de ver e, mais que isso, viver. Creio que foi por causa disso que eu sempre pensava em laranjas quando lia e estudava *O pensamento selvagem* de Claude Lévi-Strauss.

A primeira vez que comi bacon com ovos, um *must* dos quebra-jejuns americanos, foi na casa de uma inglesa no bairro do Ingá em Niterói. Era uma residência "moderna", simpática, com uma varanda acolhedora e muitas janelas. Ali residia uma família inglesa cuja herdeira era uma moça de uns 20 anos que morava absurdamente só. Meus pais, tios e avós viviam consternados com essa solidão da jovem – vamos chamá-la de Mary – esse nome sempre velho e grandioso para os protestantes que o baniram de sua doutrina.

O que para a minha família era um castigo, para Mary era a glória e o gozo. Livre dos controles das moças de então, ela namorava e saía com quem lhe dava na telha. Ademais, pouco se lixava – como ocorre com os nossos administradores públicos eleitos pelo nosso voto livre e competitivo – com a opinião de uma vizinha que controlava a vida alheia pelas venezianas, essa incrível invenção árabe-ibérica.

Penso que foi meu irmão Romero que chegou com a novidade:

– Você quer comer bacon com ovos, como nos filmes?
– Claro, mas onde?
– Na casa da Mary, a inglesa maluca...

Foi Mary quem pela primeira vez me deu esse "bacon com ovos", cujo cheiro delicioso me encantou os sentidos. Nossa turma de oito ou nove meninos comeu com gosto essa coisa de cinema que não era bem uma "comida" no sentido brasileiro do termo.

Findo o prato, Mary colocou-nos em fila e, como o governo, sentou-se numa cadeira de vime e cobrou um insólito (e doce) imposto. Demandou de cada um de nós um beijo na boca. Era um misto de pagamento e de treino, disse com uma casualidade perversamente encantadora. Obedecemos e, um a um, demos demorados beijos na boca da inglesa, que ria de nossa vergonha e falta de jeito.

Toda vez que chega a temporada eleitoral, tão impositiva quanto as estações do ano do Hemisfério Norte, e eu a vejo crescer com a presença de um monte de figuras patéticas que falam a mesma coisa sobre o Brasil e mendigam votos, digo a mim mesmo: eis o verdadeiro pensamento selvagem!

Primeiro, porque ele tem como alvo dar, como os caroços de laranja e o bacon com beijos, um sentido ao mundo. E, na nossa política, isso significa juntar democracia igualitária com sujeitos que jamais deixaram de pensar o Brasil como sendo feito de senhores e escravos, de superiores e inferiores, de bostas e de ricos, poderosos e famosos.

Depois, porque Lévi-Strauss enganou-se. Existe, sim, um pensamento selvagem produzido por selvagens. São esses trogloditas e malandros que entram nas nossas casas para pedir voto em nome do bem que seus partidos vão propiciar ao Brasil, enquanto nós pensamos no enorme bem que faríamos ao Brasil, colocando-os – ressaltando, é claro, as velhas, cansativas e enganosas exceções de praxe – a serviço de algum psiquiatra.

É só depois de pensar essas coisas que eu tento comer bacon com ovos. E o pior é que, quando o faço, penso no caroço de laranja que está dentro de mim.

Pescadores

Somos todos pescadores e, mais do que isso, pescadores à deriva. Perdidos e crentes naquilo que temos: água, luz, calor, motor, comida e aqueles abrigos dos quais os mais importantes dizem respeito a pertencer a alguém ou a algum grupo, etnia, classe, país e sociedade do que a ser ou ter alguma coisa. É impressionante observar como nos sentimos seguros e salvos com tão pouco: uma reza, uma canção, um amor, um elogio, um ódio, um livro ou um copo d'água. Não existimos se não atuamos em algum teatro que nos informe sobre como ser e nos apresente um conjunto complicado e contraditório de papéis sociais – do nome de família e do clube de futebol – a coisas ainda mais abstratas, senão impossíveis, como ser completamente bom, honesto, forte, sensível, honrado e, para culminar uma enorme lista, viver tranquilo e feliz!

Como ser tudo isso e mais alguma coisa quando o tapete sobre o qual atuamos nos é subtraído? E o drama se transforma porque somos obrigados a desempenhar papéis não planejados, esperados e desejados. Como diz o axioma de Shakespeare, o mundo é um palco e todos somos atores nesse drama para o qual não fomos convidados e no qual temos um momento de entrada e outro de saída que para nossa angústia (e felicidade) não sabemos quando vai ocorrer.

Se soubéssemos o futuro, a vida social seria impossível por uma ausência de valores. As juras, as vocações, a dedicação, os gozos, as promessas, as vinganças, os grandes ressentimentos – tudo o que, no fundo, depende de decisão e escolha – desapareciam. Bem como a conversão, o arrependimento e a crise de consciência. O imponente "agora ou nunca" perderia o sentido. As lágrimas sem testemunho são o produto desta finitude precipitada pelas situações limite cujo desenlace não sabemos, embora possamos imaginá-las. E aí está, conforme contam meus amigos mais queridos nos livros que ontem e hoje escreveram, a razão da música, da poesia, do teatro, da dança, do cinema e, acima de tudo, da literatura – dessas "artes" cujo alvo é a transformação da vida (insondável nas suas origens e fim, bem como na sua trajetória) em algo com significado. Com um início, um meio e um fim. Pois nesses casos, a verdade irrecorrível da finitude (e da morte, que é comum a todas as sociedades humanas, apesar de suas enormes – e aparentes – diferenças) transforma-se em algo prosaico já que a experiência da morte nas artes, permite viver esteticamente o fim, realizando – quando tudo vai bem – o casamento da Verdade (todos morrem) com a Beleza (nada é mais formoso do que uma vida honrada).

Escrevo nesse tom porque esses dias têm marcado minha vida por passagens especiais. Da morte de um ex-presidente que honrou o liberalismo; dos desastres que deixam ver a mão sombria e cega do acaso. Tudo culminando, porém, com o resgate milagroso e, por isso, belo e redentor do humano dos seis pescadores capixabas que, depois de vinte e um dias à deriva e 500 quilômetros de distância do seu ponto de partida, chegaram – notem – à "terra firme" para gozarem do reencontro com suas famílias.
 Quem já viveu as duas situações, sabe bem o que é experimentar o sólido (da tal "terra firme") afundar na liquidez da morte súbita e da doença incurável. Melhor dizendo, das incer-

tezas do viscoso – situado entre o sólido e o líquido – que é uma figura mais adequada para as fantasias terríveis guardadas pelo não saber o que aconteceu com o filho, a esposa, o irmão ou o amigo – engolfados pelo mar imenso, pelo breu da noite e pelo frio da tempestade. Não morreram, Deus é grande! – diz um lado nosso. Estão mortos, não há esperança! – diz outro. Quando não nos é dado saber se o lado que guarda a esperança é maior ou menor do que o desesperançado, chegamos aos limites do texto frequentemente simplório (e como poderia ser de outro modo?) que a família, a escola e o sistema nos infundem. Olha, guri, você cresce, fica forte, educa-se, casa-se, torna-se adulto, tem filhos, e um dia – depois de ter sido "feliz para sempre"– você (tranquilamente) morre...

Quando a dúvida do será que morreu ou sobreviveu bate na porta; quando somos assolados pela doença incurável que canibaliza o ser, sabemos que chegou a nossa hora. Momento de desesperar e tudo renegar? Momento de entrar em depressão e desistir de viver? Momento de se sentir traído pelos deuses e pelo tal de destino que só nos visita quando não é esperado?

Cada qual responde como pode. Uns agarram-se no outro mundo. Outros descobrem que a "nossa hora" é um áspero chamado para um renascimento. Para uma outra vida, com aqueles entes queridos dentro de nós. De agora em diante, temos que viver o mundo com um pedaço de nossas biografias cortadas, feridas mas paradoxalmente ampliadas. Com esses entes queridos dentro de nós, temos a obrigação de honrar suas memórias e de, eis o mais difícil, fazê-las viver, através de nossas vidas, toda essa felicidade que, apesar de tudo, ainda pode ser encontrada.

Pois só os perdidos podem ser achados.

Milagre na coluna

Minha turma de velhos babões, amantes do cinema americano dos anos 50, ficou feliz com a coluna da semana passada quando refleti, um tanto assustado mas feliz, sobre os meus quarenta e oito anos de casamento: as minhas Bodas de Granito. Como, perguntei-me, quem pensava em ter uma vida curta de artista, herói ou mártir (como estava em moda na minha geração que viveu a Segunda Grande Guerra Mundial e foi da esquerda-festiva, que encanou muita gente), pôde ter vivido tanto? Como é que eu consegui não só ser um pai razoável, mas também um bom avô? E digo isso, queridos leitores, sem problemas porque o laço entre pais e filhos não se resolve, mas o de avô e neto, como o de tio e sobrinho, tem a doçura da ausência das obrigações de educar e impor limites. Não há nos Dez Mandamentos nenhuma referência a "honrar os avós" porque, em primeiro lugar, eles não fazem os netos no sentido bíblico e corrente no termo. Uma vez Celeste, minha mulher, remarcou, ao observar minha paciência com os netos:

– Como pai sua nota foi zero. Mas dou-lhe dez como avô. Passou com média cinco!

———

Neste último fim de semana, estava sentado no botequim de costume e o mais velho da turma, que prefere o anonimato, falou dos seus cinquenta anos de casamento. Contou mais ou menos o seguinte:

– Quando fiz as tais Bodas de Ouro (as de granito são muito mais bacanas), minha mulher estava muito doente. Só o seu corpo permanecia comigo. O seu espírito fugia a cada hora e a cada dia como a luz some quando chega o negrume da noite. Deitei-me ao seu lado no dia das bodas e rememorei a nossa primeira noite de casado que, como você bem sabe, a gente chamava falando baixinho de "noite de núpcias". Aquele aspirado encontro no qual, finalmente, o amor ia se defrontar livre e abertamente com o sexo e com ele ter um papo cara a cara, uma conversa de homem para mulher, muito mais complicada do que as nossas tolas discussões de homem para homem sobre política e futebol. Vi, como num filme, a chegada ao apartamento que foi o nosso primeiro lar, porque não tinha dinheiro para uma viagem de lua de mel. Chovia muito e o edifício não tinha portaria e elevador de modo que eu, rapidinho, levei as malas para o quarto tomado um tanto impudicamente pela cama de casal vestida de linho branco e por um imenso guarda-roupa, ambos presentes de papai. Um tio querido e sua esposa nos receberam com discrição e cortesia. Mas quando estava para "subir" – o amor eleva, não é mesmo? – titio me chamou e me obrigou a tomar um cálice de conhaque para "tirar o nervoso". Brindamos ao que estava por vir e eu subi resfolegante os degraus que me separavam da tão esperada noite nupcial. Logo abençoamos nossa casa de sexo com amor, tornando-a um lar. Não posso me esquecer da visão encantada de minha jovem esposá com a famosa "camisola do dia" diante do marido que ia tirando a roupa com aquela impaciência de toda primeira vez. Hoje, vivendo como vivo – completou meu companheiro – eu pediria a Deus apenas uma graça. A de ver minha noiva ao meu lado jovem e linda como naquela noite encantada. Eu não quero voltar a ser jovem, ser jovem é um saco. Eu queria, isso sim, vê-la jovem ao meu lado para poder admirá-la como só os velhos sabem fazer quando se confrontam com a beleza da juventude. Uma semana depois encontrei meu amigo radiante de felicidade.

– Aconteceu! – disse ele. – Minha mulher dormia esquecida e eu, insone, saí do quarto e tomei uma taça de vinho. Estava tão triste quanto minha vida. Ao voltar para ao quarto, houve um apagão. Acho que foi milagre. Quando a luz voltou, lá estava ela, jovem e, assim aparecida, sorria e me deixava ver, sem pudor, o corpo renovado. Ajoelhei-me, como faz quem sabe que o amor é uma remissão, e percorri a planície, as montanhas, os prados e os vales. Bebi – disse ele sorvendo um gole de uísque com soda – naquela fonte que desce aquele monte, como canta, ao lado de todos os poetas, Raul Seixas. Ouvi o vento ruidoso do amor sacudindo a namorada. Reencontrei o sexo no amor ou foi uma ilusão? Diga-me lá você que é doutor, escreve livros, fala de tudo e morou com índios e americanos?

– Foi um surto – respondi invejoso. – Como a pressão arterial do presidente, deve ter sido um pique motivado por desejos reprimidos. Há coincidências negativas e positivas. Quando são extraordinariamente gratificantes, falamos em milagre e graça. Racionalmente, eu penso que o vinho alterou sua consciência. Simbolicamente, acho que foi um trabalho da saudade. A saudade harmoniza ilusão e realidade. Há momentos em que sexo casa com amor. Você sabe a minha teoria. O amor é um estádio olímpico: tem muitas entradas e várias modalidades esportivas. Muitos encontros são feitos só de sexo, mas mesmo no sexo mais nu e cru, os amantes tornam-se cúmplices e surpreendem pela paciência. Há acelerações, pedidos e esperas. Isso não é amor? E o amor mais puro também não tem um fim, porque depois da exploração das grutas e torres, vêm a calma da aurora e o canto dos pássaros confirmando que o milagre ocorreu justamente porque tudo passa e, passando, pode renovar-se?

Eu, bêbado que estava, fiquei com os olhos cheios de lágrimas quando falei essas coisas. Pode?

Provas e testemunhos

Quando eu frequentei reuniões dos Alcoólicos Anônimos e testemunhei um ente querido afirmar sua relação de englobamento com o álcool, definindo-se na fórmula clássica do: "Meu nome é X e eu sou um alcoólatra!", entendi o famoso "primeiro passo".
O nome é mais do que significativo. Trata-se de uma passagem contundente na qual a perturbação é reconhecida e aceita. Ora, aceitar o poder do álcool (ou de qualquer outra obsessão) é um passo decisivo, porque é a aceitação de alguma coisa que antes passava por outra, não podia ser percebida ou era simplesmente negada. Negada com a mesma veemência dos calhordas que hoje infestam a cena política nacional. Quando se traz ao mundo da consciência ou da superfície algo oculto, conhecemos o seu lugar e assim podemos situá-lo. A classificação, o lugar das coisas, é o primeiro passo para tentar chegar à coisa em seu lugar, isto é, num conjunto.
Quando o dependente diz que ele não tem poder sobre algo, ele ganha o estranho poder de situar esse algo no conjunto de sua vida. Porque toda vida é múltipla, exceto a dos que compulsivamente negam a multiplicidade como um valor e como um fato. O perturbador é justamente a perda parcial ou total da multiplicidade e da capacidade de aceitar a contradição e o paradoxo – esses esteios da mentira e da falsidade. Quando nos tornamos unilaterais, quando estamos permanentemente focados, viramos sentinelas com direito a matar. É quando o foco

transforma-se num valor, ou seja: num dado que organiza o conjunto de modo absoluto. Quando isso ocorre, entramos no plano do fanatismo porque perdemos a mobilidade de sairmos de nós mesmos – essa condição essencial mas não exclusiva de alcançar algum tipo de oásis existencial. Ainda que tais zonas de desassossego sejam fugazes.

Eu me pergunto se não seria saudável dizer: "Meu nome é Y e eu sou um radical! Para mim o mundo não faz sentido fora dos limites de minha crença, que é a única verdadeira!". Vejam o problema. Aqui, a obsessão política (moral ou religiosa) não é tomada como um incômodo, mas como o remédio, virtude ou solução. Se somente eu estou certo, o mundo é meu por direito, moral e fé. A cruzada bate à minha porta.

Não matei um homem, dizem os fanáticos numa guerra religiosa, mas um judeu, um árabe ou um protestante (ou um brasileiro, um católico). Daí para matar um alemão, um americano ou um corintiano é um passo. Contextos onde reina um incondicional crer ou não crer impedem esses reconhecimentos dos outros como seres múltiplos e problemáticos, vivendo simultaneamente muitos papéis, logo parecidos ou iguais a nós. O sal da vida, como diz meu amigo Dick Moneygrand, é ver o amigo como um apaixonado por uma pessoa que achamos horrível. O tal "como é que pode?" é o cerne do humano. O estranhamento está na raiz da consciência que, por si só, é um estranhar.

Um amigo de Marcelino, um dos tios maternos que muito marcaram minha vida, contava uma história ocorrida numa antiga Manaus. Era a saga de um jovem amazonense que por sua conta e risco, e sem nenhuma ajuda das elites locais, seguiu clandestino para a Europa e lá aperfeiçoou o que mais gostava de fazer: desenhar e pintar. Era tão bom que logo virou um grande artista. Expôs em muitos países e finalmente foi elogiado em

Paris, onde recebeu um prêmio. Redescoberto, voltou a Manaus onde foi ambiguamente recebido. Parte da elite não duvidava do seu talento; outro lado, porém, dizia que sua pintura era demasiadamente boa para ser de um mestiço e de um brasileiro. A inveja (esse pendor nacional) ganhou os jornais e, tal como ocorreu em 1917, no Rio de Janeiro, com o pintor alagoano Virgílio Maurício, os radicais do ressentimento levantaram uma extremada infâmia: os quadros seriam falsos! Eram fabricações encomendadas debaixo de pagamento a pintores franceses. O escândalo só poderia ser posto a limpo numa prova de talento e um repto foi lançado. O amazonense foi desafiado a executar uma obra em público. Virgílio Maurício, cujas obras estão na Pinacoteca de São Paulo, recusou, mas o mestiço topou. E, como contava orgulhosamente meu tio, provou o seu talento pintando um quadro chamado *Pusilanimidade*. Mostrava um chefe de governo vendendo um segredo militar (talvez um mapa) ao comandante inimigo que lhe prometia poder perpétuo e muita grana – essas bactérias da nossa sífilis política. No Brasil, concluía meu tio numa lição inesquecível, o talento tem que ser provado. Já a ignomínia é moeda corrente. Qualquer semelhança com o real, amigos leitores, é mera coincidência.

Uma lição para a vida

Na minha primeiríssima e inesquecível – quem não se lembra de toda primeira e última vez? – estada nos Estados Unidos, em 1963, eu – um humilde e inseguro aprendiz de antropologia social numa portentosa e aparentemente fundeadíssima Harvard – fiquei tão chocado quanto deslumbrado quando ouvia meninos e meninas com vinte e poucos anos de idade "discordarem" das ideias que saíam em cascata das obras dos grandes gênios das ciências sociais. Especialmente dos seus inventores, aqueles orgulhosos, persistentes, obsessivos e desafiadores Durkheim, Marx, Tocqueville, Frazer, Hocart, Mauss, Tylor, Maine, Weber... que em vez de policiar e decretar sobre o mundo, decidiram fazer o mais difícil: compreendê-lo em seus próprios termos. Esse modo mais complexo e profundo de transformá-lo.

Eu ficava apatetado e cheio de culpa quando meus colegas, uns merdinhas de olhos azul-claros como a inocência das louras que clamavam terem sido estupradas por negros, diziam alto e bom som: "Eu discordo de Mauss!"; "Durkheim estava errado!"; "Preocupa-me a posição de Weber!"; "Marx perdeu o bonde!"; e assim por diante.

O modo tranquilo com que meus colegas, debaixo do olhar aprovador dos nossos professores, discordavam desses pioneiros me perturbava, pois quanto mais originais eram suas teorias, mais eles eram criticados. As opiniões não eram meras apreciações formais ou elogiosas de um iniciante ajoelhado diante de um mestre, mas uma assertiva sempre negativa e ostensivamente contrária ao que era discutido que, sendo boa ou profundamente enganada, promovia a discussão das ideias gerais contidas no livro em debate. Deste modo, todos (menos eu) faziam questão de bater de frente e essa atitude que para mim surgia como hipercrítica, e até mesmo agressiva, passava por um crivo que eu não havia aprendido e que certamente não existia no Brasil. O filtro de um ponto de vista individual e não a perspectiva pessoal que tende a atenuar ou arrefecer o debate e a apreciação do outro porque ela considera as suas relações com esse outro.

Entendi que estava no universo dos "eus". De fato, o que eu mais ouvia em Harvard era o pronome pessoal "I" (eu). Entendi – sem ir muito longe e deixando de lado as sugestões das origens das formas verbais marcada pelo "Eu" antes do nome próprio, inconcebíveis na antiguidade, como revela o estudo de Franz Borkenau; formas, aliás, reveladores de individualismo – porque em inglês a primeira pessoa do singular, o "eu", é escrito com letra maiúscula...

Nesse contexto, passei por uma experiência decisiva.

Num seminário sobre a história da antropologia, dirigido pela professora Cora Du Bois, uma pioneira, ao lado de Margaret Mead e Ruth Benedict, na prática da antropologia cultural, uma mulher que havia feito trabalho de campo na ilha de Alor, na Indonésia, quando nós, no Brasil achávamos um problema ir a Niterói e impossível conhecer Manaus, eu apresentei um desses autores clássicos. Não me lembro mais quem era, mas não me esqueci da luz que essa experiência lançou na diferença entre o meu modo de aprender e o dos meus colegas harvardianos. Pois quando terminei o meu resumo, recebi da professora uma pergunta surpreendente.

– Sua apresentação está mais do que correta! – disse Cora Du Bois. – Mas o que eu quero mesmo é saber o que *você* pensa sobre as teorias que acabou de apresentar.

A ênfase no "você" que individualizava e buscava a minha opinião íntima – o sentimento de um "eu" que mal sabia que era autônomo e tomava partido; no caso, tinha que tomar partido – deixou-me embasbacado. Eu jamais havia pensado em me distanciar e me individualizar tão radicalmente diante de um autor consagrado.

Pelo contrário, eu havia feito o exato oposto e me identificava com ele preparando-me para defendê-lo a todo custo. Jamais havia passado pela minha cabeça que era possível e desejável formar uma opinião pessoal sobre suas ideias, teses e escrita e, eis o espanto, que essa opinião, mesmo sendo a de um jovem iniciante, contava e a experiente e sábia professora fazia questão de ouvi-la.

No Brasil, eu era bamba em discutir ideias, projetos, leis e sistemas políticos sem ser obrigado a tomar posição em relação ao que estava em pauta. Aliás, o que eu aprendia era jamais criticar certos autores e, pela mesma moeda, elogiar outros. Mas entre o lado direito e o esquerdo, o alto e o baixo, o bom e o ruim, não havia nenhum espaço para dizer o que eu realmente pensava de cada um deles.

Meu aprendizado não era individual. Era pessoal ou relacional e grupal no sentido de que cada grupo ou turma tinha seus padrinhos e heróis bem como seus inimigos como figuras para serem idolatradas e admiradas, a ponto de jamais serem apreciadas de modo individualizado. Sabíamos definir socialismo e liberalismo, mas não aprendíamos a tomar uma posição junto a cada um desses sistemas – e a exprimir o que eles diziam para cada um de nós. E como nós nos sentíamos diante de cada um desses "sistemas".

Éramos, como ocorre em tantas outras esferas da vida social brasileira (e, imagino, latino-americana), contra ou a favor. Não líamos Marx, éramos marxistas! Ou reacionários, porque simpatizávamos com Durkheim, que jamais falou em luta de classes. Mas, entre um e outro, jamais fazíamos como aqueles meninos de Harvard que tomavam um partido individual relativamente a cada autor e assim mediam suas aversões e simpatias às suas ideias, métodos e teorias. E isso, parece, faz diferença. A diferença entre a repetição e o modismo e a verdadeira criatividade.

Rezar?

Rezamos todos ou a reza, como reza o hábito, é um atributo (ou um privilégio) dos que acreditam em alguma coisa? Acreditar é um verbo poderoso. Talvez o mais poderoso de todos, porque ele afirma algo que é ou não é dependendo do ponto de vista. Eu acredito em Deus!, diz Francisco; Eu não!, responde José. Acredito que o mundo vai acabar em dezembro deste ano e que o mensalão é obra das elites reacionárias, de uma imprensa corrompida e de um Supremo Tribunal Federal golpista, dizem os defensores de Lula.

O pragmatismo inocente afirma que "gosto não se discute", mas se aplicarmos isso ao verbo crer, o mundo se abre a uma torrente de loucuras. De fato, aprendemos que o verbo acreditar também tem limites. Não há como acreditar em Papai Noel ou que a morte não exista fora dos simbolismos culturais e religiosos. Crer é um direito e um ato de fé.

Há quem acredite em X, Y e Z e há quem não acredita em X, Y e Z. Então X, Y e Z têm um lado oculto (ou tenebroso) que a suposta luminosidade do crer não alcança. O não crer obriga o crente a ver o todo. O crer, por seu turno, leva o cético a ver o lado que lhe falta e que ele imaginava não existir.

Essa pobre meditação é o resultado de um fato concreto e do meu mal-estar relativo ao mundo político brasileiro.

Primeiro, o fato.

Morre uma professora dedicada. Eu não a conheci, mas pelas mensagens que recebo, relembro como é dura a reconciliação com a presença concreta da morte para seus entes queridos. Eis que, no meio das mensagens, um padre solidário com a perda espera não constranger os seus colegas ateus com suas preces. Poucas vezes me deparei com um exemplo de tamanha delicadeza e sensibilidade. Que os ateus me desculpem, eu não rezo para ofendê-los, diz o padre.

Como um conforto ao sacerdote, eu desejo sugerir que todos rezem. Uns acreditando, outros sem acreditar. Mas, diria um crente, como rezar sem um Deus? Ora, responderia o ateu, e como rezar para a divindade se o rezar é um ato pelo qual se aceita o mundo tal como ele é? Na sua bondade e maldade, nas suas trevas e luzes? Mais do que reconhecer, suplicar ou tentar estabelecer um contrato com as divindades, a prece é, já dizia Mauss, o ato religioso mínimo para entrar em contato com o sobrenatural que nos cerca e aterroriza, sejamos crentes ou ateus.

Rezar é reconhecer nossa finitude, fraqueza, carência, angústia e solidão. É admitir que vivemos numa totalidade que não podemos conhecer completamente. É um ato que pertence ao que o antropólogo Gregory Bateson chamou de "uma ecologia da mente". Pois quando rezamos, suspendemos o aqui e agora dominados pelo eu para irmos ao encontro do todo. Rezar é admitir que há no mundo seres e situações estranhas, acima (ou abaixo) dos elos entre meios e fins. Há quem use um canhão para matar um passarinho e quem tente enfrentar gorilas com poesia. O mundo não é claro como querem os materialistas, mas também não é absolutamente escuro como desejam os crentes.

Eu ando rezando às claras e às escuras. Vejo no Brasil que julga o mensalão um dado novo e alarmante para os poderosos de todos os matizes e de todas as estirpes.

Esse é um julgamento que, pela primeira vez na nossa história, vai traçar limites não apenas para quem cometeu ilegalidades no poder, mas nos contextos ou situações engendrados por quem o ocupou e, sobretudo, por quem se deixou ocupar pelo poder.

Meu mal-estar com relação ao Brasil tem a ver com a força de quem tem certas crenças. E para quem tem certas crenças, os fins justificam os meios. Ser poderoso é, no Brasil, bradar pela ausência de limites. Será mesmo possível punir um poderoso no Brasil? É possível aceitar o erro de um petista mesmo sendo petista? Pode-se admitir que os petistas, como a maioria dos seres humanos, são também ambiciosos e podem errar, como foi o caso do mensalão e, pior que isso, o aliar-se em São Paulo ao sr. Maluf?

Pode-se ser de esquerda deixando de lado o chamamento milenarista que promete um mundo perfeito quando perpetuamente governado por um messias? Seria possível ter no Brasil uma administração pública na qual oposição e situação aceitem os seus erros e tenham consciência dos seus limites?

Será que hoje não estamos num tempo no qual a ética tem sido comida pelo político e pela "política da coalizão", que foi a alma do fato em causa? Politizar negativamente é impedir a visão do todo como sendo feito de parcelas diferenciadas. Se você, leitor, concorda comigo, reze. Se não concorda, reze por mim.

Um mundo transparente

Li uma vez uma lenda que contava o seguinte:
Um gênio descobriu o poder da comunicação pelo pensamento.

No início, foi uma delícia poder falar sem sons – sem gemidos, lágrimas, sussurros e sorrisos. Como no cinema mudo, as pessoas exultavam com o fato de comunicar-se pelo cérebro. Bastava pensar numa pessoa e, pronto! – fazia-se o contato. Mas logo os homens com sua habitual incongruência e, como disse Machado de Assis, sua sistemática ingratidão, ficaram infelizes. Pois descobriram o vazio do silêncio (que só existe quando há barulho) e viram como ele era não apenas grato, mas essencial. Se não era fácil viver num mundo ruidoso, no qual os sentimentos e as palavras de ordem superavam a compreensão, não era fácil viver num universo no qual a comunicação era radical, completa e transparente.

Pois com o pensamento, nada ficava oculto, nada permanecia escondido e os mal-entendidos que inventam os ódios e os amores; a fé que produz os milagres e os poemas; os primitivos "acho que você não me entendeu..."; os selvagens "mas essa não era minha intenção..."; os rústicos "eu sempre quis te dizer isso, mas teu marido estava por perto..."; e os contratos desapareceram.

O pensamento – invisível e inaudível – sinuoso, permanente, incontrolável e invasivo como uma enchente – tornava a compreensão entre os seres humanos um ato absoluto. E justamente por isso, ele impedia tudo, principalmente os sentimentos. Os primeiros a serem liquidados foram atos fundamentais: o fingir, o disfarçar e o mentir. E, sem poder mentir, houve uma tal sinceridade que a individualidade com suas escolhas e seus planos essencialmente secretos; as paixões, com suas fúrias, inibições e gozos; e as esperanças, com suas expectativas, desvaneceram-se. E assim muita gente se matou, especialmente no governo, nas igrejas e na universidade. Muitos isolaram-se em casas com paredes de chumbo que, descobriu-se, tornavam fracas as ondas mentais diminuindo mas infelizmente não impedindo a telepatia e a tragicomédia de um entendimento total, completo e absoluto.

Em poucos anos, o drama, que é justamente o que jaz eternamente entre o dito e o não dito; o que fica encerrado dentro de cada qual sem ruído ou palavra; ou o que se transforma em silêncio ou suspiro reprimido, tornou-se coisa do passado e as pessoas ficaram muito amargas e tristes porque não havia mais a distinção entre o manifesto e o oculto de modo que a comédia e o riso ficaram escassos. E sem riso e comédia, sumiram igualmente as lágrimas e o choro, pois não havia mais o que se poderia exprimir além dos pensamentos. Ou melhor, sem as palavras e os seus sons, não havia mais a vontade de exprimir sentimentos, os quais dependiam exatamente das palavras pois, como se sabe, nenhuma sentença verbal ou canto traduz uma amizade, um desejo, um perdão, uma bênção, um ódio ou uma esperança. Sem sons, o ato de dar, de receber e de retribuir palavras, músicas, brindes, beijos e presentes sumiu.

As descontinuidades entre os sons foram suprimidas pelas continuidades dos pensamentos, o que fez com que a humanidade fosse atingida por um enorme silêncio, pois ninguém precisava produzir sons para implorar, dar, perdoar, perguntar, discutir, rir, protestar ou jogar conversa fora. Viviam todos num silêncio profundo lançando mensagens telepáticas uns aos outros e quando souberam que seus ancestrais usavam da fala para a comunicação, ficaram intrigados e com inveja. Foram ouvir o mar e os ventos cujos sons lhes pareceram encantadores.

Como todas as portas humanas, a novidade da telepatia também trouxe seus problemas, pois o pensamento decorria de línguas naturais que eram variadas mas que, com a evolução da comunicação pelo pensamento, perderam seus lastros, suas concretudes e suas diferenças. Agora ninguém podia dizer aquilo que só poderia ser dito em inglês, alemão, russo, português, tupi ou chinês. A universalização absoluta do telepático produziu uma perda irreparável nos modos de dizer porque o pensamento puro se fazia numa só língua: uma espécie de esperanto que juntava todas as línguas vivas e mortas, antigas e modernas, mas que não era língua nenhuma. Dizem que a partir da telepatia, a poesia, a literatura, a música e os mitos se acabaram.

E os homens mais uma vez arrependeram-se e pediram de volta as suas línguas antigas, que permitiam o milagre das compreensões sempre incompreendidas. Mas era tarde demais....

Sonhos e sonhos

No Ocidente de todas as racionalidades (inclusive as irracionais, voltadas para a destruição como premissa médica, missão civilizadora e imperiosa necessidade), os sonhos sempre foram ligados ao futuro. Ao que pode ou, nos casos dos futurólogos ou adivinhos mais radicais, ao que vai ocorrer. Não é, pois, por acaso que quando Freud contestou essa "verdade verdadeira", ao mostrar que os sonhos falavam mais do passado e do que estava dentro de cada um de nós, do que do mundo exterior e dos eventos vindouros, ele causou tanta celeuma. Antes dele, o maior intérprete de sonhos do nosso universo judaico-cristão-capitalista-marxista-leninista-fordista-nazista-populista-chapliniano-pós-contemporâneo... (pense e acrescente o que você quiser, caro leitor...) era o bíblico José do Egito, revivido em quatro volumes de quatrocentas páginas cada um por Thomas Mann. Se o genial Lévi-Strauss realizou a façanha de interpretar mitologicamente, nas suas *Mitológicas* (quatro volumes de quatrocentas páginas cada um – eis o número quatro novamente), mais de 800 mitos dos ameríndios, circunscrevendo-os a fórmulas canônicas, revelando aspectos surpreendentes do chamado "pensamento selvagem" e, de fato, mostrando essa cosmologia normalmente pensada como absurda ou grotesca como uma filosofia ou uma metafísica, Thomas Mann realizou o inverso: ele transformou um mito sagrado numa meditação à prova de credo teológico ou político – essas legitimações ancoradas na autoridade suprema, indiscutível e anti-humana, como gostam os idiotas – cerca de vinte e cinco versículos do Gênesis. Abandonando o lado sagrado do texto que axiomaticamente fala para um crente, Thomas Mann transformou versículos para serem lidos num templo, num romance que fala direta e pessoalmente à alma e ao coração de qualquer leitor. Deste modo, ele escreveu um sonho feito não de mitos pensando mitos, mas de um mito repensado como uma narrativa humana, na qual o fio condutor é a afeição ou o amor pelos outros. Na literatura não se prova nada – exceto o amor do sonhador que escreve pelo sonhador que lê.

Eis o sonhar pelo sonhar. Esse ato exclusivamente humano realizado por quem joga fora toda uma vida pintando, compondo, lendo, ensinando pelo tal "amor à arte". Esse amor que não precisa de registro, utilidade, reconhecimento ou memória. Coisas de quem corta a orelha e confunde meios e fins, de quem destroca sonhos e realidade...

Quem joga no bicho, esse brasileirismo encoberto pela nossa notória mendicidade oficial, sabe que um dos melhores palpites para "acertar" num bicho e ganhar uma bolada é um evento impossível de ser programado. Um sonho nítido, a morte súbita de um ente querido, um acidente de automóvel envolvendo uma celebridade, a data de uma cobrança esquecida. Tudo o que é desenhado pela mão invisível do imprevisto, do acaso ou da inocência é um bom palpite. É um aviso esperançoso. Pode transformar uma pessoa comum num barão acima das leis e da necessidade de trabalhar.

O melhor palpite é feito do casamento do imprevisto (quase sempre doloroso) com a esperança. O que, na maioria dos casos, constitui o infortúnio e promove o ódio, a frustração, a culpa e o ressentimento – esses demônios recorrentes da vida. O jogo atrai porque, entre outras coisas, ele possibilita arriscar na ausência do acaso. Se tudo segue uma ordem, se tudo foi planificado, se o dia de ontem foi tranquilo, por que não se pode acertar num evento futuro? O sonho previsível, porém, pode virar o infortúnio que leva a uma dolorosa questão: "por que ocorreu comigo"? Essa é a pergunta que consome as cosmologias porque ela denuncia (ou anuncia) catástrofes e, simultaneamente, abre a pessoa ou o sistema aos êxitos de emergência. O jogo do bicho me ensinou, por intermédio de minha avó Emerentina que teve dois maridos, o primeiro, morto por assassinato, perdeu mais filhos do que comanda qualquer carma ou holocausto mas não abandonou o gosto de viver e jogar – há diferença?, que só no despotismo é que não há fortuna sem infortúnio; ou domingo sem segunda-feira.

No livro *A ponte de São Luis Rey*, Thornton Wilder trabalha esse problema por meio do irmão Junípero que, como o antropólogo inglês, Edward Burnett Tylor, criador do conceito de cultura e inventor da antropologia da religião, entendia que "se há leis em algum lugar, deve existir lei em toda parte". A determinação dos destinos era o foco do franciscano, que fazia uma tabela dos pecados e virtudes dos seus paroquianos. Alfonso tinha a nota 4 em bondade e em piedade, mas 10 em trabalho pelo bem comum; Vera, porém, tinha 10 em trabalho pelo bem comum e piedade, mas zero em bondade! Não havia coerência: as ações humanas mais precisas têm consequências imprecisas.

Há lógica na alternância do dia e da noite – exceto nos eclipses. O problema é que não há ser humano que não precise de uma lua azul ou de um sol camuflado. Ou de chuva com sol.

O problema não é o infortúnio que marca a maioria das vidas. É como eles são tratados. Por isso o sonho tem que ser sonhado – interpretado – como José fez com o deus-rei faraó. Anos de fartura se seguem a anos de penúria. Os cavalinhos continuam correndo e os cavalões comendo, como na poesia de Bandeira. E nós vamos continuar assistindo a essa medíocre ladroagem geral sem dizer nada? Sem sonhar?

A coluna em questões

Numa Copa do Mundo e diante de uma eleição crítica para o destino do Brasil, vivemos de perguntas. Como Hamlets, fazemos a pergunta perene: seremos ou não campeões? Acho curiosa e significativa essa sincronia do calendário futebolístico com o eleitoral. Daquele, temos saído sempre com mais confiança em nós mesmos. Neste, temos nos acertado em termos de princípios, como faz prova a lei dos "fichas limpas", norma crítica para o funcionamento de uma democracia liberal. Essa conjunção de dois eventos críticos numa mesma temporalidade falaria – pergunto – de uma dificuldade em levar o futebol menos a sério do que as competições eleitorais que são, afinal, um dos pontos críticos das democracias?

Não sei.

Sei apenas que eu sempre tenho mais perguntas do que respostas. E a mais séria de todas seria a seguinte: qual a origem da pergunta?

Um mito reza que, no tempo em que os animais falavam e o mal ainda não havia se instalado no coração dos homens, ninguém perguntava nada. O mundo era tão ordeiro que ele prescindia de perguntas. As receitas estabelecidas pelos deuses davam conta de tudo. Um dia, porém, um sujeito dormiu além da conta e, contrariando as boas maneiras, questionou se era hora do café ou do almoço. A mulher disse almoço, o pai falou em café. Houve debate e dúvida. Rompendo o tabu, alguém falou que a hora não importava, porque era uma convenção. Um grupo entusiasmou-se com a descoberta de que tudo era construído. A comunidade partiu-se e o mundo encheu-se de perguntas como a cabeça de uma criança. Tal como naquele famoso conto de Edgar Alan Poe, "O diabo no campanário", a fratura de uma rotina, desenhada em pedra, inventou o caos, a divisão, e o mundo jamais foi o mesmo.

Desde então, o povo vivia períodos em que era proibido perguntar. Daí o nome, "ditado duro", para essas frases nas quais só cabiam respostas e os perguntadores eram presos. Em contraste com esses momentos sem vozes, havia as etapas nas quais as perguntas suplantavam as respostas. O mito termina afirmando que esse povo era feliz e infeliz tanto com respostas quanto com perguntas de modo que conviver com essas duas pontas da razão humana era melhor do que tentar ficar com a missa pela metade.

A vida pode ser resumida em perguntas. Será que você me dá um copo d'água? Terei sucesso? Posso te dar um beijo? Serei um bom pai? Fiz alguma diferença? Será que, um dia, eu vou mesmo morrer? Quando vou parar de roubar e começar a trabalhar para minha cidade, estado e país? Com essa cara, essa ignorância e essa insegurança, vencerei as próximas eleições? Deus, você me ajuda? Sou mesmo um predestinado a governar e a "salvar" o Brasil, sobretudo de mim mesmo e do meu partido? Por que eu não me deixo levar pela indiferença interessada, tão trivial no realismo social brasileiro que enxerga tudo, menos a sociedade? Afinal, sou mesmo republicano ou apenas um hipócrita disposto a tirar partido do republicanismo? Posso cantar? Sou mesmo um professor ou um pulha que empulha? Será que o sucesso me apodreceu totalmente, como fez com X, Y e Z? Ou, pelo contrário, me fez ver o mundo de um ângulo mais generoso? Onde fica o banheiro? Sou um perdedor; mas de onde vem essa energia que brota lá de dentro do meu ser? Um amigo religioso diz que é a fé da qual tão maravilhosamente falou São Paulo Apóstolo. Eu acho que vem de Frank Sinatra cantando "I believe". Como posso estar de pé se minha vida está, como o Carnaval, de ponta-cabeça?

Dize-me o que perguntas, dir-te-ei quem és! Shakespeare faz um resumo estonteante: "Quando eu me pergunto quem sou eu, sou o que pergunta ou o que não sabe a resposta?"

E, no entanto, caro leitor, a maior e a mais arriscada pergunta que podemos fazer e que, de fato, fazemos a todo o momento uns aos outros, é a que Cole Porter produz na canção, "In the still of the night", quando indaga: *"Do you love me, as I love you?"* (Você me ama tanto quanto eu te amo?). Acreditar ou não numa resposta perfeita a essa questão; ter a coragem de fazê-la; viver sem uma resposta são – eu não tenho a menor dúvida – o que nos torna perfeitamente humanos.

A dureza da vida

Viver, dizia Guimarães Rosa, é muito perigoso. Tanto é assim que podemos morrer em minutos, dias ou meses. Trata-se de um truísmo – de uma verdade verdadeira. O viver desemboca na morte e a morte – eis a questão – pode ser um sono sem alvorada ou um sonho do qual se acorda como uma borboleta, entre as flores de um jardim iluminado ao sol de verão? Ouvi a expressão "dureza da vida" de um "inspetor federal", nos idos de 1950, em São João Nepomuceno, Minas Gerais quando, tarde demais, constatei que estava destinado a repetir o ano letivo em consequência da minha vadiagem em latim, francês e matemática. Apavorado, ouvi deste senhor uma palavra de conforto: havia coisa pior. A vida era dura. Ela tem a espessura que detém a nossa vontade e os nossos passos.

Passa-se o tempo e eu, então no esperançoso vigor dos meus 20 anos, estou em plena aldeia dos índios Gaviões do médio rio Tocantins. Numa noite escura, converso com um afamado caçador, por nome Norival, que me fala de suas aventuras e troféus. Havia matado onças-pintadas, jacarés e outras "feras terríveis".

Quando feria um animal, tinha como ética persegui-lo e matá-lo de modo a evitar o seu sofrimento. Era uma "lei do caçador"; e quando encontrava mais caça do que podia consumir, matava apenas uma delas, caso contrário ficaria azarado ou "panema".

Depois de muito falar, disse uma coisa que jamais esqueci: jamais conte às outras pessoas os seus feitos, conjurou-me grave. Mas, por quê?, perguntei. Porque o mundo está recheado de inveja, de ressentimento, de ódio e de loucura.

– Mas há nele muito amor e honestidade – respondi com impávida inocência.

– É, pode ser... – retrucou Norival. – Mas a maldade humana e, acima de tudo, a inveja do amor alheio são fatos da vida.

Relatou-me em seguida como foi ferido de morte quando deu de frente com uma vara de porcos-do-mato e dois deles lhe estraçalharam a perna direita. Sangrando e morto de dor, foi achado por uma família de índios que voltavam de um acampamento no meio da mata. Eles estancaram seu sangue, cuidaram dos seus ferimentos e levaram-no para a aldeia do Cocal, onde estávamos. Ficou como um hóspede na casa do grupo e, na longa convalescência do ataque dos porcos, apaixonou-se por uma índia e a amou mais do que tudo neste mundo.

– Sem ela – repetiu –, eu não estaria contando esse caso.

– Vida de romance – completei para ver no rosto dele um sorriso franco.

Mas logo que o amor foi descoberto, seus companheiros do barracão que abrigava coletores de castanhas-do-pará (hoje do Brasil) cortaram relações com ele.

– Tomaram uma posição contra mim! – disse-me com um olhar triste.

Ao apaixonado que tentava sobreviver às feridas da vida, escapava o significado da punição. Eu tentei fazê-lo compreender que tudo tinha a ver com um paradoxo cultural: como um "branco civilizado" – uma pessoa "adiantada" – podia amar uma índia? Uma "caboca" que mal falava o nosso idioma e que, como um animal, comia todos os bichos que existem no mato?

Norival ouviu, mas não compreendeu. E, no entanto, o que mais o feria era justamente a ausência de compreensão. Ele havia "morrido" para seus parentes e amigos.

Naquele momento, veio-me à cabeça o dito do "inspetor federal". Eu estava longe do meu mundo. Ali não havia água encanada, nem cerveja gelada, nem cama com lençol limpo, nem roupa lavada, nem comida na mesa. Tudo o que eu conhecia como "civilização", conforme me ensinou um querido irmão de vida e trabalho chamado Roque Laraia. Não. Nada daqueles "refinamentos" que eu via como rotineiros existiam na aldeia do Cocal. Mas eu testemunhava a olho nu a dureza da vida.

A inocência e a generosidade – coroadas pela grinalda do amor – são as maiores fontes de inveja e de ódio neste nosso mundo. Os que se pensam como grandes, mas têm os pés de barro, precisam de um bode expiatório para conter o seu ressentimento pelo sucesso do outro.

Uma fábula no reino de Jambon

Com devida vênia a Lima Barreto e François Rabelais

Um alquimista descobriu como transformar merda em metais preciosos. Com isso, os habitantes de Jambon começaram a obrar ouro por fezes. Cada qual recolhia suas porcarias e comprava escravos, gado, automóveis de luxo, plantava cana e comia pernis regados a vinhos de boa cepa.

A enorme obradeira virou imponente riqueza e globalizou-se. Pesquisas realizadas pelo Center for Excrement Research, da Universidade de Harvard, e pelo Bureau de la Recherche de la Merde da Sorbonne constataram que, enquanto um bem alimentado milhardário americano ou um inteligentíssimo filósofo francês produziam um pobre cocô, qualquer cidadão (mas sobretudo os nobres e os políticos) de Jambon produziam um excremento de incomparável teor de riqueza. Para desconsolo de uma elite que sempre achou o nacional inferior, descobriu-se que não havia no mundo nenhum excremento superior ao de Jambon.

A perspectiva de uma riqueza para todos – afinal, defecar é universal – promoveu, porém, contradição, debate e controvérsia. Foi interpretada como uma "paradoxal contradição que liquidava a desigualdade".

Deste modo, os entendidos em merda realizaram um plebiscito que estatizou a bosta. Ela foi centralizada numa grande estatal que controlava as ambições dos empresários e cuidava da porcaria dos pobres, impedindo-os de desperdiçar suas cagadas que, reunidas num fundo, eram distribuídas para todos como parte de um grande tesouro nacional.

Com isso, o governo reiterava seu compromisso com a salvação da pátria e com a promoção do altruísmo. A borra, diziam, era coisa muito séria para ser explorada pela iniciativa privada. Um acirrado debate desembocou na campanha, "a merda é nossa!" e o excremento, finalmente politizado, valorizado e devidamente indexado e quantificado, passou a ser o grande tema nacional.

Criou-se o programa "Merda nostra" e um superdisputado Ministério da Merda, governado por um irmão do próprio rei de Jambon, pois um cargo de tal responsabilidade só poderia ser ocupado por "alguém de confiança!". Institucionaliza-se o lema pátrio: "Cagar é a melhor política." Nacionaliza-se a bosta e, em seguida, o Comitê Superior dos Sábios Nacionais separa por decreto o cagar do defecar. O primeiro era obra dos destituídos, o segundo seria uma exclusividade das classes superiores, dos que têm biografia e dos membros do partido, cujas fezes eram trocadas por títulos do Tesouro Nacional e, depois, cambiadas por ouro na Bolsa da Merda que, a essa altura, apostava num extraordinário mercado futuro que iria redimir o país de todas as suas mazelas.

Um amplo esquema de corrupção fecal, entretanto, insinuou-se nos intestinos do governo. Ele sustentava um clube de corruptos merdosos que enriquecia cada vez mais os administradores do excremento que, junto dos seus compadres, amigos e parentes, lucravam com a centralização da bosta nacional. Esse nepotismo de bosta jamais cessou, mesmo quando um novo governo implementava novos marcos exploratórios e critérios para a divisão das quotas do cocô entre os diversos ducados. Mas, apesar de medidas distributivas, a merda continuava concentrada, como demonstrou empiricamente por meio do que chamou de *ordure index*, um professor catedrático especializado em bosta da Universidade de Stanford.

Veio então a "Crise da Bosta" quando outras nações conseguiram produzir industrialmente a imundície. Dilacerado por coalizões intestinas, Jambon assiste à falência do seu Estado que, àquela altura, já havia transformado todos os seus habitantes em clientes do bosta-governo. Usando dos seus tradicionais laços fisiológicos, os políticos aumentavam a privada e legalmente o valor das cagadas. Uma hiperinflação excremental atinge o país, fazendo aquela economia de merda entrar na fossa. Muda-se o regime, congelam-se os preços das cagadas e os estoques de titica nacional.

Jambon chega ao fundo da latrina. Gradual e lentamente, os cidadãos comuns, cognominados de "cagões", começaram a controlar a fedentina, retomando o usual, mas legalmente proibido hábito de puxar a descarga. Chegou-se à conclusão de que era preciso limitar e punir a produção de merda e obrar mais responsavelmente.

P.S.: Fui informado de que esta continua sendo a grande discussão do Reino de Jambon. Enquanto isso, as pessoas vão levando suas vidas, comendo e descomendo o pão amargo de cada dia. Vez por outra, tomam o choque de saber que crianças não têm escola porque o governo continua preocupado com o tamanho das latrinas, os empresários querem vender mais caro o papel higiênico e o povo, bem, o povo continua com uma insuportável dor de barriga.

Nota Final: Essa história me foi contada pelo Sebastião Azambuja (Sabá) debaixo do testemunho do Emmanuel Plumbio Dias e eles não têm nada a ver com essa versão que – obviamente – não guarda nenhuma semelhança com países, fatos e pessoas vivas ou mortas, sendo inteiramente ficcional e fantasiosa. Além de ser coisa muito malcheirosa.

Uma carta do Diabo

Caros amigos, o Diabo – que, entre muitas coisas, é um hacker consumado – entrou no meu "sistema", ludibriou meus filtros de proteção e de segurança, e deixou a seguinte mensagem:

Meu caro,

Você continua resistindo, mas – como diz um importante líder da criminalidade cosmopolítica do vosso país, Fernandinho Beira-Mar – você também está dominado. Estou aguardando a sua "coluna da desesperança", quando as banalidades do dia a dia irão substituir o esforço de ler o mundo como algo mais espesso, mais profundo e, como as estrelas daquele céu de veludo que você via em Juiz de Fora com sua primeira namorada, instigam ao menos a dúvida e uma penosa busca pelo sentido.

Estou quase certo de que, um dia, você também escreverá uma crônica com o viés apocalíptico do tudo ou nada, que faz parte do abominável jeito brasileiro de ler o mundo. Vocês só acham que se pode fazer alguma coisa quando o mundo está para acabar. Primeiro, chega a tragédia e então, com genuíno horror, meia surpresa e uma contrição e sentimento de culpa pungentes, vocês tomam as medidas cabíveis que, é claro, confirmam as desgraças devidas aos miseráveis produzidos pelo vosso mundo. E como a teoria parte do princípio de que tudo sempre esteve errado, não há como culpar ou sequer responsabilizar alguém, exceto os poderes incontroláveis e inimputáveis da natureza. Apesar de todos os avanços, vocês continuam prisioneiros da noção de uma "tara de origem": o que começou errado permanece errado e nós, autoridades ou cidadãos, nada podemos fazer. Nem mesmo, como ocorreu num certo burgo afetado pelo temporal, visitar as vítimas que perderam parentes e casas, esse espaço que até aqui, no Inferno, é fundamental. E, aí neste seu país de Jambon, é a única coisa que presta e funciona.

Está claro, meu amigo, que as vossas autoridades ignoram o papel sagrado e mágico dos que, eleitos, representam e assim personificam (e trazem para uma dimensão humana e pessoal) a coletividade que os elegeu. É preciso entender que os eleitos estão no lugar de muitos. Como diz um dos meus maiores inimigos, Thomas Mann, representar é mais sublime do que simplesmente ser, pois permite a sensação crítica da entrega a algo maior e mais nobre suspendendo, na ocasião da tragédia, a consciência da dor, da perda e do desabrigo pelo contato solidário com o eleito, esse eleito que por direito é agora o único responsável pela sorte dos desabrigados.

Como Deus está morto, vocês falam da natureza, esquecendo que o poder do planeta e da sua natureza viva e entrelaçada, nada mais é do que um símbolo do Padre Eterno. Esses acidentes naturais lembram o todo e os limites de suas partes. Assim, com a modesta ajuda deste seu criado e desde o terremoto que destruiu Lisboa, em 1755, sismo promotor do fim do otimismo iluminista e aristocrático de um universo hiperordenado, temos – o Criador e eu – dividido as coisas nessa tarefa de revelar o quanto vocês são frágeis e precisam mais uns dos outros do que de nós. De tudo o que ocorreu na vossa cidade, resta uma importante lição. Aí, em Jambon, vocês não querem viver de modo mais igualitário e equilibrado. Por isso, as vítimas foram muito mais coerentes do que os administradores. Pois elas admitem os poderes inescrutáveis e acima de seu controle – esse terrível princípio de realidade que impõe limites; ao passo que a maioria dos dirigentes preferiu ficar com a lenga-lenga malandra que recusa assumir responsabilidade pelo que não se fez. Dizer que não se pode mudar o que existe há 500 anos é o mesmo que assumir que o mundo tem mesmo pobres e ricos e não se pode fazer nada para diminuir essa distância no intuito de, em algum nível, acabar com ela.

No meu vasto entender de Demônio encarregado de promover o teste das bondades e da solidariedade entre vocês em tempos de crise, a maior falha de vossos administradores foi procurar causas múltiplas, quando o desastre foi criado por mim para que vocês realizassem um sério exame de consciência. Mas, pelo visto e com o sol já radiante desta última semana, vocês vão trocar tal mergulho por programas a serem provavelmente dissolvidos em promessas eleitorais.

Para onde levaria tal introspecção? Ora, para as desigualdades extremas e brutais reinantes em Jambon que eu, volta e meia, revelo por meio de chuvas, trovoadas e ventanias. O Padre Eterno prefere realizar coisas definitivas, como acabar o mundo com o Dilúvio ou algumas cidades pelo fogo. Eu prefiro coisas mais modestas – bombas atômicas, tortura política, corrupção sistêmica, etnocídios, terrorismo – e, no entanto, mais controversas. Afinal, sou ou não

o Demo que instala a incomensurabilidade, a contradição destrutiva? Esse lado contraditório da humanidade?
Atenciosamente,

Lúcifer, B.A., M.A., Ph.D, M.D. (ex-faraó, imperador, rei, presidente, governador, general, líder messiânico, revolucionário, ex-papa, pastor, juiz, professor, capitalista, dono de jornal, líder sindical e banqueiro).

Um mundo sem cinzas

*A verdadeira perfeição não é a ausência do mal,
mas a sua mais perfeita subordinação.*

Louis Dumont

Venho do tempo em que a Quarta-Feira de Cinzas era o contrário do Carnaval. O Carnaval nos dava licença para romper com as regras que governavam os elos entre homem e mulher, adultos e crianças, pobres e ricos, trabalho e lazer, casa e rua, dia e noite, brincadeira e gravidade, cuja moldura estava densamente ligada ao mundo religioso e cuja maior e mais legítima expressão era o catolicismo romano. No Carnaval "tudo era possível", e esse "tudo" tinha como eixo os elos entre os sexos (as mulheres subordinavam os homens, o feminino ficava maior e mais importante que o masculino) e o corpo era explicitamente visto como fonte de prazer e não de pecado. Quando a festa terminava, com a gente cantando em desespero "é hoje só, amanhã não tem mais!", vinha a tal Quarta-Feira de Cinzas e o salão festivo virava o espaço sombrio da igreja onde éramos obrigados a receber cinzas. Essas cinzas que, postas em cruz nas nossas testas, abruptamente nos remetiam ao limite, à morte ou, pior que isso, a uma eterna condenação. Era uma covardia.

"Robertinho é canhoto!" A frase – mistura de surpresa, admoestação e denúncia de anomalia – foi das primeiras que gravei quando criança. Todo mundo usava a mão direita mas eis que eu – descobriram – era um canhoto nato, um errado que "fazia tudo com a mão esquerda". Confesso que grudei a frase na minha memória como um traço de anormalidade. Tinha o defeito de ser canhoto. Sinistro, aprendi depois. Anômalo, descobri nas aulas e livros quando me esforcei para ser um estudante dos costumes humanos. Então, com a tranquilidade do intelecto, fiquei sabendo como muitas sociedades condenam a mão esquerda às tarefas mais simples e impuras quando simplesmente não a deformam. Havia, como li em um ensaio célebre, uma proeminência universal da mão direita. Mas a velha observação ficou como a primeira e talvez a mais importante lição de relatividade que jamais recebi. Era canhoto e diferente. Como, eis a questão, não tomar a diferença como inferioridade ou anomalia? Foi (e não foi) muito complicado. Os livros da enciclopédia *Tesouro da Juventude* revelaram que alguns gênios eram igualmente canhotos. A canhotice formava um seleto clube. Leonardo da Vinci, um gênio insuspeito, era canhoto. Liguei-me a ele pelo gosto do desenho e porque eu também era capaz de escrever da esquerda para a direita, produzindo um texto apenas legível quando colocado na frente de um espelho. Em seguida, fui fã da legião de jogadores de futebol canhotos como eu. "Por que, um dia questionei, havia canhotos?" Um tio Sílvio, repleto de bom senso, encerrou o assunto, plantando o relativo e o alternativo que até hoje carrego comigo, quando respondeu num abençoado sorriso: "Porque existe a mão direita!"

———

"Papai, por que existe segunda-feira?", perguntou-me minha filhinha Maria Celeste, cujo sono pesado tornava o acordar cedo para ir à escola um pesadelo. "Porque existe domingo!", respondi no ato, repetindo uma lição de sabedoria que estava dentro de mim.

Sem as polaridades não haveria condição humana. Todas as grandes cosmologias foram permeadas por dualismos e as sociedades que os antropólogos descobriram nos seus estudos as usam para inventar e compreender o mundo. Dia e noite, inverno e verão, paraíso e inferno, mortos e vivos, Deus e Satanás, natureza e cultura, homem e mulher, sagrado e profano, esquerda e direita, alto e baixo, dentro e fora, preto e branco, pureza e impureza, velho e novo, feio e bonito, Carnaval e cinzas...

A lista de alternâncias, cuja característica principal é a complementaridade e a interdependência, não tem fim. A polaridade indica que um termo não existe sem o outro, que é o seu exato oposto, não o seu sinônimo ou paralelo. Ao passo que a complementaridade revela algo com que, nós, modernos, estamos tentando acabar faz algum tempo: a interdependência. O fato de que essas oposições se manifestam por meio de suas relações. Só entendemos a vida quando estamos diante da morte. É a experiência com o feminino que nos dá a plena sensação de masculinidade (e vice-versa!). Seria o mal uma ausência do bem? Ou eles existem como princípios independentes, a questão sendo – como diz Louis Dumont – que o bem contenha (e canibalize) o mal, mesmo quando ele é o seu contrário?

Antigamente, a qualidade do Carnaval era medida pela intensidade da Quaresma pois, num dado momento, o brincar, o pular, o esbaldar-se usando o corpo que nesta festa subjuga a alma termina cedendo lugar às cinzas que representam a morte. O fim do excesso é sinalizado pela contenção. Assim, se o Diabo com sua sexualidade desabrida reinava no Carnaval, ele voltava ao seu devido lugar na Quaresma. O problema é que o Carnaval deixou de ser uma festa obrigatória e virou feriado. Podemos optar por ele ou tê-lo todos os dias, de modo que o espaço entre excesso e restrição se confundiu e talvez tenha terminado. As cinzas não simbolizam mais o pecado e a morte no plano do religioso que ligava tudo com tudo. Neste nosso mundo tocado a progresso e liberação, entretanto, as cinzas são apenas os sinais da poluição com a qual vamos destruindo o planeta. Que desastre!

Feliz 2013!

Estamos nos primeiros dias de 2013, mas o ritual de virada de um ano para o outro – um ato dramático com seus votos, suas imensas promessas e outros fogos de artifício sem o qual não teríamos consciência da passagem e da presença do tempo – ainda está vivo nas nossas mentes.

Nessa guinada, vivi as mesmas rotinas especiais de sempre. Mas como ocorre quando cantamos uma mesma música, basta começar para que a melodia reviva dentro de cada um de nós e de quem está em nossa volta.

Assim foi nesta virada de 12 (no jogo do bicho, a dezena do elefante) para 13, a dezena do galo. Sei que 2012 está empacotado e acabado – na passagem rompemos com tudo o que o ano velho deixou para ser esquecido. Já o Ano-Novo é só expectativa e vivência daquilo que é impossível adivinhar. Afinal, o 2012 morre pesado como um elefante; mas o 2013, que apenas estreia, traz a leveza incerta dos movimentos do galo. Desse 13 que a ciência brasileira dos sonhos associa a desavenças e discussões. Sonhou com briga? Joga no galo! Não se pode esquecer das brigas de galo e dos galos de briga. O ator de um espetáculo em toda parte legalmente proibido, mas culturalmente aprovado. Que esse atributo do 13 não seja premonitório.

Atacado de incerteza, fui nesta virada para a missa de sétimo dia de uma figura conhecida. Era um ateu, mas os amigos

(todos descrentes) não deixaram de fora a celebração de uma missa e não o levaram ao túmulo sem a bênção final do caixão.
— Viveu como ateu e morreu como um bom católico! — soltei triste e desanimado ao meu amigo Richard Moneygrand, que veio lá do ex-grandioso país do Norte homenagear essa bela figura. Ao me ouvir, corrigiu:
— Robero — disse com seu sotaque incorrigível —, ele viveu como quis mas morreu como um brasileiro. Porque tanto na vida quanto na morte, vocês, brasileiros, vivem para os seus parentes e amigos. Mesmo quando ele dizia que era ateu, a família e, tirando o pessoal mais radical do partido, não acreditava. Estavam certos de que era só um gesto intencional, uma ato de bravata assegurado por sua individualidade. Morto — prosseguiu Moneygrand —, vemos mais claramente como vocês brasileiros pertencem não a vocês mesmos, mas aos amigos! João é meu amigo, mexeu com ele, mexeu comigo. Quer coisa mais reveladora desse fato?

Eu sabia disso, mas não com essa clareza. Nosso ateísmo é tão formal quanto o nosso decidido individualismo, ambos prontos ao desmanche na primeira demanda de um conhecido ou parente. Quem não quis deixar de ir à missa no domingo e acabou indo de qualquer maneira porque um domingo sem missa, como me explicou a Cidinha, não era domingo?

Conheci uma senhora que, de dia, confessava-se e fazia parte da Congregação do Sagrado Coração de Jesus; mas, à noite, fazia memoráveis sessões espíritas na sua sala de jantar. A nobre mesa de comer transformando-se na ara onde os irmãozinhos sofredores encontravam alento.

Visitando, em Porto Alegre, um amigo baiano, com um doutoramento em filosofia pela Universidade de Paris e ojê de candomblé, vi em sua casa um belo altar budista onde ele meditava depois de voltar de uma reza de um terço por um sacerdote filiado à teologia da libertação. Pelo que posso compreender, ele continua tão católico quanto todos nós que, se tudo correr bem, iremos ter – apesar de todas as nossas convicções individualistas mais notoriamente anunciadas – uma bela missa de sétimo dia.

Neste Ano-Novo, fomos todos à praia. Estávamos vestidos de branco dos pés à cabeça e as mulheres da família carregavam buquês de flores a serem ofertados para Iemanjá. Estávamos um tanto preocupados com o trânsito, disse-me ainda ontem enquanto eu preparava essa crônica Raimundo Vieira, traumatologista e médium da linha branca, porque não queríamos perder a bela Missa do Galo, sempre realizada com enorme espiritualidade pelo padre Varela em bom e sonoro latim, seguindo as melhores tradições do medievo ocidental.

Ao ouvir essas palavras, lembrei-me de um velho e esquecido Ano-Novo, talvez o de 1960 quando, em companhia de Paulo e Panicalli fomos à praia de Icaraí e vimos uma das mais belas moças de nossa vizinhança – uma mulher que usava maiôs de fazer parar até mesmo as mais candentes discussões políticas, tão boas e comuns daqueles tempos de "Esquerda e Direita" – no meio de uma roda de umbanda possuída por um preto velho, fumando desbragadamente um enorme e fedorento charuto. No dia seguinte fomos encontrá-la na praia, fagueira e lindíssima, com a sua costumeira medalhinha de Nossa Senhora no pescoço.

A cada Ano-Novo, essas múltiplas facetas surgem mais claramente. Um lado meu diz que o mundo fica cada vez mais transparente e mais chato porque toda a nossa tecnologia tem origem em Lutero e Calvino que queriam colocar o Céu na Terra e idealizavam uma vida social absoluta e absurdamente transparente. Ainda não temos casas de vidro, como propôs o velho surrealista-comunista André Breton, mas o nosso aparato eletrônico é uma penitenciária na qual entramos sem saber e com o máximo prazer.

Se o ano do elefante, o 2012 que acaba de fechar, mostrou muita gente boa e importante com várias caras, o do galo – esse 2013 que apenas se inicia – promete muitas rinhas e movimentos surpreendentes. Feliz Ano-Novo!

Trocas e mudanças

Quando eu era um jovem estudante de antropologia, fiquei muito impressionado quando aprendi que o diferente – o outro (o índio, o estrangeiro, o gay, o negro, a mulher, o anão, o gênio etc.) – não precisa ser qualificado como inferior nem como superior. Ele é uma alternativa. Seria possível falar em alternativas melhores e piores, mais avançadas ou adiantadas? Essa era, exatamente, a questão. E eu, caro leitor, confesso que até hoje não sei muito bem se nós, humanos, melhoramos ou pioramos nas nossas mais diversas versões históricas e culturais que, no fundo, são alternativas: outros modos de conceber e fazer as mesmas coisas que, por isso mesmo, ficam diferentes. Sei, simplesmente, que a despeito de todos os avanços tecnológicos, continuamos a matar e a morrer como o homem de Neandertal. E a chorar de mágoa e de saudade...

Será que confundimos substituição com avanço? Trocamos de gravata e nos imaginamos mais atraentes. Mudamos de cônjuge, mas continuamos perseguindo a mesma mulher (ou o mesmo homem). Um amigo, casado três vezes, me impressiona porque "avança", encontrando mulheres exatamente iguais (aos meus olhos). Deixamos cidades e países mas continuamos com as mesmas manias e vícios. Quase sempre confundimos troca com mudança.

Essa filosofia barata me faz lembrar de um rapaz que conheci no Ginásio de São João Nepomuceno, Minas, em 1948 ou 49. Era um semi-interno, amarelo e solitário, que matava todas as aulas de "ciência" do professor Nilo.

"Seu Nilo", corria o mito, olhava no fundo dos nossos olhos e descobria imediatamente quem se masturbava além da conta – esse além da conta que é, de fato, o grande problema da condição humana porque ninguém (exceto os radicais) sabe qual é a conta.

O resultado era que ninguém encarava "Seu Nilo". Para piorar as coisas, sabia-se que se "Seu Nilo" tocasse com o dedo indicador o plexo solar, ele era capaz de diagnosticar com exatidão matemática, aquilo que todos escondíamos de todos e, sobretudo, de nós mesmos: éramos masturbadores eméritos e irremissíveis, praticantes virtuosos daquele pecado mortal chamado alternativamente de "vício solitário" por qualquer motivo e pretexto. De fato, a masturbação era parte constitutiva do nosso mundo. Era paradoxalmente praticada como um autorremédio, para – vejam vocês – liquidar o desejo de praticá-la. Éramos, sem saber, mestres do paradoxo. O problema do Túlio, eis o nome do jovem fantasmagórico, seria – eis o nosso diagnóstico de experts – a masturbação excessiva. Sua cor, seu desânimo, sua falta de energia e carência escolar eram uma prova viva de como a punheta destruía e, como a lepra, estigmatizava e marginalizava um ser humano, transformando-o num trapo vivo, como salientou um dia dona Mariola, nossa professora de português.

"Seu Nilo" imediatamente avaliou a extensão do mal. E resolveu curá-lo. Passou a conversar com o rapaz. Descobriu as causas de seu vício secreto. Uma delas atendia pelo doce nome de Maria do Socorro e era dona de um corpo perfeito. Ironicamente, o próprio "Seu Nilo" inspirava-se nela nas suas maduras, equilibradas, metódicas e homéricas sessões masturbatórias em sua modesta casa de professor de ginásio. A empatia entre Túlio e Nilo aumentou quando descobriram que Sonia, Zélia, Mariza, Silvinha e Cidinha faziam parte das fantasias de ambos. Para tornar uma longa história curta, dentro de pouco tempo Túlio livrou-se do vício. Mas só para passar deste para outro maior, conforme me confessou num dia em que ele almoçou na nossa casa. No final do seu "tratamento" – contou – ele descobriu uma "eguinha jeitosa" no curral do sítio paterno e começou a frequentá-la. "Troquei a punheta pela bestialidade", disse-me, ressuscitando os olhos tristes de sempre. "Substituí um pecado por outro muito mais complicado porque agora eu tinha que sair de casa e encontrar uma mula, uma égua, ou uma cabra...". Seu rosto estampava a surpresa de quem descobriu por si mesmo esse lado triste da condição humana. A tal pedra que, como nos lembrou Camus, é levada ao cume da montanha e rola morro abaixo, só para ser levada ao topo novamente. Não é assim que fazemos todos os dias, quando saímos dos nossos sonhos e corremos o risco de morrer simplesmente porque estamos vivos?

Agora, querido leitor, qualquer semelhança com as mudanças de modelos e marcos para explorar o petróleo e fazer campanha eleitoral – que promete ser mais excitante do que a Copa do Mundo – é mera coincidência. Ou melhor, são coisas do país de Jambon. Aquela terra onde se pensa que a troca das leis cria honestidade. Como dizia com fúria nazista um velho professor: basta a lei para que tudo entre nos eixos! Modernizemos, pois, os códigos e posturas regimentais, bem como a forma das urnas.

Escrito à tinta

Quando criança fiquei vivamente impressionado com uma história na qual o Diabo comprava a alma de um estudante pobre. Tanto que cheguei a sonhar com o Demo, que vinha em busca de minha alma, o que não era muito, mas trazendo a possibilidade de realização dos meus desejos mais secretos – o que era apavorante.

Dessa história guardei um detalhe. A formalização da venda da alma por meio de um contrato assinado em sangue. Sangue que o Diabo obteve cortando seu pulso e o de sua vítima e associado e que serviu como veículo para as assinaturas com as quais selaram o torpe negócio. Se os empréstimos tivessem sido assinados com sangue, não teríamos crise financeira, diz a voz desse menino que vive em mim...

Mas seria mesmo possível escrever com sangue? Teria o sangue uma permanência perpétua, superando a tinta negra das canetas-tinteiro que andavam no "bolso de dentro" dos paletós dos adultos, custavam caro e eram símbolos de masculinidade, educação e autonomia?

Meus irmãos, nossos amigos e eu resolvemos tirar a coisa a limpo. Depois de alguma discussão, na qual excluímos coelhos, pombos, cavalos (por medo de coice) e bovinos (por não estarem à mão), centramos no sangue de galinha, de gato e de cachorro. Como éramos cinco irmãos, sangue humano era o que, paradoxalmente, não faltava. A abundância de corajosos voluntários permitiu que, em alguns minutos e uma picada de dor, orvalhássemos uma tampa de lata de pastilha Valda com o vermelho que pulsava em nossas veias. Mas a nossa curiosidade cientifico-teológica exigia mais. Daí o teste com o sangue da galinha, conseguido facilmente num domingo, quando nossa cozinheira Dedé preparou galinha ao molho pardo e houve aquela matança ritual da ave, com o corre-corre para pegá-la e submetê-la ao sacrifício familiar que passava primeiramente pelo degolamento parcial do animal em cima de um prato fundo que, como um altar, recolhia o sangue a ser transformado naquele molho negro e grosso, delicioso, que comíamos. Muito mais complicado foi obter o sangue do gato e do cachorro. Não só pela dificuldade da coleta, mas pelo ato um tanto sinistro de submeter dois animais com os quais tínhamos um elo de estimação que lhes dava uma personalidade correspondente à tal estima (tanto o gato quanto o cachorro tinham nome, lugar na casa, coleira e tudo), o que tornava a coleta um gesto espremido entre a curiosidade científica e a mais pura maldade.

O fato, contudo, é que a ciência venceu a ternura por Bichano e Totó que, mansos, forneceram sangue suficiente para que uma imaculada folha oficial de papel almaço recebesse nossas assinaturas. Cada um de nós assinou, usando o sangue do bicho preferido, com letra rebuscada, marca pessoal e teoricamente indelével ao tempo. O papel foi guardado, mas logo esquecido. Outros projetos – fazer um barco com a madeira na qual veio embalado o piano de mamãe, e de testar uma bicicleta movida à vela – substituíram essa gloriosa experiência de escrever com sangue.

Foi somente outro dia quando comprei um tinteiro, que me voltou à memória esse projeto. Foram-se as assinaturas em sangue, mas ficou a consciência das assinaturas e escritas. Das palavras grafadas no conhecido, infantil e trivial lápis que permite corrigir e, principalmente, apagar os erros com uma borracha, à muito mais séria e ritualizada escrita à tinta, até a forma suprema da escrita em sangue – sangue que representava a própria vida e que era o material nobre com o qual se assinavam contratos eternos. Pena que não me lembrei de assinar em sangue as muitas promessas que recebi pela vida afora. Dos amores intermináveis aos favores inesquecíveis.

Hoje, vivemos o momento das redes e, com elas, das palavras e textos que podem sumir num átimo. Temos muitos textos e pouca ou nenhuma escrita. Difícil pensar na letra da lei quando escrevemos em telas e sem papel e caneta. E mesmo quando usamos papel e o assinamos ritualmente – ao tomar posse de algum cargo público ou ao proclamar princípios – podemos nos retratar, nas famosas declarações autocomplacentes que desfazem hoje o que fomos no passado.

Para o menino iniciado num mundo em que era possível vender a alma ao Diabo, pactuando com ele uma assinatura feita em sangue que eternizava o pacto; para quem conheceu a expressão "palavra de honra" ser usada com veemência em algumas ocasiões; para quem temia escrever à tinta porque as palavras assim lavradas não podiam ser apagadas e borravam o texto, essas memórias têm um toque de assombrosa irrealidade e de prodigiosa nostalgia.

Para que relembrar essas escritas eternas se o Diabo não mete mais medo, porque vive entre nós? Está no computador que nos vigia e comanda, nas balas perdidas, nos assaltos, na insinceridade galopante dos que nos governam, e nas armas dos traficantes que dominam nossas cidades. Realmente, o tempo da escrita à tinta passou, mas ainda continuamos a fazer promessas e à contrair dívidas. Com que material esses contratos são firmados?

Meu lado pessimista diz que assim fazemos usando os ventos da demagogia e a escrita ideológica que condescende com os "nossos" sendo implacável com "eles". Seu fim, ele reafirma, é o dinheiro, o sucesso e o poder a qualquer custo.

Homem ou mulher?

Quem é melhor? Mais sensível, inteligente ou racional? A nossa pouco lida Bíblia Sagrada afirma que Eva, a primeira mulher, foi produzida com uma costela de Adão que assim representa e, de imediato, (des)representa a humanidade. Mas outras mitologias dizem outras coisas. Caso contrário, o mundo seria diferente e os astecas, os havaianos, os marajoaras e uma multidão de outros povos estariam dando o seu testemunho sobre as novas tecnologias e haveria um iPad com aplicativos para ler nas mil e tantas línguas que sumiram do mapa, bem como intelectuais de tribos decepadas pelas espadas bíblicas e racionais, opinando sobre o WikiLeaks. Esse vazamento que o Lula (o nosso nunca antes visto maior quase ex-presidente) defende, esquecido de que ele próprio tentou expulsar o jornalista americano Larry Rohter que ousou mencionar suas relações tumultuadas com um pai violento e o seu gosto pelo mero álcool que, ao lado de outro tanto de coisas proibidas, ajuda a segurar a vida e a imaginar o Paraíso. Esse lugar, como sugere Thomas Mann, onde o legítimo e o perverso estariam em perfeita sintonia.

Todo vazamento tem a ver com a dualidade entre "casa" e "rua". Se os cargos públicos fossem absolutamente capazes de possuir os seus ocupantes, a conduta íntima seria inseparável da coletiva e os escândalos sumiriam. As reações ao WikiLeaks mostram que somos muitos, mesmo quando ocupamos cargos importantes e exclusivos e, um tanto além e fora do olhar mais trivial, que a informação não oficial e reveladora – os escândalos e fuxicos – mesmo num mundo globalizado ainda tem a função de exercer controle social e de balizar a moralidade. Tal como acontece nas aldeias.

———

Quem é mais honesto, o homem ou a mulher? Elas, dizia um amigo, conhecem mais e melhor a linha que separa o bem do mal; o que era enfaticamente negado pela maioria. As mulheres seriam sedutoras e, como Eva e Dalila, estariam sempre pensando em nos enganar. Deus nos deu a palavra mas nos obliterou da leitura dos pensamentos uns dos outros. A vida coletiva só é possível porque ninguém, nem nós mesmos, lemos todos os nossos pensamentos, conforme descobriu Freud. Uma máquina de ler pensamentos destruiria o mundo tal como o conhecemos.

———

Tio Amâncio era conhecido por seus fracassos amorosos. Perto dos outros tios, Lino, Sivoca e Miroca, ele era uma espécie de contraponto. Enquanto o trio só falava de conquistas, ele só contava fracassos. Mas com que verve e energia ele falava deles e que lições ele tirava de cada episódio. Enquanto a fase final das conquistas era o "comer" – a consumação amorosa e o descarte da mulher –, para tio Amâncio o ato amoroso não era o fim, mas o começo. Foi ele quem me ensinou que "amor físico" era um equívoco de linguagem. Tio Amâncio considerava uma burrice separar sexo e amor pois, a rigor, não se podia distinguir um do outro e, ambos, de nenhum outro tipo de afeto, todos entrelaçados. Nesse campo, dizia ele, as mulheres tinham mais amplitude.

Num dado momento, e intuindo os tempos modernos, falou-se em quem governaria melhor. A coisa começou com a rotineira incapacidade racional das mulheres mas logo chegou ao enorme papel da intuição num país tão misturado e confuso como o Brasil. As mulheres ouvem mais, dizia tio Lino, e ouvir é básico para um bom governo. Daí passaram para quem seria mais duro com a corrupção e logo saíram da velha política para entrar num tema tão misterioso quanto fascinante e freudiano: quem tirava mais prazer do mundo, quem a ele mais se entregava e, nesse rumo, quem gozava mais: se o homem ou a mulher.

Tio Miroca, cuja frase – "gozar é tudo" – revelava uma profunda sabedoria, lembrou uma lenda indiana. Um rei condenado pelos deuses por corrupção foi transformado em mulher. Numa floresta, casou-se com um camponês. Passado, entretanto, o tempo do ordálio, ele voltou à forma masculina e disse ao marido assustado: sou tua esposa e teu rei! Logo essa experiência reuniu curiosos, pois esse rei ambíguo poderia atestar quem desfrutava mais prazer. A pergunta foi feita e respondida sem demora: era, disse ele, a mulher. O orgasmo masculino era concreto, mas o da mulher poderia ocorrer em ondas ou maremotos; ou em pequenos surtos; em gritos entrecortados, como fazem as cuícas, em grandes e estremecedoras contorções, num silêncio de túmulo e na leveza dos suspiros. Trata-se de um prazer sublime, completou tio Amâncio, tirando as palavras do mitológico soberano que encerrou seus dias como os vazamentos do WikiLeaks. Uns dizem que ele viveu e morreu numa profunda melancolia; outros garantem que os deuses atenderam ao seu desejo secreto e ele, mulher, voltou a viver com seu marido camponês. Enjaulados em corpos e papéis, preconceitos e experiências exclusivas e singulares, como saber a verdade verdadeira, exceto pela literatura, que guarda no fundo dos livros toda a sabedoria humana?

Cinzas e a garrafa de Klein

Como máquinas de marcar, regular e inventar o tempo, determinando suas eventuais funções – tempo de colher e plantar, de rir e de chorar, de vadiar ou de trabalhar, de obedecer ou de enlouquecer, de discursar ou de cantar – as festas e os rituais realizam cortes nas rotinas diárias.

Fatiar o tempo, como dizia Thomas Mann, é como tentar cortar a água, mas se não podemos concretizá-lo, podemos ao menos tentar enjaulá-lo ou enredá-lo por meio de convenções tirando-o da correnteza do não percebido rio do "aqui e agora" – desse presente que nos faz sentir saudade do passado e que nos traz as incertezas do futuro.

Mas como as festas fazem isso? Promovendo descontinuidades naquilo que é vivido como uma experiência sem início ou fim. Por meio dos tambores que reproduzem a percussão, da nudez das mulheres, da confusão entre fundo e forma e pela conjunção da entrada e da saída, tentamos separar de uma continuidade infinita, algo discreto: um drama com início, meio e fim.

Todo ritual tem um alvo e hoje, querido leitor, você deve estar exausto ou pensando que esse Carnaval de 2012 que acabou de acabar foi mais uma disciplinada e programada loucura. A menos que nele e por meio dele você tenha vivido alguma coisa extraordinária.

Quando menino, eu ouvi de um dos meus tios maternos uma história de Carnaval que se equipara a uma parábola e que poderia se transformar num conto.

A história era uma das poucas narrativas produzidas pelo meu avô Raul, desembargador aposentado pelo estado do Amazonas e chamado por esses tios de "velho Raul": um homem sisudo como esses magistrais magistrados do STF. Baiano de pouco falar, que não gostava muito de criança, ele se satisfazia mais em ver os filhos, enteados, noras e netos falando e discutindo do que tomar parte ativa nas intermináveis discussões e saraus narrativos praticados pela nossa família.

O caso do velho Raul contava o seguinte: num antigo Carnaval baiano, um jovem conquistador apaixonou-se por uma linda morena e dançou com ela todo o Carnaval. Em vez de tomar parte nos mil e um eventos que constituem a teia das festas carnavalescas, o jovem concentrou-se apenas naquela mulher misteriosa cujo enorme decote combinava com uma meia máscara.

Todas as noites, eles rodopiavam pelos salões, enredados nas serpentinas e, entre taças de champanhe com pingos de confete, olhavam-se com aquela voracidade capaz de enxergar a alma que, afinal de contas, o Carnaval tanto deixa em risco. Ao fim do terceiro e último dia, vésperas das Cinzas que são o símbolo da fragmentação ou do fracionamento de todos nós, a moça atende às propostas mais abusivas e decide acompanhar o rapaz para a casa de um amigo. Naquele tempo, vovô remarcava, não existiam hotéis e tudo tinha que ser feito com o maior cuidado.

Chegaram à casa combinada pelas três horas da manhã. Tecnicamente já estavam na Quarta-feira de Cinzas, mas os beijos apaixonados e os abraços atrevidos garantiam a licença carnavalesca trazendo para a alcova o clima do baile. Despiram-se e, na hora da verdade que os corpos nus não podem esconder, o jovem descobriu que a mocinha linda e envergonhada era um homem. Essa história sempre terminava com um sorriso dos meus tios. Não me passou pela cabeça perguntar a nenhum deles o que ocorreu em seguida. Hoje, eu compreendo o peso da pergunta e ela me diz que certamente nenhum dos ouvintes ousou perguntar o desfecho desse caso de Carnaval para o nosso vetusto juiz de juízes.

―――――

Penso que neste nosso mundo globalizado, o grande sertão inventado pelo Carnaval da parábola baiana de vovô Raul não promove mais suspense. Pois entre ser homem e mulher existem distinções biológicas palpáveis, nada cobre o espaço entre o masculino e o feminino, exceto um conjunto de disposições ou disponibilidades de distinção (ou extinção) convencionais e arbitrárias, de tal modo que um lado pode muito bem ultrapassar o outro. O resultado desses encontros seria uma figura como um cachorro que sumiu comendo o próprio rabo; ou como uma garrafa de Klein – ou uma inversão transversa seja lá o que for isso – viva o Carnaval! – quer dizer.

―――――

Descubro que as máscaras do travesti, personagem do programa humorístico *Zorra total*, Valéria, e de sua coadjuvante, Janete, são as mais vendidas neste Carnaval, ao lado das do palhaço-político Tiririca e de Ronaldinho. No Halloween, o nosso americanizado Dia dos Finados, a máscara de Michel Temer abafou. Mas nesses dias de folia e inversão do mundo, nada melhor que essas ambiguidades de ambiguidades que remetam ao próprio espírito do Rei da Desordem.

Todo Carnaval tem temas. Nos últimos anos vimos os bailes que dividiam um Carnaval fechado de outro, mais aberto, realizado nas ruas, praias e praças, serem substituídos pelos desfiles das escolas de samba ao ponto de uma "descarnavalização"– de um restabelecimento do fosso hierárquico entre atores e espectadores que, como sugeria Bakhtin, o grande estudioso desta festa, o Carnaval destrói porque ele conduz, como todos nós, brasileiros, sabemos bem, a uma dramática, e quase sempre grotesca ou cômica, troca de lugar.

Mas a despeito de tudo, eu espero que nesta Quarta-Feira de Cinzas que todo ano pauta minha escrita, você tenha se divertido num dos mil blocos que hoje parecem ser mais um centro de inspiração para "brincar" e "pular" no nosso velho e sempre recorrente Carnaval.

Entretempos e sentimentos

O famoso brasilianista Richard Moneygrand me escreve neste período de festas desejando o que ele chama de óbvio: votos de felicidade e saúde. "Não falo mais em dinheiro – diz – porque sei que para nós, professores, escritores e pesquisadores, isso não vem ao caso. O que nos sobra em ideias falta em dinheiro. São raros os que conseguiram guardar ou até mesmo manter a fortuna herdada. Ganhar bem com docência e livros de sociologia só se você virar escritor mas, mesmo assim, você teria que ser um Balzac, um Thomas Mann ou um Hemingway – e ser vendido a Hollywood. Mas lhe desejo tudo de bom, como ordenam a data e o tempo."

Meu amigo abre 2014 com essa notificação exagerada mas fala de algo real: as datas obrigam a fazer coisas e despertam de fora para dentro e do todo para a parte, certos sentimentos. As emoções são muito mais obrigatórias do que automáticas, como descobriu um certo Marcel Mauss.

Sou amigo de Dick faz uns cinquenta e tantos anos – há meio século. Ficamos muito mais impressionados quando a temporalidade surge sem números mas com um nome. Cinco dezenas falam mais que do que cinquenta anos quando se trata de certas emoções como o amor ou o ódio que supostamente são sentidos e não promovidos, exceto nas vinganças e na má-fé entre pessoas e famílias. No amor e no ódio, vale mais o adjetivo já que o amor seria "eterno" ou "infinito" e o ódio, "mortal."

Os sentimentos nos levam para longe do relógio e do calendário. Mas retornam quando o tempo precisa ser sentido e vivido. O amor, como a fidelidade, a fé, a lealdade, a temperança, e coisas mais tenebrosas como a inveja, o ressentimento, a ingratidão e o abandono são duros de medir. Quanto tempo dura a ingratidão? Ou a avareza que, dizem, não tem cura? Mas o ódio, como certos tipos de amor, podem ser medidos como ocorreu com um amigo quando ele se apaixonou pela moça mais linda da aldeia e, cinco minutos depois, quando ela lhe sorriu, desapaixonou-se porque, em vez de pérolas, encontrou entre os seus lábios rubros, uma dupla fieira de dentes podres.

Confirmando essas dificuldades filosóficas deixadas aos cronistas sem assunto e aos que se atrevem a falar de tudo, dizer-se-ia que a vergonha teria fim, exceto no Brasil. O mesmo ocorre com a honra. Mas tal não é o caso da culpa, a qual permanece intacta na paisagem humana, mesmo quando aparentemente soterrada por outros acontecimentos. Marcamos o tempo de modo regular mas os sentimentos e eventos a ele ligados, são desmedidos.

Na mesma mensagem, Richard Moneygrand que é um mestre viciado em citações, menciona um ensaio no qual um estudioso de países antigamente chamados de "atrasados" ou "subdesenvolvidos", faz uma descoberta sensacional: quanto mais atrasado o país, mais os seus relógios estão fora de sincronia. O relógio do aeroporto marca 10 horas; mas o da estação rodoviária, 10:30; o da catedral, 9:50; ao passo que o do palácio do governo crava 10:45. Já nos países que alguns dos meus mais queridos amigos gostariam de morar – Suécia, Dinamarca, Suíça, Finlândia – todos os relógios públicos e privados estão sincronizados. Rigorosamente marcando a mesmíssima hora, minutos e segundos!

Num Brasil antigo isso era a mais pura verdade. Hoje eu afirmo que pelo menos os 270 milhões de relógios dos nossos telefones celulares estão em sintonia, marcando o tempo certo e obrigando os seus donos a andarem no tempo determinado por suas obrigações.

Na era de Dom João Charuto o tempo era feito pelas pessoas. Havia o tempo do Rei, sereno e grandioso; e o tempo do povo e dos escravos: exato, exigente e rotineiro. Hoje, vivemos o tempo de cobrança de certos papéis sociais. Ninguém atura mais médicos que não chegam na hora e funcionários públicos relapsos. O mesmo vale para administradores públicos que, sendo importantes, chegam atrasados porque se consideram os mais importantes. Presidentes, quando chegam, aparecem com muitas horas de atraso; governadores com algumas horas; prefeitos com alguns minutos. Mas tudo se complica quando eles se encontram. Diante do presidente, o governador chega em cima da hora e, diante deste, o prefeito é um cronômetro.

E por aí segue essa lógica do tempo medido em relação à seriedade e ao progresso dos países. Bem mesmo faziam os povos tribais que seguiam a Lua e o Sol, cujo tempo começava quando eles resolviam fazer alguma coisa. Assim, era a tarefa social que marcava o tempo e não o contrário. Quando se comia era tempo de comer. Não havia uma "hora do almoço", entenderam?

Por favor, caro leitor ou leitora, não se esqueçam que hoje é 1º de janeiro de 2014. Não percam a hora de dizer a todos e a cada um dos seus que o seu amor por eles não tem tempo ou hora.

Feliz Ano-Novo!

Quantas vezes o mundo vai acabar?

Penso que só nós, humanos, podemos contar uma história que começa assim: "Foi logo depois que o mundo acabou. As águas baixaram, a enorme arca encalhou no flanco de uma planície e a vida rotineira recomeçou com suas esperanças de sempre, inclusive a de poder, um dia, terminar..."

A Arca de Noé não era um *Titanic*, embora o *Titanic* tivesse uma inconfundível inspiração mitológica. Mas o *Titanic*, aquele navio inafundável, fabricado com a certeza da ciência, submergiu. Enquanto a Arca – construída na base da fé – não soçobrou. Por outro lado, o *Titanic* levava milionários num passeio luxuoso e imigrantes pobres que iam "fazer a América" naqueles velhos tempos que ela ainda podia ser feita.

É claro que ambos os navios tinham um povo escolhido que sobreviveria. No caso do *Titanic*, testemunhamos a sobrevivência habitual dos milionários e dos espertos. Os de terceira classe morreram tão escandalosamente que as regras do transporte marítimo foram drasticamente modificadas. O *Titanic* como a Arca de Noé representam, cada qual a seu modo, um fim de mundo.

A Arca, porém, como um instrumento de salvação, não podia afundar. Ela corrigia erros. Foi uma advertência e um *recall* do Criador para a humanidade. Os filhos de Adão e Eva, híbridos de barro, carne, osso, sopro divino e bestialidade não iam dar certo. Para quem vive querendo começar a vida; para quem tem arrependimentos intransponíveis e gostaria de zerar sua existência, a passagem bíblica oferece um conforto: até mesmo o Criador – onisciente, onipotente e onipresente – teve seus momentos de dúvida. Valeu a pena criar um intermediário, um ser entre os animais e os anjos?

Não sabemos. O que se conhece, entretanto, é que sempre há um grupo que se imagina escolhido e, volta e meia, diz que o mundo vai acabar. Os eleitos são salvos por alguma Arca de Noé ou foguete intergaláctico como nos velhos e esquecidos contos de Isaac Asimov e de Ray Bradbury. São os escolhidos que dão testemunho de como o mundo acabou e – graças a um profeta – foi refeito na esperança de um aperfeiçoamento moral que custa e, às vezes, chega.

No fundo, como diz a dra. Camélia, uma psicanalista admiradora de antropologia, esses mitos não falam apenas do fim do mundo, falam – isso sim – da imortalidade dos eleitos. Daqueles que estão além do mundo porque seguiram regras morais mais fortes que o próprio mundo – esse planeta que, no fundo, é frágil e terminal se não segue algum mandamento.

Vi o mundo acabar muitas vezes, disse o professor. Primeiro pela água, depois pelo fogo, depois pelas bombas atômicas do dr. Strangelove. De mil passarás mas a 2000 mil não chegarás! Estávamos em 1948 e faltava tanto para o 2000 que eu me perdi. Afinal, havia muitas coisas mais importantes para pensar e fazer do que me preparar para o fim do mundo. E, no entanto, essa década de 2000 foi clara na demonstração de que eu era mais um náufrago, a ser salvo pela paciência e pela generosa ternura humana.

Por que será que mesmo nestes tempos de utilitarismo racional e de realismo capitalista, tanta gente ainda acredita no fim do mundo?

Porque eles vão realizar uma façanha e tanto: vão sobreviver ao planeta e sentir aquela onipotência apocalítica típica dos milenaristas. Mas, tirando as fantasias, o mito do fim do mundo revela também uma insatisfação permanente com a vida, tal como a experimentamos: com suas imperfeições, traições, picuinhas, faltas e covardias: com a impossibilidade de seguir os ideais. Quem sabe, diz esse mito de fim de mundo, um dia tudo isso vai mudar e a vida neste mundo será justa e perfeita promovendo, enfim, o encontro da teoria com a prática?

No fundo, o Ocidente progressista e capitalista que acumula cada vez mais dinheiro sempre foi tributário de soluções finais para a vida.

Outros povos se satisfazem em aceitar o que reconhecem como parte e parcela de contradições impossíveis de escapar quando se vive em coletividade. Mas nós, crentes no desenvolvimento da espécie e nos estágios evolutivos, tendemos a confundir progresso técnico com avanço moral e pensamos que nossas bombas atômicas são superiores aos arcos e flechas dos nossos irmãos selvagens.

Neste sentido, o mito do fim do mundo seria também uma advertência ao nosso estilo de vida fundado num consumo e numa sofreguidão inesgotáveis. Um modo de dispor do planeta e dos seus recursos que impedem o seu reconhecimento humano.

Esse, penso, seria o centro dessa última onda de fim de mundo que acaba de passar. Um retorno apocalíptico da totalidade num universo marcado por uma cosmologia brutalmente individualista.

Mal o professor pronunciou essas palavras e logo um aluno levantou a mão e perguntou: mas isso é mito ou realidade? Afinal, não estamos mesmo chegando ao final de um estilo de vida egoísta no qual pensamos cada qual em nós mesmos e todos apenas no nosso país?

Sumário

*As datas indicadas correspondem
às primeiras publicações das crônicas.*

Prefácio 7

ALÉM DO JORNALISMO: COLUNAS COM COLUNAS

Redundâncias (22/3/2009) 15
Crônica ou parábola? (26/6/2011) 18
Um estado de coluna (4/9/2009) 22
A coluna na academia (29/11/2004) 25
Uma ausência de modelo (21/12/2013) 29
Ética e poder = papéis e atores (4/12/2011) 32
Abrindo o caminho (3/1/2009) 36
Goteiras (7/2/2011) 39
Livros, leitores e antileitores (6/11/2011) 43
Macumba (26/2/2013) 47
Medida de coluna (20/9/2009) 51
Grandes ideias (7/3/2012) 54
Como não perder no futebol? (9/6/2013) 58
Fantasias e realidades (16/3/2013) 61
Quem interpreta quem? (2/4/2012) 64

Gigantes e destinos (6/5/2012) 67
Papai Noel e a vida (12/12) 71
Metáforas, Brasil e futebol (16/10/2011) 75
O problema do passado (18/6/2011) 79
O que há numa escrita? (8/10/2011) 83
Intimidade de coluna – ou quando você sabe
que está (bem) casado? (31/1/2010) 87
Reis e dentes podres (11/5/2011) 90
O retorno de Babel (20/12/2009) 93
Em torno do progresso e do sofrimento (7/6/2009) 97
Antropólogo ou espião? (7/4/2013) 100
Como descobri o rádio (14/4/2013) 104
Fantasmas (26/2/2012) 107
Conversa de velhos (16/9/2012) 111
O cavalo do Spielberg (28/1/2012) 115
Cavalhadas (3/2/2012) 119
Caindo do cavalo (14/2/2012) 122
Fumando escondido (27/10/2013) 125
O que não se pode saber (11/1/2013) 129
Solidão: a crônica sem destino (25/9/2011) 133
Em torno do amor (12/1/2009) 136
Anjo da guarda (2/10/2011) 139
Desembargadores (14/12/2008) 143
De Maceió ao Cairo (28/5/2012) 147
A dor da chegada (9/4/2011) 150
A fonte da juventude (5/6/2011) 153
Shakespeare no Brasil (18/11/2012) 157

BRASILEIRISMOS   475

A luta com o papel (1/1/2011) 160
Os papéis sociais e suas obrigações (3/4/2010) 164
A mensagem das catástrofes (18/3/2011) 168
Achados e perdidos (20/10/2013) 171
Crise de coluna (19/4/2009) 174
Histórias de fim de ano (16/12/2009) 177
Qual foi o seu melhor presente? (6/1/2013) 180
Papai (8/8/2010) 183
A necessidade do outro (2/11/2013) 187
Adoção (8/9/2013) 190
Mais telefones em Chicago... (20/5/2012).............................. 193
Mamãe (10/5/2013) 197
Meu primo Raul (24/3/2012) 201
No táxi – um mundo encantado (14/11/2008) 205
O grande saco de Papai Poel (25/12/2011) 208
Paradoxos (12/10/2013) 212

AQUÉM DA ANTROPOLOGIA
Direita & Esquerda (4/5/2013) 219
Em torno do espaço público no Brasil (20/3/2010) 222
O Brasil de todos nós (14/4/2012) 225
A política da não política (5/12/2010) 228
Temos o vício da amizade (8/2/2009) 232
Aparições (25/11/2012) 235
Aqui não tem criados (17/10/2010) 238
Brasil, Brasil (3/4/2013) 242
Cafezinhos e parábolas (28/10/2011) 245

Cartórios, decretos e diplomas (12/10/2010) 249
Como fazer oposição? (11/11/2010) 252
Conflito de interesses (21/10/2011) 255
Contatos imediatos (21/4/2013) 258
Cristaleiras (6/2/2011) 261
De que lado está o Estado? (25/2/2011) 264
Democracia é educação (4/5/2013) 267
Profetismo de coluna (5/9/2009) 270
Discordância e democracia (24/4/2011) 273
Emergências no Brasil (21/1/2012) 276
Entre Judas e Jesus: Recordações sobre como ser
isso ou aquilo (16/10/2009) 280
Entre muros e passagens (26/4/2009) 283
Fantasmas e eleitos (2/11/2012) 286
Flagelos (22/1/2011) 289
Fracasso e sucesso (22/4/2013) 292
Manifestações e passeatas (1/8/2013) 296
O manifesto da baixaria (22/4/2012) 299
Medalhões presos? (30/11/2013) 303
Mensalão e Olimpíadas (3/8/2012) 307
Mentira e politicagem (20/11/2011) 310
NGOs e/ou ONGs (5/11/2011) 313
O velho Brasil da casa e da rua (28/4/2012) 316
O Brasil é um bonde (4/9/2011) 319
O homem no topo (8/2/2009) 323
O que mostra o filme? (9/1/2013) 326
Oi, oi, oi! (21/10/2012) 329

BRASILEIRISMOS

Entre pitos e psius (8/2/2009) 332
Quantas verdades ou... (3/6/2012) 335
Quatro palpites sobre um bate-boca (18/9/2013) 339
Somos à prova de palavra (1/9/2013) 343
Somos todos passageiros (23/10/2010) 347
Um Brasil pré-datado? (12/10/2009) 350
Uma carta, talvez uma decisão (26/10/2012) 353
Uma eleição sem regras (17/9/2010) 357
Você não vale nada, mas eu gosto de você! (23/8/2009) 360

QUASE FICÇÃO

Notas de um marciano (26/9/2010) 365
Na porta do céu (2/9/2012) 369
A ida e a volta (6/10/2013) 373
Alcançar o oásis (21/1/2012) 376
Câncer, formicida e leite condensado (6/10/2012) 379
Adultério na coluna (20/6/2010) 383
A exatidão como problema (5/12/2012) 387
Como ser ouvido? (21/12/2013) 391
Na crise, nada como alguns condicionais (23/11/2008) 394
Fábulas: uma origem do homem (15/3/2009) 397
Esboços imprecisos da vida pública (11/11/2012) 400
Pensamentos selvagens (22/5/2010) 404
Pescadores (17/6/2011) 408
Milagre na coluna (31/1/2010) 411
Provas e testemunhos (29/9/2012) 415
Uma lição para a vida (12/11/2011) 418

Rezar? (23/9/2012) 422
Um mundo transparente (25/8/2013) 425
Sonhos e sonhos (5/12/2012) 428
A coluna em questões (12/6/2010) 432
A dureza da vida (2/12/2011) 435
Uma fábula no reino de Jambon (28/2/2010) 438
Uma carta do Diabo (17/4/2010) 441
Um mundo sem cinzas (18/2/2009) 445
Feliz 2013! (22/12/2012) 449
Trocas e mudanças (9/5/2010) 453
Escrito à tinta (25/11/2011) 456
Homem ou mulher? (12/12/2010) 459
Cinzas e a garrafa de Klein (16/2/2012) 462
Entretempos e sentimentos (20/12/2013) 466
Quantas vezes o mundo vai acabar? (27/1/2012) 469

Impressão e Acabamento:
GRÁFICA STAMPPA LTDA.
Rua João Santana, 44 - Ramos - RJ